王 英／著

"做自己"的教育
"赢未来"的思想

王英校长的办学思想与办学实践

中国发展出版社
CHINA DEVELOPMENT PRESS

图书在版编目（CIP）数据

"做自己"思想，"赢未来"的教育 / 王英著 . —北京：中国发展
出版社，2018.7

ISBN 978-7-5177-0881-0

Ⅰ . ①做… Ⅱ . ①王… Ⅲ . ①中学—校长—学校管理—经验—北京
Ⅳ . ① G637.1

中国版本图书馆 CIP 数据核字（2018）第 167904 号

书　　　名："做自己"的思想，"赢未来"的教育
著作责任者：王　英
出 版 发 行：中国发展出版社
　　　　　　（北京市西城区百万庄大街 16 号 8 层　100037）
标 准 书 号：ISBN 978-7-5177-0881-0
经 　销 　者：各地新华书店
印 　刷 　者：三河市东方印刷有限公司
开　　　本：710mm×1000mm　1/16
印　　　张：16.5
字　　　数：258 千字
版　　　次：2018 年 8 月第 1 版
印　　　次：2018 年 8 月第 1 次印刷
定　　　价：58.00 元

联 系 电 话：（010）88919581　68990692
购 书 热 线：（010）68990682　68990686
网 络 订 购：http://zgfzcbs.tmall.com//
网 购 电 话：（010）88333349　68990639
本 社 网 址：http://www.develpress.com.cn
电 子 邮 件：370118561@qq.com

做有温度的教育

百年大计，教育为本；教育大计，教师为本。中国几千年的文明之所以能生生不息地薪火相传，正是因为有着一批批优秀的、敢担当的教育工作者在历史长河中高举火炬，无惧向前，且行且思，积累沉淀。

十年前，"北京市名校长工作室"启动，王英校长作为第一期研究员参与培训，我正是在那时作为她的实践导师结识了她。转眼十年过去了，王英校长也从当时的优秀校长成长为今天的资深校长。历时2年，王英校长将自己37年的教育教学及教育管理经验和思考系统进行梳理，诉诸笔端，整理成书，对此我深感欣慰和赞赏。一个月前，王英校长将本书的电子书稿发给了我，并真诚征求我的意见，邀请我为本书撰写序言。深入阅读书稿后，我想说这是一部颇有水平的教育著作。全书内容丰富翔实，不仅是王英校长从一名一线教师、班主任一步步成长为一名优秀教育管理者的心路历程的呈现，更是以大量的教育教学实证案例及教育实践中的管理智慧凝练而成的难能宝贵的分享。

本书的独到之处，在于它源起于扎扎实实的一线教育教学及教育管理经验，也正因如此，这是一本"有温度"的书。从"走心家长会"到"班级时装秀"，从"50周年校庆"到"安全教育嘉年华"，从石景山区古城二小的"笑脸"到北方工业大学附属学校的"放大镜"，从微笑教育到优势成长教育，每一个章节，每一个字句，传递出的都是王英校长的教育情怀和教育温度。这一点一滴的涓流，汇聚成一条温暖的教育之溪，润泽了校长的教育生涯，更润泽了3所学校众多老师、孩子的心灵之花和生命之花！

知其雄，守其雌，为教育溪。一所学校办学成功与否，一名校长优秀与否，教师和学生是最有发言权的。一篇篇生动鲜活的"往事印记"深深地吸引着我。这些印记记载了王英校长一路走来的点滴故事，更记录了学校教师、学生和家长在与王校长接触中的真实感悟和流露出的真情。教育，是以爱育爱的事业，是用心灵去唤醒心灵，用成长去引领成长的事业。只有有爱、有温度的教育，才能走进学生的内心；只有有爱、有温度的管理，才能触及教师的成长点。王英校长无疑做到了这一点。"工作有声有色，生活有滋有味，待人有情有义"，这三句掷地有声的话语，是王校长37年来一直在践行的人生格言，更是成就了王校长极有特色的教育"温度"。

著名发展心理学家林崇德教授曾说过，反思是一个人锤炼自己并获得发展的重要路径，可以促进一个人走向成熟，变得深邃，臻于完善。《"做自己"的思想，"赢未来"的教育》一书，与其说是教育专著，不如说是王英校长基于其教育经历、所遇到问题的真诚反思。为此，我认为，本书是一本颇具特色、很有思想且具有较强指导、借鉴意义的中小学教育专著。期待更多的读者能够从本书中感受温度，汲取营养，提升修为，贡献教育。

是为序。

（李烈：国家教材委委员、国家督学、中国教育学会学术委员会常务副主任、小学教育专委会理事长；北京市正泽学校校长、正高级教师）

守望教育的未来

　　著名作家塞林格的作品《麦田里的守望者》中，有一句话让我印象最为深刻："不管怎样，我老是在想象，有那么一群小孩子在一大块麦田里做游戏……我的职务就是在那里守望……我只想当一个麦田里的守望者……"做教育，可能就是一种守望。虔诚而恭敬地在生命的田野上播撒教育的种子，守望花开、守望结果，守望着每一颗种子，长成一个美好的未来。

　　这是我的第一本书，它不仅仅是一本书，更是我37年教育生涯的一个缩影，满载着我从事教育以来的思考与探索。1981年，我从北京第三师范学校毕业，踏上了三尺讲台。从一线教师到教学主任，从教学副校长到一校之长，从小学到九年一贯制学校，一路耕耘、一路探索、一路守望。对教育，我也从最初的懵懂热爱，发展成了托付一生的执着。在这其中，我付出了超乎寻常的艰辛和奋斗，更收获了无比的充实与幸福。

　　不忘初心，方得始终。2016年，我接手了北方工业大学附属学校这所刚刚整合成立的新学校，临危受命于石景山区教委。很多人不理解我为何会在这样的年纪还愿意接受如此艰辛的挑战。我想，原因无他，就是我身为一名教育者对教育开疆拓土的向往，是我对教育最纯粹的热爱和追求。

为民族振兴和祖国昌盛塑造人、塑造中国人、塑造现代中国人，是我从事教育始终不变的初心和情怀，更是我一生从教的箴言。37年来，时光更迭，变化的不仅仅是我的教育角色和履职地点，还有我对教育的视野和看问题的角度、高度和思考的深度，但永恒不变的，是一颗守望教育的初心。

世有伯乐，而后有千里马。正是有众多名师的教导和熏陶，才有了今天我对教育的思考和践行。反思这一生的教育生涯，三位恩师对我的影响最为深刻。有人说，踏入职业岗位的前几年，对人一生的职业发展起着极其重要的作用，而我能在这样的关键时期遇见我的老校长、我的恩师张启祥校长，是我一生的幸运。1981年毕业后，我进入了石景山区古城中心小学，成了一名美术教师。之后，我先后做过数学教师、班主任、教学主任和教学副校长，正是张校长的慧眼提携，开启了我的教育管理之路。

1981年到1996年间，我更多的工作是在三尺讲台上，透过教学工作，探索班级建设、家校建设的基本策略和方法。1996年，我作为校长，走上了教育管理岗位。如何当校长？如何当好一名校长？对我而言是不甚明晰的。彷徨之际，我参加了石景山区教委组织的为期半年的挂职培训，师从原宣武区福长街小学的高丽英校长。那时候，我每天像"影子"一样跟在高校长身边，学习高校长管理学校的点滴智慧。让我印象最为深刻的是，高校长去火车站或机场接来校专家，都会专门带上我，利用一切可能的机会教我如何在教育管理工作中科学思考、有效沟通。正是这半年的跟岗学习，让我完成了向一名教育管理者的角色转变。

从金顶街第二小学到古城第二小学，我已经有十几年的校长经历。正当我的教育管理工作趋于稳健，甚而步入"高原期"时，我遇到了人生最重要的第3位恩师——时任北京市实验二小的李烈校长。2005年，我成为北京市"十一五"第一期名校长工作室的入室研究员，师从李烈校长。进入工作室之后，我不仅对李烈校长"以爱育爱"的办学理念和"双主体育人"的办学思路有了更深刻的认识，李校长身上所展现出的大家风范、大师品性和大爱精神，更让我对"校长"这一身份和标签有了与以往不同的思考。一名校长，千磨万砺方能成为大家；一所学校，精益求精方能铸就品牌。在本书即将付梓之际，有幸请到了李烈校长亲自撰写序言。借此自序之机，再次感谢李校长的谆谆教诲和拳拳爱护之心！

本书的出版，还要感谢古城第二小学的陈凤云校长、白雪莲书记，古城二小分校的王静艳书记，古城第二小学的胡文生主任、冯雷主任、赵瑞莲主任、郝宏文、许小芳两位组长，古城第二小学"阳光体育"团队的各位老师，古城第二小学的多位毕业生及家长，以及北方工业大学附属学校的宋雪校长和高悦主任的倾心帮助。

最后，要感谢一直陪伴在我身边的家人——我的先生田金水、儿子田鑫和儿媳方锐。正是因为有了家人的无怨付出和无条件支持，我才能心无旁骛地全身心投入工作中。

37年来，全身心地俯身于基础教育事业，我的收获不仅在于培养了一批批优秀的学生，锻炼了一位位优秀的名师，打造了一所所优质的学校，更收获了作为一位师者内心的丰足和安宁。如果有来生，我仍愿做一个守望者，在这片我爱之弥深的教育疆土上，守望孩子们美好的未来……

目 录

从师长到校长的蜕变
——二十载积储，以梦为马求索

中篇

从人治到文治的转变
——十五年磨砺，带着微笑前行

下篇 **从感性到理性的创变**
——"十三五"启航，擘画教育新篇

从概念到信念的演变

——木铎声回荡，叩问教育初心

导语

　　从1981年到1994年，我在小学教师这个岗位上一干就是13年。当我回首过去，叩问初心，我对教师这个职业始终充满着坚定的信念。这种信念如此执着，追根溯源，是受到了我的教育世家，我的师范求学，我的三尺讲台的深远影响，让我从儿时对教师的模糊意识，逐渐演变成认为这是一种可以托付一生的事业，并从中感到无比充实和幸福。苏霍姆林斯基曾说过："世界上有千百种职业、行当和工作：有的修建铁路，有的建造房屋，有的耕种土地，有的救死扶伤，有的缝制服装……但有一个举世无双的工作，那就是塑造人。"为民族振兴和祖国昌盛塑造人、塑造中国人、塑造现代中国人，就是我从事教育始终不变的初心和情怀。

第一章

初识教育，父辈榜样打开师者之门

　　家庭是孩子的第一任老师，一个重视教育的家庭不仅能够激发孩子求知的欲望和热情，还能够让孩子从小就对学识渊博的长辈投以崇拜和羡慕的眼光。作为工程师的父亲以及作为校长的伯父，他们精攻专业、耕耘教育的身影深深感染了我，让我暗暗立下了一个小目标，将来一定要成为像他们那样伟岸高大的人。

一、以书为友，以校为家

　　童年时光是短暂的，而它对人一生的影响又是长远的。从我记事起，父母就很爱看书，家里的书柜里摆满了书。父亲给我们姐弟三人讲的"发愤识遍天下字，立志读尽人间书"的对联至今还记忆犹新。这副对联是在苏轼自负地写下"识遍天下字，读尽人间书"时，苏轼的父亲为了警示他而修改的。父亲常以古人的励志故事鞭策我们，让我从小就拥有了"古之立大事者，不惟有超世之才，亦必有坚忍不拔之志"的态度和毅力。

　　我的父亲是一名工程师，在我的印象中，父亲每天都会工作到很晚，好像永远有画不完的图纸，看不完的书籍。我的伯父是一所中学的校长，据伯母讲，那时一周就休息一个星期天，可伯父就连星期天也没在家里待过几次，他说学校就是他的家，学生就是他的孩子。正是父辈们爱书如命、爱岗如家、爱生如子的可贵品格，给了我榜样的启迪，让我不经意间追寻着师者的足迹前行。

二、人格教导，专业引导

在父母看来，成为品学兼优的人是他们最期望的。父母常常告诉我们要尊重知识，尊重科学，也因此，我们姐弟三人上学时就是好学生，先后担任过少先队大队长、班长、学习委员……而我印象最深刻的还是父母对我们人格的教导，比如做事要严谨认真，做人要诚信负责，对人要关心帮助等。良好的家庭教育，对我的性格发展以及后来选择教师职业都起到了潜移默化的影响。

我记得很清楚，当年中考后，我在选择专业时很犹豫，是该填报"北京第三师范学校"，还是选择"首钢技校"呢？为了坚定我选择师范的决心，父亲和我语重心长地长谈了一次，并骑着自行车带我去首钢厂区参观，让我自己来做选择。正是这种自然而朴素的引导，让我发现了自己的性格与首钢技校专业之间的巨大差异，使我毅然决然放弃了技校发展，义无反顾地走上了师范求学之路。

往事印记 >> 　　　　　　**还有什么比学习更重要**

我的母亲时常说起当年我父亲和她结婚当天，在吃午饭时不见了踪影的事。母亲后来才知道，父亲匆匆吃了点东西就赶到鞍山大学听课去了。我年纪小的时候还不理解，觉得天底下还有什么事能比结婚更重要。当我身为一名教师时，我得到了答案——那是因为父亲时刻把"学如逆水行舟，不进则退"视为座右铭，认为只有不断地充电，才能胜任工作。这段奇特的难忘片段，时常出现在我的脑海，激励着我去学习研究、去开阔视野，告诉自己"还有什么比学习更重要"！

第二章

学习教育，师范求学领会育人之道

编者按 ≫

　　1978年至1981年，我求学于北京第三师范学校，这是一个孕育了诸多名校长的摇篮。据统计，仅1981级的学生就有数十人在北京基础教育界担任校长、副校长等职务。能取得如此显赫的声名，与"三师"老师们严谨治学的敬业精神和精湛高超的专业能力分不开。3年的师范生活，让我对教育的真谛有了深刻的理解与认识。

一、讲温暖，教育以情义入心

　　"三师"老师们和蔼可亲，平易近人，把全部的爱都给予了我们，他们经常对我们说的一句话就是："咱们今后也要做老师，我们怎样对你们，你们今后就会怎样对你们的学生！"正是"三师"校园有情有义的氛围，让我深深体会到"没有爱就没有教育"的深刻内涵。我至今还记得班主任张德训老师的至理名言："班主任在学生，特别是师范生的成长中，起着导师的作用。"我想，一名优秀的导师，就要成为一名情深义重的导师，去做有温度的、温暖人心的教育。

二、讲执着，工作以扎实为要

第1次实习经历给我留下了深刻的印象，那是在西城区月坛小学，讲的是三年级数学《分数的认识》。指导教师手把手教我，告诉我怎么分析教材，怎么备课，怎么写规范教案，但我上台只讲了20分钟就没词儿了。指导教师耐心地帮我分析原因，并安排我多次试讲，在反复的磨课中我的课堂变得精彩而生动，让我体会到从未有过的愉悦和自信。苏霍姆林斯基曾说，"教师上好一堂课要做毕生的准备"，在我看来，就是要让每一节课都成为第一次课，永远在提升，永远在进步，给孩子们一个绘声绘色、形神兼备、充满活力的课堂。

三、讲发展，生活以乐趣充实

过一个意趣盎然的教育生活也是我在"三师"求学期间最大的收获。老师们经常对我们说：无论多么紧张、繁重的教学工作，总还能找到时间，去一步一步积累我们的精神财富。"三师"的老师们经常同我们一起开展丰富多彩的读书生活、科研生活、艺体生活、情感生活，让我们在体味教育生活的乐趣中去感受教师职业的幸福。胡适先生曾说，"八小时之内决定现在，八小时之外决定未来"，一个人只有不断地"充电"和"回炉"，才会练就精湛的教艺，积淀丰厚的学养，既提高了8小时内的质量，还赢得了教育生涯的未来。

往事印记 >　　　在校长身边发展自我

1994年，我作为石景山区当年最年轻的副校级后备干部，被教育工委派到原宣武区福长街小学挂职培训，拜全国著名的高丽英校长为师。1985年，38岁的高丽英被任命为福长街小学校长，这是一所地处天桥居民稠密区的普通小学，教学场地狭小，教学设备简陋，办学基础薄弱，教学水平一般。经过多年的努力，这所基础薄弱校变为一所较高质量、较好声誉和特色鲜明的先进学校，获得了北京市"全面育人，办有特色"先进学校等多项市区荣誉称号。在跟高丽英校长"贴身"实习的半年里，我有两点颇深的感受：

一是校长要当好学校的"领头羊"，有强烈的战略规划意识。高校长带领全体干部和教师，经历了4个3年规划，让福长街小学走上了一条"争创一流，办有特色"的发展道路。

二是校长要当好学校的"根雕家"，有卓越的人才发展观念。高校长的"重才、识才、用才、育才"之道，极大激发了教师的潜质，调动了教师的热情，为教师铺筑了一条事业成功之路。

第三章

❦

走进教育，匠人匠心孕育桃李之芳

编者按 ▶

　　1981年"三师"毕业后，我来到了石景山古城中心小学，成了一名光荣的人民教师。在13年的教涯中，老校长张启祥对我的影响很大，他那"踏踏实实工作，快快乐乐生活，堂堂正正做人，认认真真做事"的质朴之言成了我为人处事的座右铭，让我在从教师到主任的一路成长中，收获了宝贵的工匠品格。

一、高度负责的工匠态度

　　1987年5月，是我生完儿子的第56天，我已经重返工作岗位。我属虎，天生有一种争强好胜的性格和拼搏进取的勇气，我带着一股虎劲儿投入到工作中，不仅担任二年级的语文和数学包班，还担任班主任。由于繁重的教育教学工作，我天天早出晚归，国家给的每天1小时的喂奶时间，我1分钟都没休过，因为我觉得这一个小时是属于学生的，我要对这1小时的使用负起责任。这让我想起了2016年习近平总书记在教师节上说过的一句话，"当教师的，要教学生3年，想学生30年，想国家民族300年"，我想，对学生、对事业、对民族的高度责任感正是党和国家对每一位教育工作者的殷切期望。

二、精益求精的工匠精神

在古城中心小学做教师的13年中，我所带的班级综合表现始终名列前茅，即便是1987年休完产假后接的一个"问题班级"也是如此。我坚信陈鹤琴先生的那句话："没有教不好的学生，只有不会教的老师。"接班后，我先从习惯养成和日常规范入手，抓行为养成教育，强调习行兼修；再从道德养正和文化素质入手，抓品德涵养教育，强调品学共进。当初一个"乱班"变成了区级优秀班集体，而且没有一个学生掉队。陶行知先生曾说："教育工作中的百分之一的废品，就会使国家遭受严重的损失。"为此，我追求精益求精的作风，就是要从99%的精度再提高到99.99%，这种"不干便罢，干就要最好"的争创一流的自觉追求，也成为我之后开展各项工作的价值准绳。

三、严谨认真的工匠作风

在长期的教学实践中，我形成了严谨治学的工作作风。撰写的教案公正规范堪称"样板"。在学校教师教案检查中，主管教学的老校长发现了我的精美教案，非常震惊地感叹道：你教学包班，儿子年龄小，家庭负担重，对待工作还能如此认真，教案撰写得不光工整美观，而且每一节课都有课后反思。在我看来，所谓"严师出高徒"，这个"严"字，除了严格，还指教师一丝不苟的严谨作风。此外，我长期扎根一线教学，养成了踏实认真的工作作风，并且把这种作风带到了管理工作上，青年教师遇到问题就心贴心传授经验，手把手指导教学。"世界上怕就怕认真二字"，认真了，就会进步，就会成功。

四、乐此不疲的工匠境界

1992年，我作为后备干部走上了中层管理岗位，除了继续深入一线担任班主任、五年级语文和数学包班的教育教学工作，还要抓教学组织与管理工作。每天既要备课、讲课、听课、评课，还要处理事务性工作，等批完全班48名同学的作业，忙完手头的管理工作，常常是晚上9点左右了。我时常想起当代教育改革家魏书生，他担任盘锦市实验中学校长兼书记的同时，还兼班主任和语文教学，在社会上还有多个兼职。即使这样，魏书生老师每样都做得非常出色。我认为师者就应该具有孜孜不倦、乐在其中的精神，拥有钢铁般的顽强意志和阳光般的乐观心态，以此为生，精于此道，乐此不疲。

往事印记 >

不一样的时装秀

这是我教师生涯中的第1个班级，举行的第1次主题班会，召开的第1次家长会。针对孩子们纪律涣散，团队意识差，参加班级活动精神状态不佳的现状，我设计这样一个主题活动：就是让孩子们以小组为单位，利用一节课的时间，自己设计时装造型，自己创意时装表演。活动一公布，孩子们热情高涨，不但积极参与活动，时间观念也增强了，尤其是通过小组合作增进了友谊，凝聚了力量。当看到孩子们身披一件件有创意的作品，脸上洋溢着自信时，家长们感到非常欣慰，班级的凝聚力、协作力、战斗力在一次小小的时装秀中得到了提升，让我也从中看到了活动育人的力量。

"我们也要成为您这样的老师"

在我做教师的十多年中，我跟孩子们结下了深厚的友谊，在与孩子们朝夕相处的岁月中，孩子们不仅收获了好的习惯，好的品格，也收获了好的规划，好的人生。

正所谓"亲其师，信其道"，没想到我的一言一行在孩子们的成长中产生了点点滴滴的影响。在我的学生中，有两位品学兼优的女同学，她俩高中毕业时义无反顾地报考了首都师范大学，现在她们都已经成长为优秀的小学骨干教师。用她们的话说："我们之所以选择教师这个职业，是因为在小学时，王老师勤勤恳恳、兢兢业业的工作态度给我们留下了深刻印象，老师的言传身教，给了我们发展的信心和动力，我们也要成为您这样的老师！"在我教过的学生中，有不少选择了教师这个职业，这让我更加坚信乌申斯基的那句话："教师个人的范例，对于青年人的心灵，是任何东西都不可能代替的最有用的阳光。"

从师长到校长的蜕变

——二十载积储，以梦为马求索

导语

　　从1981年到2002年的20年间，我是伴随着新中国教育改革的三次进程一路走过来的。从1981年第六次课程改革提出的《五年制小学和中学教学计划》，到1986年第七次课程改革通过的《九年义务教育全日制小学、初级中学课程计划》，再到1996年第八次课程改革颁布的《基础教育课程改革纲要》，纲要明确提出要大力实施素质教育。不断风起云涌的改革浪潮，让我深深感到中国教育正在向着更广泛、更深入和更持久的方向发展，这是一场课程文化的革命，是一种教育观念的转变，是一次育人模式的创新。我欣喜之余，一路学习、一路思考、一路探索、一路前行、一路收获、一路成长，不断提高自我的管理思想和教育智慧，实现了从"一字之师"向"一校之长"的人生跨越。

第四章

融入教育，三尺讲台沉淀管理智慧

编者按 >>

　　我是一个乐于思考、勤于钻研和善于总结的人，虽然1981年到1996年间我更多的工作是在三尺讲台上，但通过教学工作，我一直在探索班级建设、家校建设、教师队伍建设的策略和方法，因为教育的原则是科学，教育的方法是艺术。著名教育家陶行知先生曾告诉教师要"以情动人、以行带人、以智教人、以德育人"，一句话，就是要做一个拥有管理智慧的教师。

一、以新理念重塑师生关系

　　师生关系状况攸关教育成效，我经过深入思考，提出了"没有情感的交流就没有成功的教育"的管理理念，重新塑造和谐的师生关系，把尊重学生视为基石，把欣赏学生视为根本，把信任学生视为桥梁，把服务学生视为支柱，建立起民主平等的师生关系：建班规，强化集体意识，营造体现我爱我班、我爱我家的和谐氛围；抓常规，开展养成教育，形成拥有课上课下、课内课外的良好习惯；做活动，锻炼综合能力，提高人人力察力学、力研力行的基本学力；讲情感，走进内心世界，给予一个知心知意、知己知彼的快乐年华。应该说，这种新型师生关系的形成，为我今后走上管理岗位，把这份感情同样投入到干群关系中奠定了坚实的管理基础。

二、以新视角重识教师之本

三尺讲台，既夯实了我的治学功底，也升华了我的为师观念。一位教师应该具有基于生命立场的人本主义观。首先，教师是一个有血有肉、需要安全感、爱和归属感，寻求被尊重以及自我价值实现的人，然后才是具有社会角色意义的教师。只有真正被学校关爱和温暖，才能用爱去关注和温暖他（她）的学生。其次，教师是爱的实践者。教育的大爱需要教师去传递。教师用爱的底蕴、从生命的高度来做教育，用微笑的眼睛去看待和敬畏每一个鲜活的生命。最后，教师是激励者和引导者，小学6年的真正意义是为未来幸福而完满的人生奠基，相比于知识的传授者，教师更应该是学生精神成长的激励者和引导者，更应关注影响人一生的关键品格和必备能力，为学生可持续发展打好基础。

三、以新举措重振教师发展

古城中心小学是20世纪50年代创办的老学校，位于石景山区的中部，是老百姓非常认可的学校，有深厚的办学底蕴，有一支爱岗敬业、教有所长的教师队伍。因此在教师发展方面，"以老带青，以青促老"，做好传帮带，直面新挑战，是我1994年起担任教学副校长的两年间认真思考并努力实践的核心工作。

首先我确立了"树身边榜样，当合格人才"的理念，以"学会发现身边的榜样，作称职的优秀教师"为目标，促进教师发展。我经常做这样一个比喻：你身边的榜样就是一个个通往进步的阶梯，你沿着这个台阶一步一步向前走，就一定能走向智慧的巅峰，到那时，你便可以享受到更新、更美的教育视界。其次我明确了"老教师引领+中青年互帮+促共同提高"的做法，通过召开"老教师经验总结会"，"我的师傅给我的启示"，"我心目中的好老师"等多个研讨会的方式，让全体教师参与到讨论和交流中，特别是中青年教师，在对照老教师优秀经验和做法后，深刻反思，认真总结，明确了方向，找准了定位。这种"树典型、立标杆、带整体"的对标管理模式，也得益于我阅读大量企业管理书籍后所产生的灵感。

四、以新思路重构家校协同

孩子成长好比一面多棱镜，可以折射出家庭养育、学校教育以及社会培育所参与的程度。当家庭、学校和社会三方达成共识、形成合力之时，孩子自然会绽放璀璨的光芒。而其中，家长与学校配合得越好，教育越会成功。因为认识到家庭教育的重要性，我提出了"同心同德育人教子"的管理思路：融心，变告状为谈心，让家长理解学校、理解老师；融智，变发泄为"补台"，让家长拥有理性，拥有智慧；融力，变放手为主动，让家长积极沟通、积极合作；融情，变斥责为宽容，让家长与孩子多交流、多陪伴；融爱，变争吵为和谐，建立牢固的夫妻关系，给孩子一个正常而良好的成长环境。苏霍姆林斯基说得好："家庭教育既是学校教育的基础，又是学校教育的延续与升华"，没有家庭教育的学校教育，和没有学校教育的家庭教育，都不能完成培养人这样一个任务。

> **往事印记** >>   **老师辛苦了，我们爱您！**
>
> 1994年我已经走上了学校领导岗位，因为舍不得我的班级，舍不得我这些学生，我还是投身在教学一线教课。由于劳累过度，加上外感风寒，我患上感冒，发着高烧，但我仍然坚持给学生们上课。中午休息时间我无力地趴在讲台上睡着了。那天中午教室里格外安静，就连平时特别淘气的几个"坏小子"都静静地坐在座位上看书。几个班委有序地组织同学们读书、做作业，孩子们进出教室都踮着脚尖，尽量不弄出声响，他们告诉我："我们想让您多睡一会儿！"午休结束，铃声响起，我站起身，发现讲台上放了一杯热腾腾的果汁，还有一盒感冒冲剂，一个大大的苹果，我班的学生都安安静静地坐在座位上，微笑地看着我。我转过身，看到黑板上写了一行字——老师辛苦了，我们爱您！一股暖流涌上心头，"你怎么对待别人，别人就会怎么待你"，还有什么是比孩子们学会关爱他人更好的教育归宿？

第五章

思考教育，骨干培训开阔管理视野

编者按 ▷

　　1996年到2002年，我来到金顶街二小担任校长，来到我人生的一个新高度。正当我怀着忐忑不安之心，履行校长职责之际，我获得了一个深造的机会。2000年8月30日至9月30日，教育部西北教育管理干部培训中心举办了全国小学骨干校长研修班，来自全国28个省、市、自治区的50名小学骨干校长参加了研修学习。研修班共邀请国内十余位著名专家和教授进行了27个专题讲座，举办了十余次交流研讨会，参观考察了2所西安著名小学。在与全国骨干校长一起深入的学习交流中，校长们优秀的管理经验使我受益匪浅。这次研修开阔了我的教育视野，提高了我的教育境界。

一、学校管理遵循"以人为本"

　　北京市昌平区二毛学校吴宝文校长"以人为本"的论述让我深受启发。她说，人的活动是受自己需要驱动的，需要是推动人们进行活动的原动力量，是激励人们通过行动达到一定目的的内在动因。因此，围绕需要这一前提，学校要创造宽松和谐的人际环境，满足心理适应需要；要关心教职工的疾苦，满足生活健康需要；要铺路搭桥，满足专业发展需要，如此才是真正的"以人为本"。在我看来，教师需要的，是有情有义的氛围，有滋有味的生活，有声有色的工作。我从吴校长的解读中精准地找到了教师队伍建设的良方。

二、提高学校管理科学化水平

上海市闸北区第一中心小学的杨江丁校长给我上了一堂印象极深的管理课。作为陈鹤琴先生于1928年创办的学校，上海闸北区第一中心小学的领导班子始终在寻找学校的灵魂，并认为这是实现管理科学化的前提。在确立了"自主教育"的文化定位后，管理的策略便孕育而生。那就是时刻体现"自主"的思想内涵，确立"校长全面负责、部门独立负责、组室分享负责、质量全员负责"的管理结构，通过全面管理与重点管理相结合提高管理科学化；通过稳定常规和突破常规相联系提高管理动态化；通过分级授权提高管理参与度；通过教师自主选择提高管理弹性；通过起用新人提高管理活力。管理一直是作为教学出身的校长比较薄弱的短板，而此次培训，让我茅塞顿开，在我看来，治理或管理一所学校，要以尊重为前提，让每个人都成为学校管理的主人翁；要以创新为动力，发挥每个人的能动性和创造性；更要以专注为要求，全面提高教育质量，体现教育工作者高度的专业性。

三、素质教育中的主体教学观

江苏省靖江市城北小学的赵光礼校长围绕素质教育这一热点话题所做的报告，让我回味无穷。赵校长认为，素质教育的根本任务，是通过课堂教学主渠道得以完成的。没有主体性教学的观念，就不会有主体性的教学实践，也就不会出现生动活泼的素质教育局面。因此必须实现课堂教学的主体回归，建立具有现代主体意识的素质教育观，即能动观、自主观、创造观、差异观、民主观和发展观，只有实现由被动向发挥人的主体性、唤醒人的主体意识、培养人的主体活动能力的转变，才有真正意义上的主体性教学实践，这才是素质教育的核心所在。

所谓素质教育，是以尊重人的主体性和主动精神为基础，注重开发人的智慧潜能，并形成人的健全个性为根本特征的教育，也因此，培养自信、自主、自立的个性才是素质教育追求的育人导向。

四、校长非职位权力性影响力

天津市和平区中心小学程林校长深层次剖析校长的影响力，让我重新思考校长应如何超越"权力性的职位影响力"，去积极建立"非权力性的人格影响力"。程校长将校长非职位权力性的影响力，界定为是由校长自身素质和行为形成的，包括了品格因素、知识因素、才能因素和情感因素，并指出校长影响力中起决定作用的是非权力影响力，单靠合法权利推动学校工作的方法越来越显得生硬无力。程校长一针见血的论述，真是雪中送炭，让我开始更多地去关注校长人格魅力的发展，让全体师生从过去对校长的服从感、敬畏感和距离感，向着敬佩感、信任感和亲近感倾斜。校长要努力营造家的感觉，让学校成为每个"家庭成员"心灵栖息和能量补给的温馨港湾。

> **往事印记** >> **让激励机制成为教师发展的引擎**
>
> 在此次骨干校长研修班上，讨论最多的还是有关教师队伍建设的问题。面对商品经济大潮的巨大冲击，面对教育改革发展的深刻变化，一些教师弃教下海、异地从教、出国不归、抱残守缺、职业倦怠，如何既要保持校园的一方净土，又要激发教师的一腔热血，成为一个校长绕不开的艰深命题。我研修的方向是"运用激励机制，加强学校科学管理"，专家、导师和校长们给了我很多很好的建议，让我通过学习和交流，形成了科学开展教师队伍建设的策略。就是以目标管理为前提，形成人心思教、人心思改、人心思上的新局面；将物质奖励与精神鼓励相结合，及时激励工作业绩突出者；创造条件，支持教师深造满足其求知欲，鼓励教师成才满足其成就感；为青年教师选师傅满足其成功感；最后是正确处理受挫行为，改善环境和加强情感投入，对先进者敢于树，对中间层善于促，对后进者热心帮。俗话说得好，"只有混乱的管理，没有无用的人才"，应该说，正是校长研修班的专业引领，让我走出管理的混沌，渐渐进入科学治校的佳境。

第六章

探索教育，高位洞察把握管理关键

编者按 >>···

作为一校之长，我始终铭记著名教育家陶行知先生那句语重心长的话语："一个好校长就意味着一所好学校。"校长战略眼光、思维方式、管理水平和执行能力的高低，对学校发展起着至关重要的作用。在我看来，领导一所学校，首先是教育思想上的领导，其次才是行政管理上的领导。

一、转变观念，理解校长使命感

从教育的本质而言，教育的过程就是服务师生，促进师生发展的过程。从教育的价值而言，教育的终点就是提高师生的生命质量，办老百姓身边满意的教育。据说在新加坡，每一位新任校长都会接到教育部的任命状，上面写着："在你的身后维系着无数儿童及家庭的幸福，所以，在你接受任命时时刻想着责任重大"。苏霍姆林斯基曾说，"校长是教师的教师"，影响儿童心灵的人是教师，而影响教师思想的就是校长。在企业界，管理好企业就是对国家的负责，同样，对教育行业而言，管理好学校就是校长对社会最大的贡献，这是一份光荣的使命。

二、思想引领，探索团队管理法

格局决定结局，态度决定高度，思路决定出路，我认为即便是一名教师，也需要有顶层思想，有高位意识，为此，我提出了"以全新的理念指导自己的实践"的管理理念，抓好"三件事"，做到"三个一"。所谓三件事，一是抓教育思想，坚定不移推进素质教育，严格依法治校，端正办学方向；二是抓先进典型，培养和树立典型，使学校办学思想和教育原则具体化；三是抓骨干队伍，调动积极性，发挥业务专长，为骨干教师的快速成长创造条件。所谓三个一，一是每学期在全校会上做一次工作报告；二是每学期至少重点培养和总结一个教育教学先进典型；三是每学期撰写一篇教育教学管理论文。通过思想引领、高位带动的方式，确保学校始终保持高质量、高水平发展。

三、实践指导，提升专业发展力

时代需要优质教育，优质教育需要优质师资，优质师资只有立足于校本培训才能达到最佳的效果。为此，我提出在管理实践中以"树立新时期教师灵魂"为宗旨开展"端正职业思想""激发进取意识""完善认知结构"三大主题的培训，并在教育教学中从多个角度和不同侧面构筑了教学全程管理网，教研团队建设网，教学质量监控网三大根系发展网，开展"增长教师专业技能"系列培训，从而引领教师自觉扎根教育教学工作，提高教育工作的实效性。

在"端正职业思想"方面，邀请专家、各领域先进人物进行报告讲座；在"激发进取意识"方面，要求教师不仅要埋头工作，更要抬头看路，不仅要对本专业有深入了解，更应当了解社会对教师职业的新需求；在"完善认知结构"方面，要求教师从传统的"传道授业解惑"角色，向全面、科学、均衡、专业型教师发展。

建设教学全程管理网，从学科知识能力体系梳理、常规备课、日常教学、作业监控、到质量检测，每一个教学环节都有明确的检查制度，并重在落实；建设教研团队建设网，将教师个人发展与教研团队发展紧密结合，以团队促个人，合群体之力带动群体发展；建设教学质量监控网，向40分钟要效率，追求课堂教学实效性，制定出一整套教学质量监控体系，加强常规检查，关注学科能力抽测，领导干部深入一线兼课制，亲临一线教学实践，指导教育教学实践。

以"走出去、请进来、勤思考、苦磨炼"的方式，对各层次教师进行针对性的培训。一是名师引路，给长期工作在教学一线的优势教师召开教育思想研讨会；二是名校观摩，组织老师们到北京第二实验小学、北京小学、史家小学参观学习观摩；三是实战演练，请青年教师上观摩课、研讨课、学习交流课，在校内、区内开展教学比武竞赛活动，达到"以老带青，以青促老"的发展目标。

四、队伍建设，树立正确用人观

治校之要，首在用人，重点岗位的管理干部和骨干教师是学校组织中的中枢系统，是学校管理中的中坚力量，选用是否得当，决定着学校发展的成败。有一个很形象的比喻，如果一个组织中的中层不行，就如同一个罗锅，即使四肢发达，也是不健康的，更是不可持续的。因此，我特别关注中层队伍的建设，借用诸葛亮的用人观，实施高效、科学的人力资源管理。

一是"问之以是非，而观其志"。管理干部首先要是一个正直、诚信、勇于担责、立场坚定的人，这是考察干部的首要基础。

二是"咨之以计谋，而观其识"。部门主管领导要有想法、有能力，对本部门工作有全局性的思考和掌控力，能给校长当好"军师"，出谋划策。

三是"临之以苟利，而观其廉"。廉洁自律是对学校干部的基本要求。涉及资金使用的关键岗位、关键人员，要做到廉洁奉公，以学校利益为重。贪图私利、见钱眼开、蝇营狗苟的人，不足以委以重任。

四是"告之以艰难而观其勇"。党员干部就应该拿出"明知山有虎，偏向虎山行"的勇气，不惧艰险，冲在最前，逢山开路，遇水搭桥，带领部门成员直面挑战，赢得未来。

五是"期之以约事，而观其信"。管理干部应是一个"靠谱"的人，事事有交代，件件有着落，常常有回音。闭环，是职场中很重要的素养，闭环思维强调的是，如果别人发起了一件事，你不管做得如何，最后都要闭环到这个发起者。

往事印记 >　　　　**耐得住寂寞，受得住清贫**

从走上校长岗位那天起，我就把这个职位看作是一个服务与支持岗位，而非行政与权力岗位。我始终认为，校长就应该抛下个人私利，站在服务学生、服务教师、服务学校、服务社会的角度，思考改革与发展平衡的问题、教育与教学协调的问题、一线和二线配合的问题、学校和家庭互促的问题。我把校长的职责概括为3个词。

一是规划目标。就是要用开创的目标、超前的思维带动群众，通过目标诱导，让全体教师、学生，甚至家长明白你要带领他们走向哪里。校长一定要比别人多想一步，多走一步。

二是整合资源。就是要用开放的理念，合作的意识整合优质教育资源，给师生的发展提供更广阔的空间，有多大能耐就给多大舞台。校长一定要树立发展观与资源观，并且具有一定的社会活动能力。

三是凝聚人心。就是要用文化和制度团结群众，用以身作则和廉洁自律影响群众，通过榜样引导、情感疏导，形成锐意进取和创新的氛围，我很喜欢马云那句"因为信任所以简单"的话，当团队中的每个成员因为信任而工作时，管理是最简单的，效果也是最好的。

育人是一项长期而艰巨的工程，不能有丝毫急功近利之心，耐得住寂寞才能守得住芳华。教育又是一个具有公益情怀的事业，不能以金钱多少衡量自己的价值，受得住清贫才能稳得住初心。

第七章

温暖教育，情系师生追寻管理若水

编者按 >>

　　没有爱就没有教育，从我走向管理岗位的那天起，我把这份爱给了我喜爱的孩子们，也给了我眷爱的家长们，更给了我敬爱的教师们。要做一个有温度、有情意的校长，让每一个校园里的人都感到自豪与留恋，让每一个校园外的人都感到美慕与向往。我把管理视为服务，就是急学生所急，想教师所想，通过人文化的管理，在润物无声中愉悦身心、启迪情智，让生命走向如诗如歌的未来。

一、真情驱动，责任驱使

　　2003年4月的北京春意盎然，然而非典的突然袭来扰乱了整个京城的节奏，疫情不断蔓延，发展日趋严重。北京市教委迅速做出中小学生停课两周的决定。我带领古二小的教师们，一方面将防治非典工作的重心放在学生的学习和情态把控上；另一方面主动为工作在抗击非典一线的医护人员家长排忧解难。

　　首先，学校印制了《停课期间学习生活指南》，将这段非常时期的学习要求落实到每一天，学科内容有机结合，学习形式多种多样，确保学生劳逸结合，真正实现"在家在校一个样，知识技能双成长"。

其次是停课后，我感到有必要给学生提供更为直观、具体的指导，决定将语文、数学、英语三科还没讲完的课程全部制成教学VCD，将知识点"浓缩"录制成精致的"微格课"让学生在家观看。学校紧锣密鼓共完成语、数、英三科83节课的录制工作，发放到每一位学生手中。这是非常时期尝试的一种全新教育模式，其背后体现了教育工作者的一种责任感。只要是为了孩子，我们的教师都特别能干。

再次，教师们更牵挂的还是孩子们的心理状况，为此，学校开通了两条"真情互动"心理咨询热线，安排有经验的教师专门接听孩子或家长的电话，帮助孩子们解答生活、学习中遇到的各种问题，宣传预防非典的有关知识。

最后，为了让战斗在一线的医务人员家长没有后顾无忧，我要求所有班主任老师掌握有多少父母战斗在一线的孩子，这些孩子是否得到妥善照料。经调查，全校共有78位医护人员的子女，其中有20多位家长战斗在抗"非典"一线，有2位孩子的父母双方均在一线。通过精心部署，这些孩子均及时得到了妥善安置。此外，我亲自带队，把温暖送到每一个抗击非典一线的医护人员家中，当听到我说"你们放心地去工作，有关孩子的一切后勤保障工作由学校来办"时，家长们感激地说："学校想得太周到了，我们没有任何后顾之忧，会全身心投入工作。"今天回想起来，还是有许多感动，教育，正是因为有了风雨的洗礼，才会迎来彩虹般的亮丽。

往事印记 >　　　　　　　**舍小家，顾大家**

1996年7月，由于工作需要，我被调入金顶街第二小学担任校长，考虑到初到新学校，要做的工作多、难度大，也考虑到不能给学校添麻烦，因此就毅然把自己的儿子留在了古城中心小学，当时儿子才上小学二年级。每天晚上处理完学校的工作，我拖着疲惫的身体骑上自行车，从金顶街再返回古城中心小学去接儿子。经常是晚上七点钟，天都黑了，偌大的校园操场上就儿子一个人背着书包等妈妈来接。骑车带儿子回家的时候，儿子常趴在我的后背睡着了。

很多时候，我觉得对不起自己的儿子，小小的他没有吃好，也没有休息好，但一想到金顶街1000多名学生的成长，我就觉得没有什么遗憾的。德国哲学家狄慈根曾说过，只有整个人类的幸福才是你的幸福，我个人很喜欢的俄国作家果戈理也有一句名言——如果有一天，我能够对我们的公共利益有所贡献，我就会认为自己是世界上最幸福的人了——就让我继续做一个把鲜花献给他人，把棘刺留给自己的人吧。

二、生命如诗，生命如歌

每当孩子们即将离开母校之际，我都会有很多感慨，我尤其想告诉孩子们，生命犹如一首诗，其价值在于贡献而不在于短长；生命犹如一首歌，在遇到困难和挫折时，要学会一笑而过，快乐自信。我把千言万语都化为一首诗，诗里有我无限的叮咛，诗里有我殷切的期望。

告别亲切的母校，开启崭新的旅程。

难忘师恩深重，难忘友情浓浓。

生命是一首写不完的诗，要用欢笑与泪水来充实它的篇章；

生命是一首唱不完的歌，要用勤奋和汗水奏响它最强劲的乐章。

你们是早晨八九点钟的太阳，青春使你们拥有朝气和力量，

你们是今天的莘莘学子，你们是明天的国之栋梁，

但请你们记住：秋天的硕果只属于春天的耕耘者，

你在生命的春天播下了创造的种子，才能在生命的秋天迎来丰硕的果实。

如果你在航行中遭遇风浪，孩子们：不要恐慌，不要彷徨，

母校的精神会赐予你力量。

希望你们：不要被狂风暴雨所羁绊，不要被坎坎坷坷所阻挡，

毫不犹豫、毫不动摇、百折不挠、勇往直前，去搏击风雨，去战胜风浪，奔向你生命中最光辉的顶峰，最绚丽的明天！

三、同室共研，同伴相长

2013年，为整合教育人才优势，充分发挥辐射引领作用，石景山区教委、教工委成立了以校长名字命名的教育管理研究工作室，简称"校长工作室"。我有幸作为第一批校长工作室的主持人，与工作室3位姐妹——古城二小分校王静艳校长、水泥厂小学陈军校长、向阳小学马宝兰校长一道，携手走过了为时3年的学习历程，这3年对于我们来说，既收获了学术，也收获了思想，更收获了友谊。"最是书香能致远，唯有读书方宁静"，在深耕专业的同时，我们制定了阅读工程，阅读大量的文化类、教育类、管理类书籍，真正做到在阅读中思考，在交流中成长。也许和我的家庭环境有关，我对各种有益的书籍爱不释手，在我看来，读书可以给人智慧，使人勇敢，让人温暖，令人幸福。工作室结束的时候，我们四姐妹的脑中都装上了满满的智慧，心里都填满了浓浓的情意，我们将满载着智慧和情意，去承载更多更大的责任与担当。

四、用其所长，用人如器

只有完满的团队，没有完满的个人，20多年的管理经历，让我深刻体会到管理梯队建设的重要。我除了"把人放在合适的位置"，体现"人尽其才"的用人理念之外，还"给人展翅高飞的平台"，体现"敢放风筝"的授权意识。在我任校长期间，培养了一批优秀的干部，很多当年的主任、副校长现在已成为石景山区知名校长，他们在岗位上发挥着巨大的作用。古城二小现任校长陈凤云说道："跟王校长合作共事十余年，王校长的传帮带使我得到了快速成长，成为有思想、有能力、有作为的优秀管理者，也从一名教学副校长成长为全区知名的优秀校长。"古城二小分校现任书记王静艳感言："我是王英校长工作室的学员，从一名数学教师，到主抓科研工作的主任，再到一所学校的书记，王校长的引领培养使我成长为一名有独到见解的优秀党务工作者。"五里坨小学副校长石伟坦言："在王校长的培养下，我从一名体育教师，到德育主任，再到教育教学副校长，从王校长身上我学到了'真心做人，用心为师'一位教育者应有的教育情怀。"

　　泰戈尔有句名言："使顽石臻于完美的，不是铁锤的猛敲猛打，而是流水的且歌且舞。"在浩瀚的中国哲学中，上善若水被称为是一个组织发展所必须遵循的管理之道。我追求管理若水的境界，去彰显仁爱、包容和谦恭的水的属性，温暖每一颗追求远大理想的心。

往事印记 ＞ 　　　　　　　**小小记录本拉近了干群关系**

　　自1996年9月新任领导班子上任以来，为进一步加强学校管理，密切干群关系，学校建立了"年级组月小结记录本"，每月月底由年级组及时总结本月各组的好人好事、教研活动开展情况，同时对学校管理工作中出现的问题或亟待解决的难题及时反馈上来，并对学校工作提出建设性的意见和建议，由我亲自审阅月小结记录表。

　　记得在月小结记录中有的年级这样总结："我们一年级组是全校最年轻的一组，虽然我们工作经验不足，但老师们有朝气、有饱满的工作热情，有坚定的自信心，有团结协作的精神，有谦虚谨慎的工作态度，请领导放心，我们会干好本职工作。

　　"开学了，我们科任组的每一位老师都在认真钻研大纲，制定出本学科的教学计划，教学进度，教改专题，反复推敲每课书的教学重点和教学难点，潜心琢磨每课书的教学环节设计，选择最佳教学方法，不放过任何一个激趣、激思、激志的机会。

　　"这次人事制度改革，老师们非常拥护，真正能体现多劳多得，岗变薪变，建议对教学人员的考核不能仅看一节课的好与坏，应根据师德、备课、教学业绩、教科研等方面进行综合考核。"

　　作为领导，在学校管理工作中的重要职责之一，就是要最大限度地调动教师的积极性，唤起教师对工作的主动性和创造性。在管理中我注意改变那种简单生硬的做法，对每位教师以诚相待，一视同仁，克服静止不变、固定看人的思想方法，提高了大家的思想觉悟，使广大教师保持积极向上的良好状态。这个小小的"月小结记录本"，成为一个无形的纽带，增强了教师群体的凝聚力，营造了一种团结、民主、向上的氛围，发现典型及时树，出现问题及时纠，从而提高了工作效率，取得了工作的主动权。通过小小的月小结记录本，也减少了学校管理中许多中间环节，上级和下级及时互通信息，及时发现教职工中出现的新问题，帮助他们排忧解难，使他们感到有苦有处诉，有难有人帮，从而使每一位教师能以积极的心态去对待工作，在工作中焕发出极大的热情。

从人治到文治的转变

——十五年磨砺，带着微笑前行

导语

　　我国古代哲学家孟子曾讲过"君子有三乐"，其中"得天下英才而教育之"即是一"乐"。怀着对教育的满腔热爱和壮志豪情，2002年，我来到了石景山区古城第二小学（以下简称古二小），开启了我校长生涯的新篇章。

　　在古二小的15年历程中，奋战在教育管理第一线的我对办学治校有了全新的思考。我认识到，要办好一所学校，人重要，制度建设也重要，但能否承担起校长的文化使命更重要。依靠个人情感管理，即"人治"，是学校管理的浅层面，而以文化管理学校，即以一种意识和氛围引导全校师生的行为，才是能够引导全体师生齐心协力、同舟共济，变"要我去做"为"我要去做"，学会自我管理的强大力量。

　　文化是一种精神，是一种信念，也是一种力量。它看不见摸不着，却又无处不在地影响着人的决策和行为。当一种组织文化建立起来的时候，就达到了对人行为约束和引导的目的，发挥了润物无声的管理功效。这就是从制度到文化——追求没有制度的管理，突破个人影响力的管理，也是建立学校文化的意义。

　　因此，我在古二小提出并坚定探寻着"微笑教育"的真谛。我想，也许有一天，我们的教师已经年迈，我们的学生也不再年轻，他们或许会记不清曾经教室里朗朗书声，或许会忘记走廊上张贴的"成长宣言"，但他们一定会记得彼此脸上最真挚的微笑。因为那是饱含爱的温暖记忆，因为那是让平等、和谐与美好伴随他们一生的阳光起点。

第八章

思悟教育，名家引领登临育人佳境

编者按 >>

　　学校，承担着传播知识、传播思想、传播真理的光荣使命，肩负着塑造灵魂、塑造生命、塑造人的时代重任。作为古二小的"领头羊"，想要办好学校、做好教育，我必须发挥出领先、领跑、领袖的功能，而这个目标，唯有通过系统的理论研修，用最先进的思想去武装头脑，指导实践、推动工作，才能得以实现。

　　通过在中共中央党校的三年专业进修和名校长工作室的两年磨砺锻造，我一边努力增强现代理论认识，一边积极汲取优秀实践经验，对教育的理解，特别是在办学理念和治校能力等诸方面，变得更加完整和系统。这些宝贵的研修培训经历，在我作为一名校长的成长历程中，犹如"催化剂""粘合剂""清醒剂""润滑剂"，让我在一批有梦想、敢先行、立典范的教育名家和大家的引领下，大步向前奔跑，踏上了专业发展的新台阶。

一、中共中央党校，思想领航保先进

　　2005年7月，我开始了在中共中央党校"马克思主义哲学专业"3年的在职研究生学习。我深知，校长，作为一名人民教育者和哲学社会科学工作者，必须坚定地以马克思主义为指导，始终坚持用中国特色社会主义思想武装头脑，树立正确的历史观、民族观、国家观、文化观，才能准确对标新时代要求，不忘初心，立足本职，把教育、科研和管理工作做好，满足人民对美好教育的追求。

马克思主义哲学，是一个主题鲜明、逻辑严谨、系统完整的科学理论体系，深刻揭示了自然界、人类社会、人类思维发展的普遍规律，为人类社会发展进步指明了方向。如何站在马克思主义哲学的高度去理解和把握"为谁培养人""培养什么样的人"和"怎样培养人"这一人才培养的根基、方向和战略的问题？这是我在3年的学习过程中始终在思索和体悟的核心主题。

在我看来，"为谁培养人""培养什么样的人"和"怎样培养人"是教育必须解决的核心问题，它是所有教育工作的出发点和归宿。"为谁培养人"以及"培养什么样的人"讨论的是教育目的的问题，即教育按照什么方向、以什么样的质量标准去育人。"怎样培养人"解决的则是如何根据教育目的来办学育人的问题。它直接关系到用什么样的教育思想、教育内容、教育形式和教育环境来育人。

"本理则国固"，学校教育管理者和所有一线教师都肩负着培养德智体美全面发展的社会主义事业建设者和接班人的重大任务。我们必须牢牢把握社会主义办学方向，统揽全局、聚力发展，把立德树人作为中心环节，强基固本、追求卓越；必须围绕学生、关照学生、服务学生，不断提高学生思想水平、政治觉悟、道德品质、文化素养，让学生成为德才兼备、全面发展的人才。

因此，作为学生世界观、人生观、价值观的关键引领者，我们在帮学生扣好人生第一颗扣子的同时，也需要不断审视自己的扣子是否"松了线""染了尘""扣不正"。通过"辩与论"，深化"知与行"，因事而化、因时而进、因势而新，遵循思想政治工作规律，遵循教书育人规律，遵循学生成长规律，不断提高工作能力和水平，种好责任田，守好主阵地，为学生点亮理想的灯、照亮前行的路。

二、名校长工作室，心手相传谋创新

怎样才能成为一名成功的校长？在我看来，完整意义上考量"校长"的视角，就应该包括理论与实践两个方面：他们的教育思想和教育实践应该并驾齐驱，他们的办学作为与办学影响应该有血有肉——充满感性的温暖和理性的光芒，只有这样，才能给社会树立昂扬而立体的校长形象。这些特质绝不是一朝一夕就可以走捷径获得，必须经过长期艰苦的奋斗与修炼才能形成。

虽然从金顶街第二小学到古城第二小学，我已经有十几年的校长经历，但我清楚地认识到，自己距离一名优秀校长还有很长的路要走。非常幸运的是，在2005年，我成了北京市"十一五"第一期名校长工作室的成员之一，而时任组长的正是北京实验二小的李烈校长。

在来到工作室之前，李烈校长对教育的系列论述，尤其是"以爱育爱"的办学理念和"双主体育人"的办学思路就已令我倍受启发。加入工作室之后，我不仅对李烈校长的教育思想有了更深刻的认识，她身上所展现出的大家风范、大师品性和大爱精神，更让我对"校长"这一身份和标签有了与以往不同的思考——

一名优秀的校长，应当有视野、有胸襟、有气度：校长的视野决定学校的发展高度，校长需要张开双眼看世界，通过理论探索、实践考察和同行交流，了解国际前沿教育观点，开拓创新，关注未来，推动学校可持续发展；同时，作为学校的领导者、管理者，校长的气度体现在办学思想、职业操守、智慧修养、人格魅力等许多方面，但更多体现在其办学治校时凝心聚力、众望所归的魅力上——要像太阳一样，既要提供光芒，给予专业上的指引和鞭策；也要提供温暖，像朋友一样，给予关爱和尊重。

一名优秀的校长，应该善思考、敢担当、有情怀：以读书治学、理论探索为引领，针对学校课程建设、名校特色形成、校园文化品质、学校发展战略规划等问题进行深入思考，对推进义务教育质量整体提升进行深层次剖析，增强办学治校的理性；对学校领导力有充分的认识，对新时期办好人民满意的教育有新担当，从而具备鲜明的教育思想和理念、深刻的影响力和凝聚力、非凡的决策力和强大的学习力、高超的领导艺术、良好的沟通能力和追求卓越的创新力；在办学实践中积极反思，向中外教育家学习，化解办学过程的各种偏见和迷误，不断反省，逐步形成高尚做人、高明办学的教育家情怀。

"校长不是你一个人在跑，而是要带领一大拨人往前跑。"在工作室的两年间和之后的校长生涯中，我始终谨记李烈校长的教育管理箴言，时刻要求自己向李烈校长看齐，修身正心，形成理性办学、感性育人、知性形象、智性领导的胸襟气度——不仅仅成为办学有成就的校长，更要怀抱远大的教育追求，形成鲜明的办学主张和治校策略，并能够提炼出具有独立创见的教育思想，为成长为一名教育家型校长努力，不断丰厚教育家型校长的底蕴。

往事印记 ＞　　　　　以人为本，无为而治

在名师工作室学习时，李烈校长的管理观对我影响颇大。她常说"无为而治"，并不是真的不治，而是不需要显露于外的管理，要通过激发内在的认同和自觉性实现管理的目的，而这种激发也是基于对每一个人的关注。管理者必须具有足够敏锐的体察力。

李烈校长给我们举了一个工作中积极授权的小例子，令我印象深刻。实验二小有一批"小校长""小书记"，出于理念的共识和对能力的认可，李烈校长大胆启用他们，通过授权，给予了他们除财务、外事和人事任命之外的所有校长权力，赋予他们极大的自主空间和管理信心。李烈校长陪伴他们一起处理问题，但仅供参考，扮演出谋划策的角色，决定权和行动权都在他们手中，即给予"小校长""小书记"充分的信任。事实证明，看似"大权旁落"的授权，恰恰培养和造就了一批强有力的中层管理者，成为实验二小发展的中坚力量。

我想，这就是领导型校长和管理型校长的区别吧。正如教的最终目的不是教，管的最终目的是不管，从而实现教职员工高度的自觉性、自主性与自治性。

第九章

行走教育，脚踩大地步入育人新境

编者按 >>

思想是"运动的意识"，是动态演进的，随着时光的打磨，它愈加清晰明亮。读万卷书不如行万里路，在对教育事业的探索和思索上，我也是在边走边悟中逐渐加深的。

校长，身为引领学校发展的先行者，绝不能闭门造车，必须博采众长，积极吸收与沉淀世界先进的教育理念。因此，抓住下校参观考察的宝贵机会，我坚定地走出去，一览广阔的国际教育图景。同时，我也多次被选派前往国内教育改革的先锋阵地，亲身感受各种教育形态的蓬勃发展，学习名校的成功经验。这些所见所闻，大大拓展了我的教育思路，也激发了我锐意进取、先行先试、不断创新的决心，让我对新时期办好人民满意的教育新担当有了更深刻的认识。

"知之愈明，则行之愈笃"，看得多了，自然能认识规律，发现奥秘，对教育行为的指导也更加有益。校长，成长永远在路上。

一、研游海外，开阔教育视野格局

来到古二小之后，我对提升自己教育视野和管理格局有了更迫切的需求，也正是如此，我非常珍惜每一次外出考察进修的机会，希望自己能在多走多看中，在比较与借鉴中，找到教育问题的解决方法。于是，在美国、巴西、秘鲁和斯洛文尼亚等国留下教育足迹的同时，也留下了我的教育思考。

2006年，中国对外友好合作服务中心组织基础教育专业中高级管理人员及专业人员赴美国进行"基础教育"项目专题培训，我也受邀参与其中。在为期21天的培训中，我们参观、拜访了美国联邦政府主管部门、教育部、专业协会组织、大中小学及教育研究机构，并就学校管理、素质教育、校长负责制的学校管理与教学、学校评估与发展、教师队伍专业化等内容进行了集中学习。紧凑的行程安排让我倍感充实，其中令我印象最深的就是洛杉矶分校的白春生博士带给我们的一堂关于文化与教育以及教育如何服务于社会的讲座。在课上，白博士提到，现行美国教育的培养目标之一（特别是高教目标）强调"既要重视专才教育，又要重视通识教育"，把"专"建立在"通"的基础上，这一点对我启发很大。我情不自禁联想到，这与我们经常提到的全面发展与特长培养有异曲同工之处。我想，这也是每一位教育工作者都应该认真思考的问题。

2008年，我携8名师生对奥运同心结学校——斯洛文尼亚伊索拉市维卡斯姆茨小学进行了友好访问。两所小学间通过交流进一步加深了友谊，也为之后古二小推广奥运教育奠定了坚实的基础。在与斯姆茨小学的孩子们互动时，他们表演了舞蹈、器乐、艺术体操等节目，虽然他们的表演不像我们中国孩子表演得那样正规，但是却很投入，很有小孩子的那种质朴和纯真。其中有一幕令我印象深刻，就是当我们的孩子邀请雷哲卡校长和她的学生们跟我们一起活动时，虽然言语不通，但她们的学生们却是热情大方，马上争先恐后地跑到台上跟我们中国孩子学习，尽管他们没有见过踢毽子、跳皮筋这些中国特色体育活动，但是个个摩拳擦掌，小试身手。那种由内而外流露出的自信和灿烂笑容，非常感染人。这种勇于表现、不惧失败的自信是很多中国孩子所缺失的。这也向作为教育者的我们提出了挑战，我们应该反思如何才能做得更好，这个问题的"根"又在哪儿，如何才能扭转这种局面。

2013年，应北京市教委及北京市国际教育交流中心的邀请，我与来自北京15所学校的29名团员，赴巴西和秘鲁参加了为期12天的国际教育展。在这次展会上，我充分感受到了不同国家之间的文化交流与思想碰撞，让我对今后古二小的国际化之路更有了一份期待。除了参展宣传的任务，我们还有机会走访了几所当地的小学和大学，其中，巴西圣伊纳西奥学院无处不在的人本细节，让我情不自禁竖起大拇指。里约的圣伊纳西奥学院建于1915年，是教会办的一所集小学、初中、高中为一体的学校，是里约很有名气的一所学校。圣伊纳西奥学院古老而又优雅的环境，处处弥漫着一种古朴和典雅。在校园参观途中，我们受到了学校师生的欢迎，虽然语言不通，但是师生们都热情地向我们点头示意并主动与我们合影留念。我们参观了这所学院的图书馆和专业教室，在化学实验室中，我们发现在教室一侧安装了一个防喷淋用的支架。校方负责人介绍，这是为了防止学生们做实验时发生意外，这个淋浴设备是能保证学生第一时间冲洗溅到身上的化学制剂。这小小的细节使我深深感受到这所学院对学生的关爱，这才是真正"以人为本"的理念吧，令所有参观者肃然起敬。

二、研学八方，汲取一线优秀经验

作为改革开放前沿的深圳，不仅在经济制度改革方面走在全国前列，基础教育改革方面也同样具有引领性。而我也有幸前往深圳这一教育现代化先锋之地，对包括深圳中学、深圳市天骄小学和华南师范大学附中在内的5所学校进行了参观考察。在为期7天的调研学习中，我深切地感受到了深圳在课改"深水区"探索的决心。在我看来，这5所素质教育特色示范学校就如同"鲶鱼"一样，在深圳教改的历程中不断开拓，并激发了整个深圳教育的活力。

以深圳中学为例，学校以建设"学术性高中"为目标，培养富有责任感的、有独立人格的社会公民，使他们在学术素养、专业精神、审美情趣上获得提升。时任校长王占宝先生说，学校就是要让每个人都"能自主发现和实现个人潜能，成为最好的自己"。围绕这一目标，学校在多方面进行改革，不仅做到国家课程开齐、开足、开好，地方课程不断加强，而且校本课程建设空前活跃，形成了一批全国知名的精品课程；与社会合作不断加强，国际交流日益频繁，育人模式不断优化，促进全体学生全面发展成为广大教师的自觉行为；推进了课堂教学改革与创新，教与学的方式发生了很大转变，教学模式灵活多样，学生自主、探究、合作学习亮点纷呈；促进了教师整体专业发展，通过创建教育科研专家工作室、名校长工作室、名师工作室，开展教师海外培训等平台和载体，多途径促进教师专业成长；探索建立了发展性评价体系，办学水平评估实践与研究影响广泛，点燃师生不断追求进步的"火花"。

在这短短一周的调研中，无论是深圳中学"我说你听"的管理模式，还是华南师范大学附属中学"八个一"的素质要求，抑或是天骄小学的"信息技术创新应用"，都给我留下了非常深刻的印象。从课程建设特色到高效课堂打造再到教师队伍建设特色，从德育工作特色到班主任培训机制再到教师工会活动特色，这5所学校在先进的办学理念引导下，不断创新，真正做到了4个"可持续"，即学生可持续发展、教师可持续胜任、学校可持续攀升和教育质量可持续提高，让我备受鼓舞。

与此同时，我也陷入了思考：究竟什么才是面向现代化、面向世界、面向未来的教育？我想，一所真正能被冠以现代化的学校绝不仅是以是否拥有现代化的硬件设施为决定条件，它更多的体现于学校的管理理念，学校的精神风貌，而这也指向了校长的角色——校长必须要用先进的办学思想、清晰的办学思路和牢固的专业积淀来武装自己，充分发挥出骨干、示范、辐射、带动作用，并以创新精神、领袖气质和高尚的人格魅力，让带动学校整体提升的过程成为全体师生享受幸福的过程。

往事印记 ＞　　　　　　　　　**美丽的合影**

古二小的展位在此次巴西国际教育展中十分醒目。以"微笑伴我成长"为主题的特色展板，充分展示了孩子们在古二小健康快乐成长的足迹。展位上我们还用不同颜色的中国结进行了巧妙地装饰，既很好地展现了小学教育的特点，又洋溢着中国传统文化的美，让人觉得很有味道。

这两天来古二小展位咨询的人络绎不绝，虽然语言不通，但大家的热情不减，在翻译的耐心解答下，许多参观者在我们展位流连与咨询。最有意思的是一位只有5岁大小的小男孩，他在父母的陪伴下来到中国展位区径直跑到古二小的展位前，漂亮的中国结顿时吸引了他，趁他父母向翻译咨询的时候，我们按动快门跟他合了张影，他立刻伸出双手，一只手摆出胜利的姿势，另一只小手高高举起漂亮的中国结，跟我合影。他父母说，过几年等他再长大些，一定要把他送到中国去读书。我们都期待着能早日在中国的北京见到这位可爱的巴西男孩。

这次巴西国际教育展对加强国际间的教育合作方面十分有益，我也希望，今后古二小也能以更加开放的姿态，为国际教育的交流与合作、创新与发展做出积极的尝试和更多的贡献。

第十章

解构教育，文化领航凝铸"精气神"

教育决定着人类的今天，也决定着人类的未来。办好让人民满意的教育始终是所有教育人承载的光荣而艰巨的使命，而"如何办好"则是教育人必须常思常研的重要命题。

在"百年树人"的召训下，教育的意义与内涵一次又一次被解构。作为学校的管理者，我深知学校文化是推动学校教育质量提升的灵魂所在，一个学校发展的水平相当程度取决于学校文化的水平。而国内外研学和参观考察的经历更使我认识到学文化建设在为全体师生打下理想信念、道德风气和人格发展基础方面的重要作用。

如何利用文化建设形成一种贯穿学校教育整体并推动学校大步迈进的动力？古二小就像是一片蕴藏无限可能的沃土和宝藏，激发出我抚育这所学校成长的无限热情，让我在感性畅怀中理性思忖，给了我实现理想和尽情挥洒的空间与平台。最终"微笑"，这一既体现出石景山区绿色教育的核心精神和古二小学校特点的"表情"，为学校注入"精"神底色，展现出师生的"气"质风范，彰显古二小教育品牌的飞扬"神"采，仿佛一条温柔靓丽的丝带，紧系了全校师生雀跃的双手，定格了全校师生灿烂的笑容，让学校文化顿时有了最为鲜活灵动的具象。

一、顶层思考，明确学校文化建设价值

石景山区古城第二小学建校已有四十余年，是石景山区历史最悠久的学校之一。由一所普通小学发展到区重点小学，再到中秘友谊小学，古二小积累了丰富的办学经验，形成了优良的办学传统，具有较为突出的育人传统优势、师资队伍优势和特长培养优势。家长对这所学校期望值很高，社会对这所学校的关注度也很高，但随着教育改革的逐步深化以及教育观念的不断更新，学校面临诸多改革头绪，包括思想变革、课程创新、教学改革、管理提升等，同时也暴露出在发展进程中的一些劣势，如师资队伍出现断层；学校进一步发展与空间、设备制约的矛盾等。

身为古二小一校之长，我深刻认识到学校的发展要想再上一层楼，必需在一个更高的基点上构思学校管理科学化的运作，以促进学校建设与发展。在寻找学校发展的突破点时，我意识到只有开展顶层设计，才能建立一套发展思路。顶层设计的实质，就是达到思想统一、目标明确、组织有力和行动有序的目的。因此，我的目光马上聚焦到了"学校文化"建设上。

德国教育家斯普朗格曾提出："教育亦是一种文化活动，这种文化活动指向不断发展着的主题的个性生命生成，他的最终目的，是把既有的客观精神（文化）的真正富有价值的内涵分娩于主体之中。"其实，从早期在古城中心小学做副校长时，我就体会到"学校文化"这只看似"无形的手"在助推学校发展时所发挥的重要作用。4年后，在担任金顶街二小校长时，我也曾阐述过"学校文化是学校发展的核心，是学校的灵魂。校长应在学校文化建设中扮演好自己的角色，以满足社会和学校发展的需求"这样的观点，而多次前往国内外知名学校参观研学的经历，最触动我的也是各校营造的特色文化氛围所产生的强大感染力。于是在后来参加学校品牌建设研讨等大会发言时，我的论点也围绕着"文化育人是教育的最高境界，学校文化是学校组织成员的精神皈依"的观点进行阐述。通过学校文化建设，在留下宝贵的精神财富的同时，可以建立起高度的文化认同和自信，以实现学校发展的可持续性。对于学校文化的认识，我有两个主要观点：

（一）高点定位，共启愿景引领发展

文化是精神基因，具有深厚的渗透力与持久的影响力。苏霍姆林斯基曾说："学校必须是一个精神王国，而只有当学校出现了一个'精神王国'的时候，学校才能称其为学校。"一所真正意义上的学校，必须有其独特的、以师生的价值取向为核心的学校文化来引领和支撑——它是立校之基、育人之本，是一所学校的灵魂，是激发学校活力的源泉，是构成学校办学实力、教育特色和竞争优势的核心。

学校文化对学校发展起着决定性的作用，学校的发展本质上就是学校文化的发展。在我看来，学校文化的建设，实质就是追根溯源，统筹考虑，就是在最高层次上确立学校的发展之道，包括学校的办学宗旨、办学理念、办学目标、办学特色等。它绝不是面子工程，更不是行为艺术，而是站在顶层设计的角度，将每一个人的使命担当、价值追求和发展目标化作生动活泼、铿锵有力、悦耳动听的语言，敲击着师生的心门，紧紧将他们凝聚起来，成为实现目标的强大而持久的精神指南与行动纲领。

因此，学校文化的存在，才是学校的根本价值存在。一所学校，只有发展体现出文化的品格，才能进入更高的发展阶段，才能造就更大的文明进步。这就需要校长自觉承担起打造学校文化的使命，有意识、有目的地去经营和管理学校的文化体系，以相对固化的话语系统发挥文化的凝聚、引导和推动作用，既体现为传承与借鉴，又着眼于发展与创新，驱动学校各项规划举措有效落地。可以说，只有建立一流的文化，才能打造一流的学校！

（二）走进师生，人文关怀凝心聚力

正如文豪高尔基先生所言，"人是文化的创造者，也是文化的宗旨"，学校文化叫什么并不重要，重在服务师生。无论什么文化，都要以服务于师生的成长为第一要义。学校文化只有来源于师生，并最终回到师生，才能真正入脑入心，发挥出文化软实力所生发的让全体师生"不待扬鞭自奋蹄"的强大内驱力。

学校文化既反映了个人的成长理念，也体现了团队整体的发展斗志；既是对内聚合人心、塑造人格的力量，也是对外彰显风貌、赢得信赖的旗帜。优秀

的学校文化就是要在回应教育深化改革的深层次问题的基础之上，处理好学校供给侧与师生获得感两者之间的关系，创设出和谐的教育生态和成长生态，为孩子们和教师们明天的人生打好坚实的基础。

所谓"观乎人文，以化成天下"，只有建构一种积淀厚重、情理交融、充满活力、风貌独特的学校文化，才能把全体师生紧紧团结在学校文化内核的周围，形成一种坚定而持久的向心力和凝聚力，输出全校共谋发展的正能量，打造出最适合的、最多元的、最优质的育人环境，在让师生具有真实而丰硕的获得感的同时，激发和鼓舞全体师生奋发进取、自强不息。

> **杏坛心声** >
>
> ### 我眼中的王校长
>
> ——古城第二小学书记　白雪莲
>
> 和王英校长共事的经历，让我几乎忘却了她的年龄。在她的身上，永远看不到人到中年后的暮气，看不到故步自封的维持，看不到高枕无忧的懈怠，更多的是永远高昂的斗志，不断创新的思考，扎实深入的实践。对于学校的建设，王校长的站位是高屋建瓴的，目光永远在未来的可持续发展目标上。这种高远的目标并没有停留在计划书上，封存在臆想中，而是化作了激发全体教职工内驱力、行动力的管理手段上。秉承着"人无我有、人有我新、人新我精"的原则，王校长带领全体教师克服重重困难，一方面根植学校教育教学活动本身，做实日常工作，做精特色工作；另一方面放眼于长远，举办了数次大型的学校展示活动，从课程、教学、特长发展等方面全方位向社会展现学校、师生风采，树立品牌形象，扩大教育影响。各种工作的新形式、新构想，往往"出人意料"，但效果绝对"惊羡众人"！

二、系统设计，架构学校文化思想体系

2010年春，北京师范大学教育学部与北京市石景山区教委合作启动绿色教育发展试验区项目，其中就包括"名校品牌建设工程"。作为参与学校品牌建设工程的学校之一，我紧紧抓住这一重要契机，把古二小的学校文化建设作为

品牌打造的突破口，希望在石景山区绿色教育理念的引领下，走出一条属于古二小的文化立校、文化兴校、文化强校之路。

在明晰学校文化定位的过程中，我注意学习、借鉴与研究其他名校的成功经验，并不断加以具体化与个性化，试图设计出属于古二小的文化标签。我不得不坦言，在这个过程中，紧紧依靠引进和移植，没有自己的钻研与创造，是很难完成这项极其重要的工作的。于是，我带领学校文化建设小组的教师细致整理校史资料，请老前辈介绍当年办学情况，开展校友访谈等，努力追寻学校的"文脉"，在继承与发展中吸取丰富的"养料"，同时，展开对师生的调研，倾听大家的文化声音，以便更准确地定位、更准确地认识古二小、发展古二小。最终，我们以绿色教育理念为引领，基于备受古二小师生喜爱的校标所蕴含的丰富内涵，结合古二小的文化传统和教育优势，确立了打造"微笑教育"品牌的发展目标。

（一）文化定位，微笑注入精神底色

微笑教育的缘起，来自师生们喜爱的校标。古城第二小学的校徽是一个以大写字母"G"为中心图形组成的儿童卡通笑脸。这个笑脸既是"古"字的首写字母，又寓意"让微笑伴我成长"。一个活泼灿烂笑脸，蕴含了全体古二小人对微笑教育的全部感情，它饱含生命活力，充满了对未来的希望，同时感性的形象也体现出小学教育的鲜明特点。

因此，怀着让每一个古二小人（学生、教师）都能够在学校获得未来长远发展的不竭动力，都能够在学校获得健康、愉悦的生命体验的美好希冀，我们确立了"微笑教育"的学校文化定位。

1. 微笑教育是绿色的教育

最早提出"微笑理论"的是美国作家曼迪诺。曼迪诺定律主张人们应该微笑，微笑不仅是人在表情上的外在表现，更重要的是内心和谐、美好的体现，是对外界事物接纳、宽容的和谐态度。因此，"微笑"的文化定位传达的是人与人之间由内到外的平等、和谐、宽容和关爱的价值追求，充满着人文精神和人文关怀的魅力。

在此基础上，我将"微笑教育"的基本内涵界定为"以教师高尚人格魅力和教育艺术感染学生，用发自内心的爱去滋润学生的心田，点燃学生的学习欲望，使学生在充满师爱的激励中经常保持满足、快乐、积极、稳定的情绪，找到自尊、增强自信"。微笑教育，崇尚的是尊重、鼓励、宽容、呵护、赏识与激励，是热爱生命、善待生命的教育，这与区域推进的绿色教育所倡导的"尊重生命、尊重规律、尊重差异，构建适合每一名学生发展需求的教育"的核心理念是完全一致的。

2. 微笑教育是幸福的教育

教育是培养人的事业。美国著名企业家卡耐基说："笑容能照亮所有看到它的人，像穿过乌云的太阳，带给人们温暖。"微笑是人际关系中最佳的"润滑剂"，无须解释，就能拉进人们之间的心理距离。所以说，微笑的力量是巨大的。

教师的微笑是送给学生最好的礼物。著名的教育家苏霍姆林斯基曾经说过，"学习并不是把知识从教师的头脑转移到学生的头脑，而首先是教师与学生之间活生生的人的相互关系。当学生出色时，微笑是真诚的赞许；当学生出错时，微笑是善意的宽容；当学生得意时，微笑就是甜蜜的分享；当学生迷惑时，微笑就是信任的期待……"这就是微笑的魅力！

微笑就像一股清泉，能滋润学生干涸的心灵；就像一缕春风，能吹散学生心头积郁的阴霾；微笑就像一把钥匙，能打开学生紧闭的心门；就像一座桥梁，能让学生走出自我，走向光明和希望。"微笑教育"的提出，体现了学校坚持用"微笑"这一动人的表情追寻幸福：就是要以保护和尊重学生的自信心和自尊心为前提，欣赏每一个学生，把微笑化作滋润他们心田的阳光和雨露；赞美每一个学生，捕捉他们身上创造性的火花；宽容每一个学生，维护他们情感世界纯真的童心。微笑教育，以莘莘学子为本，为幸福未来奠基。

(二) 理念体系，微笑展现气魄追求

学校文化建设给了我书写教育理想的宝贵机会，但我深知，"微笑文化"是属于全体古二小人，绝不是校长的"一言堂"。因此，我在古二小设立了文化建设领导小组，在广泛征求师生、家长和专家意见的基础上，最终确定了以

校标为中心的"微笑教育"文化理念体系。

代表学校文化的校标是整个"微笑教育"文化体系的品牌符号，是学校文化的形象载体。G，不仅是古二小名城的首字母，又是古二小办学"4G"追求，即"绿色、快乐、优秀、成长"的英文首写字母，蕴含着"绿色健康、快乐和谐、成长优秀"的丰富内涵：

G，代表"Green—绿色"，指在学习与发展中倡导绿色生活方式，创建绿色校园。学校师生具备可持续发展意识及相关知识，并自觉地将其运用到日常的教育教学和学习生活中；具有良好的道德修养和健康生活方式；师生体质健康；校园环境整洁。

G，代表"Gaiety—快乐"，指师生在微笑中度过每一天，树立以"和谐"为核心的可持续发展价值观，以"和谐教育"为动力，促成各项教育要素健康发展。包括：学校机制健康，富有活力；教师心理健康，富有朝气；学生心理健康，富有信心。

G，代表"Growth—成长"，指体验成功，做追求进步和成长、多才多艺的人才。学校办学规模不断扩大，教师素质水平日益提高，学生综合素质具有鲜明特性。

G，代表"Good—优秀"，指不断追求体现时代精神要求的最优境界！形成好的校风，取得好的业绩，产生好的影响，追求好的愿景。在此基础上，我带领文化建设领导小组对"微笑教育"的文化架构进行全面梳理，从顶层设计层面将"微笑教育"的核心价值理念系统有效传递给公众，强化"微笑古二"的品牌形象和办学追求。

古城第二小学"微笑教育"文化体系

校训	让微笑伴我成长
办学宗旨	微笑成长，悦意人生
办学目标	学生微笑成长，教师微笑成功，学校微笑发展
育人目标	培养个性优雅、才能卓越的新一代阳光少年
教师目标	工作有声有色，生活有滋有味，待人有情有义
学校精神	健康 快乐 优秀 成长
品牌定位	学校规范有特色，教师达标有特艺，学生合格有特长

（三）价值维度，微笑彰显神韵风范

我们围绕"微笑教育"的文化定位，确定了"和谐、愉快、轻松、成长"4个价值维度。价值维度指向的是学校文化体系中的校本价值观，它是学校文化体系各文化理念的统领，起到的是文化主导和方向引领的核心作用。

维度一：和谐，指在学校文化的建设过程中，干群、师生、生生之间形成真诚、尊重、合作、分享、交流、创新的人际关系。

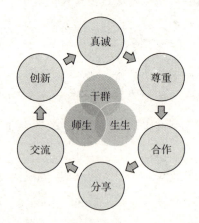

维度二：愉快，指教师对工作的高效实施，充满热情和深入的思考，爱教、乐教、会教、善教，学生则在老师用心设计的课堂学习活动中感受到课程的魅力，爱学、乐学、会学习。

维度三：轻松，指在学校文化的建设过程中，学生学得轻松，教师教得轻松，干部干得轻松。

维度四：成长，指在学校文化的建设过程中，每个人的个性特点获得自由成长的机会，均能在原有基础上有所发展。

在此基础上，我们又确定了与之相应的工作维度，指导学校规范管理、教育教学、文化建设等各项工作。

（四）行动路径，微笑铸就绿色品牌

微笑教育的目标是过一个幸福完整的教育生活，追求的是人最崇高的理想和精神境界；强调的是团队合作意识，合作的方式就是交流，学校里的每

个人，都要积极参与交流，及时把自己的感悟、体会、成果，与每一个微笑教育人共享。基于此，在绿色教育理念指导下，学校构建了基于"微笑教育"办学理念下的工作机制，通过4个途径来实施微笑文化建设，积极回应绿色教育"以人为本、健康可持续发展"的核心精神。

1. 改变教师的行为方式——微笑教育的基本逻辑起点

学校管理最灵魂、最核心的东西就是用教师的专业发展带动学校的发展，影响学生的成长。如果没有教师的成长，则永远不会有学生的成长，如果没有教师的快乐，那就永远不会有学生的快乐。

如果教师不能充满激情地去拥抱她的生活，如果教师不能每天用心去发现她的教育世界，那么教育始终有一种缺陷。微笑教育旨在促进教师输出专业发展的"三专"行动，即专业阅读、专业写作、专业发展共同体（教育在线交流）等。

2. 改变学生的生存状态——微笑教育的根本目的

学生的生存状态面临的现实问题是，学习负担和升学压力使孩子已经没有童年，他们的学习充满了失败，很多孩子已经失去了凝望世界的明眸，失去了追求理想的激情与冲动，失去了尝试成功的勇气与感恩的情怀。为改变这种状态，学校倡导"我健康、我快乐、我成长"的生活方式，开发丰富多彩的课程，为学生个性的培养开辟了广泛空间，使他们真正成为"微笑之星"。

3. 改变学校的发展模式——教师与学生发展是学校发展的基础

微笑教育追求的是真正意义上的内涵发展，内涵发展的核心是师生的健康发展，没有教师与学生的发展就没有学校的发展。传统的学校发展主要靠的是行动，靠的是师生的精神面貌，靠的是习惯养成，靠的是学校的办学特色。

学校通过实施"温馨校园、古典益智文化、数字校园"等项目，为师生提供了良好的学习环境，为学校文化建设打下重要根基；以微笑德育、微笑课程、微笑管理为抓手，引领学校发展。

4.改变学校的科研范式——学校发展、教师发展、学生发展的助推器

现实的学校科研是"研""教"两张皮，科研不是为了解决问题，不是为了改变教育，而是为科研而科研，因而是"上不着天下不着地"，为此，学校实施"名师工程"，以"名师工作室"的形式，构建了适合教师发展的平台。

微笑教育倡导的学校科研，是要关注教室里发生的事，是要关注教师和学生的生存状态，是要关注实实在在的科研行动。我提出教师一是要做研究型教师，研究政策、研究理论、研究趋势、研究学生、研究家庭、研究课程、研究课堂、研究自身；二是要做批判型教师，对于其他学校好的经验和做法，要带着质疑的眼光和批判的思维去理性分析和深入思考，找到校本化思路，因地制宜、因时制宜、因人制宜，而不是一味地采取"拿来主义"，照搬照抄。

微笑，代表着和谐与愉快，代表着轻松与成长。绿色，象征着生机与活力，象征着美好与未来。绿色与微笑的结合，正是春暖花开里的蓬勃生机，亦是融融暖阳下的春风拂面。我们希望通过建立微笑文化体系，构建全新的有活力的学校文化，创设充满生命力、充满人情味的教育境界，让教师与学生在幸福完整的人本氛围中健康可持续发展，推动古二小去塑造"微笑"的绿色教育品牌。

> **往事印记** >> **童真飞扬，微笑印记**
>
> 蓝天、白云，明丽祥和。春雨、金风，耕耘收获。徜徉于花的校园，总让人赏心悦目。坐在办公桌前，翻开这本古二小学生的作文集子，看到孩子们用最纯真的文字记录在古二小的生活，我相信，这将是他们今后始终保留着的对"微笑古二"的美好记忆。
>
> 一年级的王星宇写道："我们是小树苗，学校是大地。小树苗在大地温暖的怀抱里茁壮成长，开心成长。"
>
> 二年级的张梦旸写道："我们的老师是一个美丽的月亮，我们是43颗闪亮的小星星，教室就是一个美丽的星空。我们彼此牵着手，欢乐的在学校宇宙里遨游。"

　　四年级的杨洋写道："我爱你——古二小，我的母校。你今年已经40岁了，在这里我要为你送上一束康乃馨，并告诉所有人，我爱我的学校。因为有了你，我才有了认真负责、温暖亲切的李老师；因为有了你，我才懂得了许多道理，增长了很多知识。在学校，每一天都是快乐的，每一个人都是微笑的，我爱古二小。"

杏坛心声 >

"不简单"的笑脸

——古城第二小学办公室主任　胡文生

　　2006年8月新学期开学前夕，古二小的校服制作厂负责人来到了王校长办公室，这已经是厂家第4次来协商新校服上的校标印制事宜了。

　　"看似简单的笑脸，其实并不简单。"王校长说。为了让工厂负责人更深入了解校标的含义，王校长特别找来了校标的设计师——办公室胡主任详细讲解：古二小的校标，是一个以大写字母"G"为中心图形组成的儿童卡通笑脸，这个笑脸既是"古"字的首写字母，又寓意"让微笑伴我成长"。一个活泼灿烂的笑脸，蕴含了全体古二小人对微笑教育的感情，它饱含生命活力，充满了对未来的希望，同时感性的形象也体现出小学教育的鲜明特点。"印在校服上的校标，伴随着孩子们在校生活的每一天，一定要高度重视！"

　　几易其稿，孩子们校服上的校标终于设计完美了，最后的笑脸标志中，字母笔画的两端是圆头光润的，两个圆点恰好在字母G的黄金分割线上，字母G的横线也处在黄金分割线上，稍有差失，微笑就失去了原本的内涵。"没有想到这个笑脸还真不简单呢"，几次的沟通，让厂家负责人对于古二小校标的真正内涵有了深入的了解，更被王英校长精益求精的工作态度所打动。

　　古二小的笑脸标志正因为有着丰富的内涵，才被师生所喜欢，才在学校的校园文化建设工作中发挥着不可忽视的作用，正可谓"一个笑脸改变了一所学校，一个微笑成了孩子一生的奠基"。

第十一章

践行教育，文化落地"悦"动人心

　　对学校文化的顶层思考让我对教育的理解更加透彻，也让我迫切地想把自己对教育的思考和体悟运用到学校管理实践中去。文化起步于理念，但必须落实于行动。只有通过行动，通过实践，我们期待的文化、信念才能真正进入人心，被认同、被理解、被内化，从而转为全员的共识，也才能真正对人的行为和认识产生自觉而深刻的影响。

　　因此，围绕"微笑古二"的建设目标，我大刀阔斧地对学校各实践主体进行了全新的架构，开展了一系列基于"微笑教育"定位下的实践创新。从"赏心悦目"的环境文化、"悦然致尚"的课程文化、"悦乐于研"的科研文化到"怡情悦性"的学生文化、"心悦诚服"的管理文化和"悦近来远"的品牌文化，我将文化的精神、理念、模式和方式渗透到学校的所有领域。作为一所有着45年发展历史的老校，我希望通过这一系列文化实践行动，实现让"一个笑脸改变一所学校，一个笑脸奠定孩子的人生"的美好愿望，使古二小焕发新的生机，具备更强的为时代发展服务、为师生成长服务的能力。

一、赏心悦目，微笑让校园更美丽

学校环境是展现学校文化和体现办学理念的重要内容。在校园环境建设上，升起一栋栋楼宇是简单的事情，难的是赋予每一座建筑、每一张课桌、每一株花草以微笑文化的意义。对于古二小这所"微笑"的校园来说，在校园环境建设上，绝不仅仅追求外形上的美丽漂亮，更要注重整体及细节上的审美性、教育性和开放性。我抓住校园环境改造契机，带领全体教师共同营造与"微笑教育"理念相适应的文化环境，使师生置身于其中就可以陶冶情操，美化心灵，激发灵感，启迪智慧。

（一）开放性：绿色的教育沃土

古二小近45年的文化底蕴，是在书中建立起来的，而独有的人文气息也从书香中飘溢出来。书画院、科学屋、阅览室、音乐厅……每一个专业教室都沐浴在名家睿智的精神中；每一个专业教室，都倡导包容与自由，呼唤内与外的交融，力求给学生提供更多自然和开放的空间。

1. 古韵盎然的书画院

学校根据实际授课需要，建设了充满中国古典文化特色的书法教室、美术教室，达到人与学习内容，学习内容与外部环境的和谐统一。

2. 明快实用的科学屋

机器人教室、电工教室、科学教室3个功能分明的科学屋是学生们徜徉科学世界的殿堂，每个教室都配备了凸显专业性的相关设备，学生们可以在这里进行更为专注、针对性更强的研究和实验。

3. 灵动悠扬的音乐殿堂

音乐学科的专业教室会看到跳跃的音符，流动的五线谱，这为学生们欣赏不同类型音乐，尽情放歌打开了一个通往音乐艺术殿堂的大门。

4. 书香满溢的阅览室

学校为每个年级配备了一个阅览室：低年级的"宝贝淘馆"，三年级的"馨心书院"，四年级的"静心观澜"，五年级的"漫步书林"，六年级的"六驿拾芬"，并配备了由老师和学生共同精心挑选的适合不同年级学生阅读的古今中外优秀文学作品。

5. 温馨现代的心理疏导室

学校专门建立了"沁绿园"心灵疏导室，校园小记者站利用广播时间进行心理教育宣传，使心理健康知识深入人心。为了方便全校上下的联络，及时了解绿色教育动态，更快地沟通信息，学校在网络建设中实现了班班通、室室通，使网络资源得到共享，极大地提高了教育教学的效率，更为实施绿色教育提供了有力的物质保障。

（二）教育性：成长的精神家园

学校环境是无形的教育、无字的教科书。如何才能发挥出环境的育人作用？经过缜密思考，我决定从细处着手，充分利用教学楼的每一条楼道，每一个角落，使学生在课间10分钟也能在充满文化气息的环境中度过每一分每一秒，让校园的每一处都能成为学生愉悦精神、愉快学习的场所。

1. 利用两楼通道巧设长廊

我们在两楼之间的过道布置了"德艺双馨绿色长廊"，廊内展出"塑我良好品行、促我个性发展"的主题活动，以及每个月各班级中"阳光少年"名单和积极参加各项集体活动的学生名单；"艺术长廊"廊内展出的是学生的课上作品，每一张画、每一个作品都展示着孩子们精湛的技艺和学校的特色成果。

2. 利用各楼层走廊安排展区

走廊是学生课间出入的必经之地，是我们应"占领"的空间，在教学楼走廊的墙壁上，我们分别按照各年级学生的年龄特点图文并茂地展示出了中国文化、世界文化等精品内容，每节课间孩子们驻足观赏，抄写吟诵，从中明理导行，达到思想上的交流。各班门口还有班级展板，展示着孩子们精彩的作业和手工作品。

3. 利用校园围墙精心作画

校园的围墙下面是孩子们活动的天地，在校园的围墙上面，我们分别设置了两个展区，在操场两侧围墙布置了"古诗诵"和"科技展"大型壁画，其主题鲜明的内容，熏陶和感染着每一个孩子，使他们更加热爱祖国的古典文化，积极习得中华的传统美德，不断对科技发展产生兴趣。孩子们每天穿梭其间，感受着中华文明营造的无限的美，享受着身心发展带来的无尽的快乐。

（三）审美性：诗意的文化殿堂

古人云：景美则心旷，心旷则神怡，神怡则智清，智清则学佳。学校环境在被赋予"文"的因素后，就会形成高品位的境界，显示出艺术的魅力。我希望校园里的一草一木、一砖一石，都能带给师生以美的享受。

按艺术规律美化校园环境，促进育人功能。学校环境做到美化、净化、绿化、儿童化、教育化和乐园化，从视觉、听觉、味觉、触觉等方面进行立体构造，让每一寸空间渗透优雅的美，使学生受到潜移默化的艺术熏陶。重新规划校园环境，建设文化墙、古韵园等美育园地，使校园处处释放美，学生时时感受美。特别值得一提的是对学校操场的改建。

挥洒汗水的学校操场，本就是力与美的有机融合，是能够将"微笑"理念外化于形、内化于心的育人场所。对操场的升级改造，主要从6处着手：一是修建高标准塑胶操场，划出标志性300米的椭圆形标准化跑道；二是在操场前方修建合理化的会议主席台（表演观摩台），在主席台前方、环形跑道内修建由大理石（或白汉玉）旗座围成的包括国旗、校旗、特色旗为主的升降旗园地；三是美化操场，栽树、设置绿化带和绿化墙，使校园一年四季绿树成荫；四是建设花坛，增加雕塑，增设象征石等，使校园鲜花争艳，塑像和秀石交相辉映，使人赏心悦目，校园景色公园化；五是彩画墙面，在校园四周的墙壁上设置相应的德育宣传标语、知识、德育阵地、学生成果展等，让每一面墙都能与学生对话；六是设置宣传橱窗，建设文化长廊，定期展示相应主题教育内容。要让每一位进入操场的人，随时感受一种高气质的文化熏陶，从而提升师生们的文化素养。改造后的学校操场，春有花、夏有荫、秋有香、冬有景，师生置身其中，便会忘掉一切疲劳和烦恼，让心情永葆舒畅而惬意，精神百倍地投入到学习与健体之中。

同时，学校也特别注重软性艺术教育氛围的构建。利用学校广播系统、闭路电视系统开展体育、艺术教育传播活动，如"艺术系列大课堂""午间戏墨"等栏目，拓展艺术教育外延，以学生喜闻乐见的形式在耳濡目染中提高审美素养。

这正是墙壁会说话，花草会言情，舒适的微笑育人环境默默地教育着学生，学生又在不断的受教育中去创造着更新更美的环境。我们在继承和发扬学校传统文化的基础上，努力创设以知识化为载体的、赏心悦目的特色校园环境建设，全面提升学校的文化品位，彰显学校鲜明的文化个性。

媒体之音 >

左手智慧右手爱

——搜狐教育

王英校长深知环境育人的巨大作用，而其中的人文环境直接影响学生品格和心灵的发展，几年中，古二小以"十五"研究课题"全员优化学生受教育环境"为主题，在全校范围创设出一种积极进取、健康向上的育人环境。王英校长带领全体师生通过整理校史资料，请老前辈介绍当年办学情况以及校友访谈等方式，努力追寻学校的"根"，在继承与发展中吸取丰富的"养料"，制定了学校的奋斗目标及培养目标："切切实实把我们的二小办成学校规范有特色，教师达标有特艺，学生合格有特长的规范化、信息化、现代化、国际化的开放型新型学校。"学校围绕目标进行环境创设，其中就有古二小以爱与智慧为动力的心理健康场所的打造。

2002年秋季，古二小心理咨询室——"爱心小屋"诞生了，这是学校在开展心理健康课研究的基础上孕育而生的产物，是教师直面学生心灵，关注学生心理健康的最佳窗口和方式。每周三的中午是小屋最热闹的时候。很多学生慕名而来，他们非常认真地向心理教师吐露自己的内心世界。在小屋门口的"心灵宝箱"里，每天都能够收到将近10封学生的来信。在这些大小面积不等的信里，在那幼稚的字里行间，饱含着孩子们内心世界的心声，爱心小屋成了师生相互沟通的桥梁。学校政教处定期汇总来信所反馈信息，学校经常利用开会时间给全体教师公布这些材料，以此检查和完善自己的工作。春风化雨，细水长流，正是通过一系列具体而实用的方法，古二小上至学校领导，下到每一位老师、学生，都在一种和谐健康的环境中成长，从外到内，均衡发展。

"记住吧，只要心里盛满爱，只要带着智慧上路，无论多么漫长的道路，都会被执着的双足征服；无论多么艰险的沟壑，都会被勇敢的身影跨越。"在王英校长的心中，有一道光，教师就是那传递阳光的人，通过一所和谐、安全、绿色、温馨的校园，对学生有耐心、有爱心、有信心地进行教育，而她作为学校的管理者，凭着一种敢于开拓的精神，将学到的理论付诸实践，一步一个脚印地在教育这片沃土上耕耘。

二、悦然致尚，微笑让课程更精彩

课程，是学校可持续发展的重要组成部分，它既是学校文化理念的外在体现，也是育人目标实现的最重要的阵地。古二小"微笑教育"课程建设的宗旨就是"促进人的个性全面、和谐发展"，让每一个孩子满怀希望、情致盎然地向着自己的目标前进，在成长的过程中享受思考、实践的乐趣。它始终指向学校未来的发展目标、文化建设的方向以及学生的可持续成长，是把三者紧密结合在一起进行重点思考的结果。

为实现这样的目标，学校以"微笑教育"为课程建设的思想基石，以石景山区"绿色教育"理念为行动引领，精心打造以"悦"为核心的"悦课程"，依托学校师资力量、课程优势和整体文化环境，精心构建课程框架，研发课程内容，使课程成为宣传文化的阵地、学生浸润文化的园地。

微笑课程的育人目标是"鼓励乐学善学，尊重和谐自然，完善健康个性，构架和谐人际"，围绕此目标，学校从文化以及由国家课程、地方课程和校本课程组成的3级课程整合构建方面进行了探索。通过课程建设，实现全科育人、全程育人、全员育人和实践育人，形成"多科联动、多育互动、多能共生"的课程发展态势。

三级课程在实施上，根据不同课程特点，注意给足时间，关注学习实效，多种授课形式相结合，给学生最扎实的收获：

1. 长短课相结合，实效为上

学校长课时的时长为45分钟，主要针对课表内课程，特别是国家课程。在"原有国家课程教学内容不变，拿出学时进行学科实践活动"的大背景下，如何提高国家课程时效性，是需要重点考虑的大问题。首先学校在时间上给予保证，在原有40分钟的基础上增加5分钟，不要小看这5分钟，学生练习巩固、课堂实践的时间更加充分，对知识的理解、能力的提升都有帮助。为此，学校提出"2∶1"的课堂学时分配建议，即以15分钟为时间单位，每节课30分钟学习、理解、感悟，15分钟用于学生自主、合作、探究、实践。

短课时则是利用队课、午间广播等形式进行，每次课20分钟，以"心理健康""专题教育""德育课程"为授课内容，小专题、精讲座，短平快地将课程内容与生活实例相整合，使学生听后颇有感悟。这种短课由授课老师确定教学内容，学生承担广播讲授的任务，围绕主题确定广播内容，使更多的学生参与其中，能力得到锻炼，同时用学生教育学生，实效性更强。

2. 大小课灵活上，个性发展

学校在进行大小课的实施上，主要有几方面的实践：一种是面向全校学生的讲座、广播大课，结合学校教育主题，面向全体，起到共同教育、共同感悟的作用；一种是以年级为单位的年级大课，主要以年级实践活动为核心，面向年级学生进行专题讲座、课内外实践，针对性强，年级学生有收获。

在小课上，主要利用社团课程，根据年级学生能力、兴趣等特点开设不同社团，学生可以根据自己的喜好、需要自主选择课程进行学习，有专业老师的指导，有充足时间（60分钟长课）的实践，学生学有所长，确有提升。

下面重点介绍古二小三级课程体系建设思路。

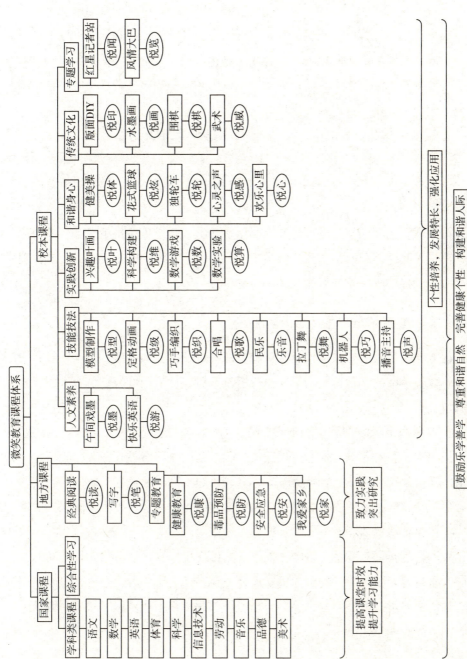

微笑教育课程体系图

（一）国家课程：夯实深化

在课程实施过程中，我们以国家课程作为培养学生浓厚兴趣、良好学习习惯、形成自主能力的主阵地；在整合性、操作性、自主性强的课程实践中培养学生综合素养，提升生活智慧；为学生创设用知识、用技能的创新平台，使学生在"做"中"乐享"成长的喜悦。

教师以学科思想为指导，结合本校实际变革教学方法和学习方法，落实预习探究、报告展示、合作活动、知行并进的学习原则，精心研究国家课程的可持续施教模式，培养学生的基本学习能力，进而促进其可持续学习能力的提高。

国家课程的多门类学科课程和综合性学习，成为学生可持续发展的动力源泉，奠定了其他课程研发实践的坚实基础，为地方课程的有效实施、校本课程的高效开发提供了丰富的可能。

（二）地方课程：整合实施

地方课程植根于国家课程，并对国家课程进行补充和拓展，学生通过实践性强、探究性浓的课程体验，不断提升综合素养、发展个性特长，找到属于自己的成长点。

在市区两级地方课程实施的设计上，学校进行统筹安排，结合规定的实施年级要求，将本年级与地方课程能产生联系的学科进行整合；分析教材，寻找与本学科的接合点，进行统筹设计、分科实施；同时，还与学生的综合实践活动等进行整合，使学生从教材一点出发，获得多学科、多维度、多层次的体验，深化对生活的认识。

我们在进行国家、地方校本课程整合的过程中，在设计学科实践活动的过程中，坚持以"整合"的理念为出发点，力求教学、德育融为一体，力求在相对有限的学时里尽可能高效完成多样学习任务，使学生在单位时间里获得最大的收获。

古二小地方课程整合

级别	内容	实施年级	实施要求	处理办法
市级	专题教育	全校一二年级	1次/周	班队会、德育活动
	书法	全校	1节/周	一二年级用1节语文，三至六年级单设1节
	中华优秀传统文化	三至六	0.5节/周	与区级地方课程"经典阅读"整合实施，周一下午第2节
	健康	全校	0.5节/周	"健康""中国梦"交替进行，隔周上
	中国梦	三至五	0.5节/周	
	我爱北京	三年级		与"品社"整合
	我们的城市	四至六		
区级	经典阅读	全校	3节/学期	与市级课程"中华优秀传统文化"整合实施，周一下午第2节
	爱我家乡石景山	四年级	8节/学期	与"品社"整合
	心理健康	全校	5学时/年	与"健康"整合

（三）校本课程：五悦育人

联合国教科文组织在《学会生存》一书中指出："应该把培养人的自我生存能力，促进人的个性的全面和谐发展，作为当代教育的基本宗旨。"在开齐开足国家课程、地方课程基础上，我们注重学校校本课程的规划、开发与实施，以此丰富学校的课程建设，促进学生的全面发展。

我认为，校本课程是学校文化的重要传承地，是学生个性成长的根据地。校本课程应以学校的办学目标、培养目标为核心，应为学生的个性发展创造条件，体现学生的自主性、选择性。

微笑是一种表情符号，它对应的是内心的和悦。因此，从学生的身心发展阶段和认知特点出发，我们围绕"悦文化"核心理念，从"悦文""悦动""悦艺""悦智""悦心"5个维度构建校本课程体系。

各年级根据本年级学生特点及国家地方课程内容，分别开设具有年段特色的校本课程，做到选修与必修相结合，在整体均衡发展的基础上倡导个性提升。校本课程主要采取兴趣小组和学生社团的方式进行活动，有针对性地提高学生可持续解决问题的能力。

古二小校本课程——"悦课程"系列

	文学驿站 （悦·文）	数学沙龙 （悦·智）	艺海泛舟 （悦·艺）	阳光体育 （悦·动）	心灵小屋 （悦·心）
校本课程（悦）	经典诵读社团 （悦·读）	魔方小站 （悦·方）	午间戏墨 （悦·墨）	篮球社团 （悦·球）	"心理健康" 校本课程 （悦·情）
		九连环解锁 （悦·环）	中国画社团 （悦·画）	独轮车社团 （悦·轮）	
		数独游戏 （悦·数）	脸谱社团 （悦·谱）	长跑社团 （悦·驰）	"心灵驿站" 兴趣小组 （悦·趣）
		飞叠杯社团 （悦·杯）	风筝社团 （悦·飞）	跳高跳远社团 （悦·跃）	

1. 悦文：品味经典，审美鉴赏

"悦文课程"基于文学阅读和鉴赏，引导学生在经典中成长，以"悦·海量阅读"为核心概念。悦，即高兴，引申为幸福阅读；海量，《现代汉语词典》解释为数量极大的，因此海量阅读即大量阅读。课内海量阅读就是指学生在学校有限的时间里，利用有效方法，积极主动地大量阅读适合自己年龄的课内外书籍的行为。

"海量阅读"学习方式就是要通过"大量读"，把"海量阅读"的行为内化成学生在完成学习任务时经常或偏爱使用的行为和认知取向。通过寻找对小学生"大量读"的具体内容和可操作性的方法，引导学生逐步达到"能读—想读—会读—乐读（行为认知取向）"。一方面使学生轻轻松松达到课标要求；另一方面提高学生阅读能力，培养学生终身学习的意识和行为，属于自主学习方式的范畴。多读书，读好书，读整本书，把阅读落实到校内、课内，减轻学生负担，加强课内阅读效果。

在有限的课内教学时间里，我们构建起了"课前微阅读—课中点精读—课后广悦读"的教育教学模式。教师通过语文课堂教学中主题阅读方式、对比阅读方式、组合阅读方式找到学校教学与课外最佳的契合点，让"海量阅读"内化成为学生完成语文学习时经常或偏爱的基本行为和认知取向。

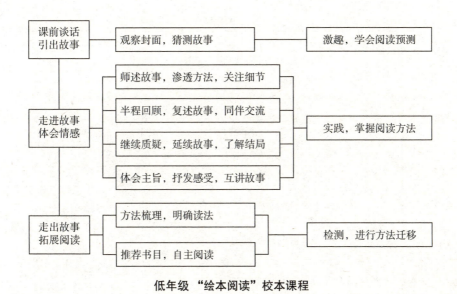

低年级 "绘本阅读" 校本课程

（1）创设阅读氛围，营造书香文化。

● 建立阅览室，分层阅读

古二小学校图书馆藏书三万五千册，人均近30本。建立了5个年级阅览室，根据学生的年龄特点挂牌。低年级：宝贝淘馆；三年级：馨心书院；四年级：静心观澜；五年级：漫步书林；六年级：六驿拾芬。在学习区着力营造立体化的"书香氛围"，只要是孩子们眼睛所达到的地方，就有图书在等着他们，并有古诗墙在向孩子们传递着浓郁的中华神韵。

● 设立图书角，快乐分享

设立班级阅读达人的评比栏，最佳人气的图书推介，以及分享读书笔记、阅读方法、图书的相片等。

（2）构建阅读课程体系，遨游悦读海洋。

● 阅读框架，目标指引

分为低中高3个学段6个学年制定阅读主题、阅读篇目及阅读目标。以语文教材为诵读的主体内容，再根据学生诵读、理解、积累能力的不同，按照不同年段，选择不同的诵读内容作为校本拓展部分。同时，在学校规定内容的基础上，语文教师再做课下的诵读推荐。

古二小阅读框架

年级		文化传承	学期主题	阅读书目
低	一上	渗透文化主线 阅读与 自然、做人、 哲理、精神	结合生活，动脑筋，想办法	《逃家小兔》
	一下		培植自信，学会勇敢	1.《点》；2.《勇气》
	二上		读古诗，颂古诗	《小学生必背古诗75首》
	二下		读童话讲故事	《童话》
中	三上	1. 了解文化的 丰富性	读故事，感悟道理 读寓言，悟道理	《成语故事》 《中国古代寓言》
	三下		读故事，积累语言	《中国神话故事》
	四上	2. 感受文化的 哲理性	奇妙的自然秘密——生命	1.《昆虫记》 2.《中国古代动物寓言故事》
	四下		神奇的魔幻世界——寻求	阅读《西游记》 延伸阅读《封神演义》
高	五上	3. 体会文化的 微妙、融合性 和连续性	永远的童年——回忆	阅读《城南旧事》 刘义庆《世说新语》
	五下		漫游中国经典名著——英雄	阅读《三国演义》
	六上	4. 民族精神的 集中体现	经典的中国古诗——成长	《诗经》《唐诗》《宋词》 《元曲》
	六下		经典的中国名著——生存	阅读《水浒传》《西游记》 《三国演义》

我们建立了阅读活动的序列：低年级识字读故事；中年级在阅读基础上领略文化内涵，开启智慧；高年级更关注学生的共鸣及展示，如创作诗歌。我们希望孩子们在古二小能够有序地阅读、写作，毕业时做个有比较深厚文化底蕴、充满知性美的学生。

年级阅读展示板

主题贯穿		我们在阅读中成长
年 级 特 色	一年级	快乐识字之旅
	二年级	聆听成语之声
	三年级	领略国粹经典
	四年级	开启寓言智慧
	五年级	遨游汉字王国
	六年级	吟咏内心诗韵

● 悦读时光，快乐无限

我们确定每周一下午1节课为学生的专门阅读时间，教师在课堂上有主题、有指导、有活动。我们设计的课型有：读书指导课、好书交流课、好书推荐课、朗读表演课、名著阅读课。

学生可以自主阅读，可以到图书馆阅读，可以进行班级阅读评比展示……学校有时组织统一的阅读活动。教师根据阅读规划进行阅读活动，包括好书推介、讲故事比赛、评书联播……

我们还安排了每天的晨读10分钟、午间自读10分钟、课前准备2分钟等时间，鼓励老师和孩子能够充分利用时间，使朗朗的读书声回荡在校园中。

为了更好地记录学生的阅读过程，学校设计了各具特色的微笑阅读册，比如低年级的"宝贝淘阅读册"、中年级的"图书林遇到幸福"和高年级的"积累本展示"。

● 阅读活动，精彩纷呈

为了激发学生的阅读兴趣，我们设计了丰富多彩的阅读活动，如"阅读嘉年华""小读者对话大作家""经典诵读""亲子阅读，悦读共赢"等，让阅读成为一种师生快乐生活的必需。以古二小一年一度的"阅读嘉年华"为例：

"嘉年华"主题：我读 我悦 我秀

"嘉年华"活动内容：

● 低年级：师生共读一本书（红毯魔幻秀）

● 三年级：我演我秀（表演课本剧）

● 四年级：《西游记》舞台答题展示，"一站到底"

● 五年级：《三国演义》三国拍案惊奇（评书联播）

● 六年级：我创我秀——科幻之旅（创编舞台剧）

"嘉年华"的特色奖项：

● 记录册设计精美，记录翔实的被评为"阅读成长达人"。

● 有浓厚兴趣，阅读量大的被评为"海量阅读达人"。

● 能把自己读的书生动地推荐给其他同学的被评为"好书推介达人"。

● 有自己的独特感悟，形成文字的被评为"阅读感悟达人"。

根据学生一定时间的阅读字数统计，测评学生的阅读速度、阅读收获，形成多元有效的阅读评价体系，从而实现"海量阅读"的真正目标。孩子们只要积极参与都能得到自己满意的评价。

与书相伴的人生，一定有质量、有生机；书香飘溢的校园，一定有内涵、有发展。"悦·海量阅读"系列课程找到实现了阅读从课堂向家庭延伸的方式，使阅读能以课内有限带动课外无限。从阅读的内容角度看，找准并推荐大量有趣、适合的阅读内容，拓宽了学生阅读的视野，真正实现阅读由量变到质变的飞跃。从阅读的动力角度看，学校把"阅读生活化，学习终身化"的理念转化为每位师生的自觉行为，提高学生海量阅读积极性和有效性，让文化经典浸润每个人的心灵。

杏坛心声 >>   **悦然至尚，做特色鲜明的语文教育**

——古城第二小学语文教研主任　赵瑞莲

王校长非常支持语文教学工作。为了创设阅读氛围，营造书香文化，我们根据学生的年龄特点设想建立了5个年级阅览室，王校长大力支持，和我们一起调研，根据学生的兴趣购置一批新书，并和学校图书馆藏书整合，以年级为单位成立了5个阅览室：一、二年级：宝贝淘馆；三年级：馨心书院；四年级：静心观澜；五年级：漫步书林；六年级：六驿拾芬。在世界阅读日，王校长亲自授牌，看着崭新的年级图书馆，孩子们高兴极了。

为了让孩子眼睛所达到的地方，就有图书在等着他们，古二小语文团队在王校长的带领下着力营造立体化的"书香氛围"：每个班门口有小凳，供孩子坐下阅读，楼道拐角设专题图书角；学校送书上门；设置古诗墙传递中华神韵。

我们语文教研组最后确定了"悦"为核心，课内海量阅读教学的内容与策略的研究，经过几年的研究积累，孩子们的阅读水平有了显著的提升，形成了具有古二小"悦"文化鲜明特色的学校语文教育氛围。

---

2. 悦动：身心健康，品质培养

"悦动课程"侧重学生体育技能、健康生活理念、意志品质的培养。为满足学生的兴趣和需要，促进学生的个性发展，经过几年坚持不懈的努力，体育组的老师们终于编写出一本以群体性活动为基础，以"龙娃拳"为主体，以田径、篮球、围棋、独轮车等学校体育传统项目为辅助的学校体育特色系列校本课程——阳光少年行。这是新一轮课程改革实验中所结出的一项硕果。作为老古二小人，我深感欣慰和自豪。

以极具古二小特色的"龙娃拳"课程为例。长期以来古二小一直把武术作为学校特色体育项目来开发，特别是2006年区教委提出"让武术进校园"之后，我抓住契机，在一、二年级课程中开设了武术教学内容；自编了武术操和武术套路；成立了"龙娃"武术队，极大地丰富了学生课外体育活动。为了更好地发挥武术的育人和健身功能，学校整合体育教本中的武术教材、自编的武术操和套路开发出具有学校特色的"龙娃拳"。

龙娃拳课程评价标准

	总体目标	具体内容	备注
水平1	参与学习兴趣 武德教育	积极地学习兴趣，乐于参与武术活动 建立良好的武德修养	
	掌握基本手型、基本步型	掌握拳、掌、勾的基本手型；掌握弓步、马步、仆步的基本步型	
	初步完成龙娃一段	完成简单的武术动作（马步横打、弓步冲拳等） 完成龙娃拳一段组合动作	
水平2	积极地学习态度 武德教育	能向同伴展示所学的武术动作 养成良好的武德意识	
	能正确使用武术动作术语	如：马步双劈拳、仆步亮掌、虚步上架等	
	掌握歇步、虚步的基本步型 初步完成龙娃拳二段及龙娃武术操	掌握歇步、虚步的基本步型 能较好地完成几种步法（正踢腿、里合腿、外摆腿、蹬踢、弹踢等） 完成龙娃拳二段组合动作	
水平3	积极地参与态度 感悟民族文化 武德教育	热爱民族传统项目，感悟武术之精髓，弘扬武术精神 养成以武会友、习武强身的优良品质	
	能熟练掌握一两套武术套路 自编武术组合、小套路 能正确评价同伴的动作	能熟练掌握龙娃拳及龙娃武术操 能自编一两套简单的武术组合及小套路 在活动中能主动观察并能正确评价同伴的动作	
	在活动中学会尊重和帮助他人	能在体育活动中感受运动的快乐 在体育活动中学会尊重他人，感受与同伴共同参与活动的快乐	

龙娃拳学习评价表

评价内容＼评价等第		自评				组评				教师评				家长评				总评
		优秀	良好	合格	待合格	优秀	良好	合格	待合格	优秀	良好	合格	待合格	优秀	良好	合格	待合格	
水平1	学习态度																	
	学习效果																	
	武德修养																	
	合作精神																	
水平2	学习态度																	
	学习效果																	
	武德修养																	
	合作精神																	
水平3	学习态度																	
	学习效果																	
	武德修养																	
	合作精神																	

注：评价方法是在认为合适的表格中打"√"；小组评价由小组内讨论后小组长填写；请家长认真填写对学生的评价！水平评价标准栏中填写本水平阶段的评价结果。

经过多年的实践，武术教育已经走入每一个古二小学生心田，深受学生喜爱。龙娃武术队里的武术小健儿们冬练三九、夏练三伏，技艺日益成熟，成为学校一道靓丽的风景。

古二小体育系列校本课程"阳光少年行"不仅针对课堂教学进行开发和研究，也将课外体育活动、运动训练和体育竞赛等其他体育工作纳入到校本课程研究和开发的范畴，整体定位学校各类体育工作对学生身心发展所起到的作用，利用学校自身的资源进行重新规划，逐渐形成了学校自己的特色，带动了学校体育工作的整体发展，也发挥了体育育人的学科价值。

3. 悦艺：美的熏陶，爱的颂扬

"悦艺课程"关注"美"的渗透、艺术修养的熏陶。古二小在开发艺术教育课程时，坚持以马克思主义关于人的主体性理论为依据，遵循现代儿童体育教育、艺术教育的规律，充分发挥小学生的主体性，引导学生全员参与、主动参与、自由发挥、自主创造，注重创设一种"美"与"爱"的学校氛围，打造古二小特有的文化艺术、教育氛围。

以美术课程为例。美术是人类文化最早和最重要的载体之一，运用美术形式传递情感和思想是整个人类历史中的一种重要的文化行为。中国版画有上千年的悠久历史，是世界版画的发源国，但今天由传统印刷技术发展起来的中国传统版画却面临着逐渐失传的危险。迄今为止，在我国的美术教育中尚无完整的研究教学内容，优秀的中国传统版画技艺和传统版画特有的东方审美意识及其表现优势未得到人们的充分认识。为此，我们想在小学阶段适当增加基础版画内容，补充现在教材中的不足。

结合古二小的实际情况，围绕低、中、高3个年龄段，积极发掘美术校本课程资源。以版画教学为突破口，促进学生个性张扬，补充美术教材知识内容，拓展版画表现的空间，推动教师专业发展，初步构建学校艺术特色文化。

从当时北京市美术教材内容来看，小学低年级段没有涉及版画内容，从三年级才开始有版画课，而且每学期只有1节版画课，不能满足学生的需要。

从学生的角度看，版画是学生十分喜爱的一个课型，学生制作的时候很开心。然而，版画的种类很多，如果每种版画都涉及非常不现实。因此我们以课堂知识拓展为主线，以吹塑纸版画教学方法为起始，让学生初步接触版画，了解版画，感受版画，喜爱版画，从而提高学生学习版画的积极性。版画内容主要围绕北京民俗展开，一年级以北京的饮食文化为系列，二年级以北京的民间玩具为系列。学生在制作版画的过程中将潜移默化地受到北京民俗文化的熏陶，积极传承祖国的民俗、民间传统文化。

（1）"版画DIY"课程内容。

"版画DIY"校本课程的内容主要包括3个部分：

● 版画DIY——北京小吃，包括各种各样具有北京地方特色的风味小吃。学生通过观察、分析，了解北京传统的饮食文化，继承并传承中华传统文化。

- 版画DIY——民间玩具，包括北京京味十足的传统民间玩具文化，如北京民间玩具的历史、民间玩具的种类以及特点等。
- 版画DIY——民俗风情，包括北京传统的杂耍、庙会、扭秧歌等民间传统风俗习惯等。

（2）"版画DIY"实施方式。

- 在美术游戏中了解版画工具，认识美术工具。
- 在美术游戏中体验版画材料的制作效果。
- 在轻松愉悦的美术活动中了解版画的不同印制形式，借助图片欣赏版画。
- 创设版画情境，初步了解版画的发展历史。
- 在美术活动中大胆地尝试不同造型方法，并借助语言表达自己的想法。
- 尝试使用画、刻、印等方法进行表现活动。
- 通过各种方式的实物拼贴、拓印，产生肌理，获得视觉和触觉的感受。
- 在拼一拼、画一画、印一印的活动中了解版画的基本语言，体会版画活动的乐趣。

低年级学年教学计划

时间	教学内容	时间	教学内容
第1周	版画印象	第10周	寻找北京小吃
第2周	中文版画欣赏	第11周	介绍北京小吃
第3周	中国版画的发展	第12周	北京小吃的保护与开发
第4周	北京小吃一日游	第13周	版画北京小吃活动及总结
第5周	冰糖葫芦		
第6周	好吃的蝴蝶酥		
第7周	一块月饼，一片情		
第8周	北京涮羊肉		
第9周	枣泥酥		

中年级学年教学计划

时间	教学内容	时间	教学内容
第1周	民间玩具的欣赏	第10周	瓷玩具（一）
第2周	北京的民间玩具欣赏	第11周	瓷玩具（二）
第3周	各地的民间玩具欣赏	第12周	其他玩具（一）
第4周	泥玩具（一）	第13周	其他玩具（二）
第5周	泥玩具（二）		
第6周	布玩具（一）		
第7周	布玩具（二）		
第8周	竹木玩具（一）		
第9周	竹木玩具（二）		

高年级学年教学计划

时间	教学内容	时间	教学内容
第1周	版画大观	第10周	北京民俗——拉洋片（二）
第2周	版画发展与工具介绍	第11周	北京的庙会（一）
第3周	北京民俗——踩高跷（一）	第12周	北京的庙会（二）
第4周	北京民俗——踩高跷（二）	第13周	版画北京民俗活动及总结
第5周	北京民俗——捏糖人（一）		
第6周	北京民俗——捏糖人（二）		
第7周	北京民俗——抖空竹（一）		
第8周	北京民俗——抖空竹（二）		
第9周	北京民俗——拉洋片（一）		

（3）"版画DIY"课程评价标准。

● 是否对版画课感兴趣。

● 能否通过画、刻、印等方法，大胆自由地表现自己的感受。

● 能否在版画作品中体现丰富多变的肌理和凹凸美感。

● 是否能用版痕来造型，让印痕来传达自己的情感。

● 能否认识版画，了解版画的基本语言。

　　儿童版画在创作过程中，除了学生的自主构思外，很重要的是画、刻、印这样的操作性极强的过程，体现了新《标准》中所倡导的自主探索、合作交流、操作实践的学习方式。学生学习方式的改革，是义务教学课程改革的重点，古二小"版画DIY"课程提供了一个回应《标准》精神的答案。

4.悦智：习得技能，实践成长

"悦智课程"围绕知识技能、动手实践等内容展开，培养学生探究、实践等能力。古希腊哲学家普罗塔戈有句名言：人脑不是要被填满的容器，而是一支需要被点燃的火把。21世纪的教育特点要求教育把学生当作一个活的生命体，不仅要传授给学生知识，更要教给学生如何装配知识，创造性地组成或分解知识，从而产生新知识。作为现代科技教育组成部分的益智活动教育实践，是一种加强创造思维的教育。积极开展这种创造性的实践活动，让学生具有思维上的准备和心理上的收获，正是为培养21世纪生力军所必不可少的，可以说"智力玩具"是打开创造之门的金钥匙。因此我们以数学学科为载体，开发了"益智玩具"系列校本课程。

数学学科素养包括数学抽象、逻辑推理、数学建模、数学运算、直观想象、数据分析等能力，而益智课程恰恰是培养学生学科素养的好方法。益智玩具，把数学和游戏结合起来，不仅能放松身心，而且对于开发思维智力具有独特的功能，被称之为"头脑操"，例如在研究河内塔时，学生在探究中进行推测、验证、修订，最后推导出移动步数的公式，数学学科素养在潜移默化中养成。此时若再给予一组九连环，多数孩子皆能察觉其与河内塔有异曲同工之妙，这也正是学科素养的运用。我们将益智玩具引入到教学中，深挖益智玩具中的数学元素，形成包括魔方课程、数独课程、翻绳课程等多项益智玩具活动在内的益智课程。

（1）益智课程内容选择。

针对学生的发展特点，在选材时，我们尽量做到面广、有趣，尽量让学生通过先独立思考得出结果之后，再与他人分享学习成果的方式来进行课程的学习。充分发挥益智课程的优势，促进学生智力和能力的发展。

玩魔方是一种高雅的健身活动，训练手眼协调，提高记忆力，帮助学生们认识空间立方体的组成和结构，以及锻炼学生的空间思维能力和记忆力。丰富空间想象力，可培养人的耐力和毅力。魔方的技术含量高，若想学习还原或者快速还原只靠自己研究努力肯定不如与他人交流经验来得快。交流方式多种多样，可以一对一教学，可以三五人一起交流，还可以组织座谈会，或者进行专门的培训课程，这些都可以增进同学间的友谊，有益于构建和谐的校园环境，并可向校外发展，联系社会各界魔方爱好者、各高校魔方联盟，互动往来，传播校园文化，并可尝试与世界各地的魔友联系，增进交流，切磋技艺，丰富见识。

数独是一种逻辑性很强的数字拼图益智游戏，不仅具有很强的趣味性，而且对我们的大脑非常有好处，可以开发大脑，提高逻辑思维能力。除了可以开拓思维外，最有利的是可以让自己发掘新的思路，同一个方格中的数字可以通过不同的组队来完成填写。处理事情也是如此，同一事情可以有不同的解决方案。

翻绳，是中国民间流传的游戏，在中国不同的地域有不同的称法，如线翻花、翻花鼓、挑绷绷、解股，等等。这是一种利用绳子玩的游戏，只需灵巧的手指，就可翻转出许多的花样。在马来西亚，翻绳用的绳子一般是橡胶圈，国外的材料则有毛线、麻线、呢绒绳或棉纱绳等。这个游戏最大的乐趣在于翻出新花样，展现自己的聪明才智。因此，不但能锻炼孩子们手指的灵活性，发展孩子们的动手能力，培养孩子的观察力和注意力，还能培养孩子们按步骤有顺序地认真做事的良好习惯。由于翻花绳的可塑性极强，可以说是千变万化，所以通过翻花绳，可以发展孩子的创造力、想象力和形象思维能力。翻绳的时候常常和同学、老师、家人一起玩，不仅增进同学间的友谊，而且发展学生的表达能力。

七巧板是一种古老的汉族传统智力游戏，顾名思义，是由七块板组成的。七巧板的好处与用处简直是多不胜数，以下是七巧板部分的好处与用处：形状概念、视觉分辨、认智技巧、视觉记忆、手眼协调、鼓励开放、扩散思考、创作机会。七巧板的玩法有4种：①依图成形，即从已知的图形来排出答案；②见影排形，从已知的图形中找出1种或1种以上的排法；③自创图形，可以自己创造新的玩法、排法；④数学研究，利用七巧板来求解或证明数学问题。

除此之外，益智课程还开设有益智玩具研究，九连环速解等相关课程。

（2）益智课程实施方式。

古二小在三至六年级的实践活动课中开设魔方与数独教学，每周各1节课，翻绳和益智玩具研究利用每周三午间活动时间进行学习。紧密联系学生的生活，由简单到复杂，让学生在每一次的活动中有充足的时间，最大限度地发挥自身潜力。

师资力量是我们益智课程研究开发成败的关键，所以我们的教师具有相关专业理论水平和实践经验，充满了开展这项活动的兴趣和热情，并且拥有吃苦耐劳的奉献精神和持之以恒的顽强毅力。

（3）益智课程评价方式。

对学生的评价应是"自我参照"而非与其他同学相比。要以学生已有的发展基础为评价标准，杜绝用"像与不像、好与不好"这些单一的标准答案的方式。

重视学生自我评价。帮助他们树立信心，发现自我，学会反思，自我改进。这样的评价不仅培养学生自我审视的意识与能力，还通过教师对评价结果的跟踪，推动师生间的互动，提高评价的科学性与实用性。

注重对活动过程的评价。评价不仅仅是看结果，更重要的是看学生在过程中是否在自己原有的基础上有所提高，要充分体现益智玩具的多样化、个性化、创造性等基本特征。弱化评价的甄别功能，以鼓励为主，肯定学生的进步和发展，起到反馈调节、展示激励、反思总结、积极导向的作用，更好地促进师生发展。

（4）益智课程实践效果。

益智课程在学生中引起了强烈的反响，学生喜欢上益智课程，并将益智课程中学到的知识方法很好地迁移到数学学习中，将研究玩具的耐心、执着、缜密、不懈、创新等精神延伸到日常学习中，同时在益智课程中建立起了强大的自信心。学校魔方、数独、翻绳、九连环等活动，多次在校级、区级活动中进行展示，并在各个比赛中获得多种奖项：

- 2013年石景山区科技节（魔方大赛）优秀组织奖。
- 2014年石景山区科技节（魔方大赛）。
- 小学A组全区前10名中，包揽第1～8名。
- 小学B组全区前10名中，包揽第一、二、四、五、七、八名。

- 小学A组团体赛，全区第1名；小学B组团体赛，全区第1名。
- 小学A组最佳团体奖；小学B组最佳团体奖。
- 获得2014年北京市数独大赛团体金奖，并有多人次分获个人金、银、铜奖。
- 2015年北京市数独大赛荣获乙组金奖。
- 2015年评为石景山区"优秀星星社团"，并为活动制作的魔方拼图。
- 2015年石景山区首届"数学重力棋"大赛中获团体第3名。
- 2015年6月古二小协办石景山区"飞叠杯"大赛获得成功。
- 2015年6月石景山区"飞叠杯"大赛个人项目中多人获一、二、三等奖。

益智课程的开发，打破了已有的"校校同课程，生生同书本"的格局，提高了课程的适应性和实效性，适应学生发展的需要、兴趣，满足学校、社区发展的需要，为教师提供了发展的机会和条件，也为学校培植办学特色创造条件。鲁迅先生有句名言："游戏是儿童真正的行为，玩具是儿童的天使"，让每一个孩子全面发展，让每一个孩子个性张扬，是我们益智课程的宗旨。

5. 悦心：关注心灵，学会生活

"悦心课程"从德育教育的角度出发，关注学生心理健康、行为规范、交往能力的养成，通过多种手段培养身心健康、爱生活、会生活的古二小人。作为石景山区心理健康教育先进学校，古二小拥有进行心理健康教育的资源和优势。经过多年的教育教学积淀，学校形成了以心理健康课为主体，心理课外兴趣小组、心理广播以及个体与团体心理辅导互为补充的心理健康教育课程体系。我们旨在通过探索开发心理健康教育课程，系统地、有效地针对不同年龄段的学生进行心理健康教育，让学生能够更好地认识和接纳自己，了解和掌握基本的心理方法与技巧，学会合理调控情绪，学会与人交往，逐步形成健全、完善的自我意识和人格特征。

从涵盖范围看，"悦·心"课程体系服务于学生、教师和家长三大主体；从心育方式上看，我们从两个层面展开：了解与辅导。首先是了解，主要通过针对学生和教师的心理健康状况测查——"悦·测量"来实现；其次是辅导，一方面是预防性辅导，包括心理健康活动课——"悦·课堂"以及以心理广播和电子大屏幕宣传为载体的校园文化沁润——"悦·文化"。另一方面是干预性辅导，包括个体和团体心理辅导——"悦·倾听"。此外，面向教师和家长的心理健康工作，我们分别围绕着针对教师和家长的心理讲座和读本——"悦·工作"以及"悦·家庭"开展。

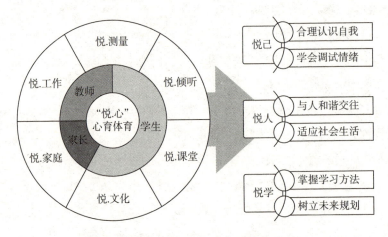

古城第二小学"悦·心"心育体系

以下将重点介绍古二小"悦·心"体系中，以课堂为立足点的"悦·课堂"系列校本课程建设情况。

6. "悦·课堂"，让心微笑绽放

"悦·课堂"是"悦·心"心育体系中的主体性工作，孩子们在心理课上轻松活动、快乐体验，发自内心地绽放微笑。自2009年开始，古二小便在一至六年级开设了心理健康教育课程，每个班每两周1节，涵盖一至六全部年级。2013年，作为实验校，我们参与到了北京市中小学《心理健康教育》地方教材的实施当中。经过6年的实践探索，逐渐形成了"悦·心"系列心理校本课程。

从横向内容和目标上看，"悦·心"系列课程包括"悦己""悦人""悦学"三个方面。其中，"悦己"对应教育部《中小学心理健康教育指导纲要》中认识自我、情绪调试这两部分的心理健康教育内容；"悦人"对应人际交往、生活和社会适应；"悦学"对应学会学习以及升学择业这两部分内容。从纵向上看，我们详细梳理了小学不同学段学生的身心发展特点和主要教育目

标，结合古二小学生实际，将上述三大部分、六个内容分配到每个学段中，同步进行，螺旋上升。此外，我们与石景山区古城中学积极合作，开展"初中课程体验"活动，为孩子们做好小升初课程衔接上的心理准备。

针对不同的年级，心理活动课在全面涉及的基础上，我们总结了各学年的核心辅导目标：

- 一年级：养成良好的行为习惯。
- 二年级：保持健康快乐的心境。
- 三年级：掌握必要的学习方法。
- 四年级：学会合理地认识自我。
- 五年级：能够很好地与人相处。
- 六年级：树立正确的奋斗目标。

参考浙江教育出版社出版的《小学心理辅导活动课教案》以及蓝天出版社出版的《小学班级团体心理辅导》，我们进行教材的改编和自编。考虑到小学生的人格发展和学习能力、生活适应能力的发展基本上是同步进行、螺旋上升的，所以，我们将心理辅导、生活适应辅导和自我意识辅导、情绪辅导、人际交往辅导等内容分布到每个年级段，贯穿始终。具体的课程体系详见下表：

古城第二小学"悦·课堂"心理健康校本教材目录

	课题	对应心理能力	课时
一年级上	我上学了	入学适应	2
	身体的外形和名称	自我认识——生理	1
	学与玩	学习习惯	1
	请你认识我	自我意识	2
	我爱学习用品	生活习惯	1
	处处有礼貌	人际关系	1
一年级下	有趣的注意力	注意力训练	2
	小侦探柯南	生活习惯——安全意识	1
	快乐星球	情绪辅导	2
	我对爸爸妈妈说	人际关系——亲子关系	1
	黑猫警长	观察力训练	1
	我想夸夸你	人际关系、自我意识	1

续表

	课题	对应心理能力	课时
二年级上	越问越聪明	学习习惯	1
	白雪公主和石头	情绪辅导	2
	了解我的性格	自我意识	2
	勇闯记忆王国	学习心理	1
	有乐同享	人际关系	1
	我会解决问题了	生活能力	1
二年级下	坚持运动 传递阳光	意志力	1
	给大脑放松	学习习惯	1
	不快乐时我这样想	情绪辅导	2
	不做"有嘴没脑"的小喇叭	人际关系	2
	校园生活讲规则	集体意识	1
	我能集中注意力	注意力训练	1
三年级上	良好的生活习惯	生活习惯	1
	火眼金睛	观察力训练	1
	一退一让友谊长	人际交往	2
	多角度认识自己	自我意识	2
	保持好心情	情绪辅导	1
	困难像弹簧	挫折应对	1
三年级下	时间巧安排	学习习惯	1
	独立宣言	生活习惯、行为模式	1
	插上想象的翅膀	想象力	1
	学会身体语言	人际交往	2
	我的责任我来负	行为模式	2
	机智勇敢 排除险情	安全教育	1
四年级上	情绪"帽子"	情绪管理	2
	1+1=?	合作意识	1
	感恩的心	人际关系、行为模式	2
	有计划、学得妙	学习习惯	1
	成功之路	意志力	1
	怎么处理零花钱	生活习惯	1

续表

	课题	对应心理能力	课时
四年级下	与时间赛跑	时间管理	1
	异想天开	想象力	1
	学会理解他人（已有）	人机关系	2
	养成预习习惯很重要（已有）	学习心理	2
	做最好的自己	行为模式	1
	我是名侦探	推理能力	1
五年级上	学走记忆迷宫	记忆训练	1
	学会道歉	人际关系	2
	调节情绪我快乐（已有）	情绪管理	2
	自信"不倒翁"	自我意识	1
	高效学习	学习、生活习惯	1
	网络，让我欢喜让我忧	学习习惯	1
五年级下	学习路上的航向标	归因方式辅导	2
	养成检查好习惯	学习心理	1
	我是小小"发明家"	创造力	1
	不同角度来思考	思维方式	1
	观察、给我智慧	观察力	1
	我的双休日	时间管理	2
六年级上	测测"我是谁"	自我意识、生涯规划	1
	考试我不怕	应试心理辅导	1
	养成课堂学习好习惯（已有）	理想教育	1
	学会说"No"	人际关系	1
	认识自我的金钥匙	自我意识	2
	健康交往（已有）	青春期交往心理辅导	2
六年级下	文明行为达人秀	行为模式	1
	学会自立	行为能力	1
	换把椅子坐一坐	人际关系（换位思考）	2
	架起心桥	家庭沟通	1
	Boys and Girls	自我意识、青春期心理辅导	2
	中学遐想	毕业心理准备	1

为了进一步将学校的心理健康工作制度化、完善化、体系化，更好地服务于学生和教师，我们还提出以"数字校园"的建设为契机，促进"悦·心"课程数字化，包括录制心理微课放在古二小的"数字校园"平台上，供学生自主选择学习，提高孩子在课堂中的参与性。

除了基于课堂上的课程设计之外，我们还充分利用校外资源开展学校心理健康教育工作，通过整合社会资源，深化三方育人机制，包括加强与青少年校外活动场所、学生综合实践基地、公共文化机构等的联系与合作，实现心理健康教育资源共享，积极拓宽心理健康教育的途径。

此外，学校也开展丰富的心理特色活动，增强学生的参与性和体验性。例如，结合学生的身心发展特点和古二小实际，定期开展针对学生的、形式多样的专题性心理健康教育活动——"绽放青春"和"微笑考场"，利用讲座、活动周的方式推进。积极调动社会资源，如知名专家、学者来学校开展讲座，提高孩子们的心理健康知识和能力储备。适时开办竞赛性质的团体辅导活动，如"小学生智力运动会"等。在这样一些轻松、愉悦的活动中，激发孩子们对心理学知识学习的愿望，促进其心理素质的发展。

校本课程最大的优势在于灵活实际，我们根据学生全面发展的需要灵活设置课程，根据课程中学生的表现灵活调整内容，从而使学生在学校学习过程中，获得最大限度的发展空间，得到最适合自己的教育。这样的课程，也使得学校各项工作得以全面发展，最大限度地发掘出人、物、环境的潜力，构成了提高学校教育质量的合力。

我们在3级课程建设的操作过程中，积累了成功的经验，但同时也感受到课程"整合"仍需加大力度，仍需继续探索高效的"增效减负"途径。有时候单一的学科整合并不一定能够达到预期的效果，地方课程中某一单一课程内的授课内容很有可能是多个国家课程学科在不同阶段涉及的，因此课程整合需要更加大胆和果断地打破年段、学科的壁垒，进行更为彻底的跨越。面对同一门课程，多学科、多年级共同分析教材、各自认领教学内容，找到与国家课程最佳的契合点进行授课，才有可能把课程上的内容做到扎实透彻，学生和老师不再觉得是增加了一门课，而是在不同学科正常授课中多了一些视野的开拓、知识的获取、能力的训练、素养的提升。

桃李情结 >

长大后，我就成了你

——古城二小2006届张悦
现北京市西城区康乐里小学任教体育

作为曾经古二小田径队的一员，我想对王英校长由衷地道一声感谢。王英校长不仅对我的身心发展产生了积极深远的影响，还给我树立了正确的人生观、价值观。作为一校之长，王英校长对待学生亲如己出，严慈并济，让我体会到了家庭般的温暖。现在的我也成了一名人民教师，在我每天的教学工作中，我总会想起王校长当年对我的教诲，我也一直以王校长为标杆来审视自己的工作，希望有朝一日，我也能够成为像王校长一样的伟大教育工作者。

（四）学科实践：主题递进

丰富的学科实践活动是古二小的一大特色。我们希望通过构建具有古城二小特色的可持续发展专题学科实践活动课程体系，对小学6年进行整体布局，培养学生的可持续实践能力。在实际操作中，学科内综合实践活动不少于总课时的10%，并逐步增加学时，主要采取课程实践的方式进行，每学期至少布置一二次学科统合的综合实践大作业，强化学生在真实生活情境中思考、探索、实践、学习的能力，培养学生综合解决问题的素养。学校综合实践活动课程如下页表所示。

学校充分利用社区教育资源，与青少年活动中心、区文化馆、社区活动站、少儿图书馆等单位挂钩，组织学生开展丰富多彩的教育活动，包括"节能减排我先行"的绿色环保，"走进大自然"的综合实践，"走进科学家"的科技创新活动，"我运动我健康"的大型体育节，"唱响金色童年"的歌咏比赛，以及"微笑阅读"的嘉年华等活动，深得学生和家长的欢迎，在社会上也赢得了广泛的赞誉。

学科实践活动主要由三部分组成，包括每个年级5次校内外实践活动、30学时的学科实践活动和三至六年级每周1次的综合性实践作业。为了确保此项工作落到实处，学生切实从中获得成长，我们从以下几方面进行了实践研究：

古城二小综合实践活动课程

	一年级	二年级	三年级	四年级	五年级	六年级
文学驿站（悦·文）	绘本阅读	连环画阅读	童话寓言阅读	儿童文学阅读（与艺海泛舟相整合）	经典名著阅读，制作图文并茂的读后小报（与艺海泛舟相整合）	国外译著阅读
数学沙龙（悦·智）	我是小小计时员	人民币在生活中的使用	简单统计表的制作	利用正方体知识制作沙包	生活中的数学问题解决	合理规划绿地面积，种植适宜的植物，观察其生长过程并以简笔画或漫画形式记录
科技经纬（悦·探）		废物利用	养育蚕宝宝		我是"小创客"	
艺海泛舟（悦·艺）	利用叶子制作标本画	十二生肖甲骨文	软笔书法	为儿童故事配插图（与文学驿站相整合）	经典名著阅读，制作图文并茂的读后小报（与文学驿站相整合）	
阳光体育（悦·动）	基本跳绳技巧的掌握	亲自运动1小时，快乐生活	养成良好的学习习惯，劳逸结合	折返跑	学会合作，班级跳大绳比赛	冬季长跑
心灵小屋（悦·情）	认识新同学			安全教育		初步学会合理规划未来

（1）宣讲精神，上下贯通理念认同。

此项工作如果不能让每一个老师在精神层面真正理解，不能在理念上达到认同，在落实的过程中就会走形式，甚至走样。学校分3个阶段对全体任课教师进行了专题培训：

上个学期期中，召集学科组长、年级组长围绕北京市方案讨论稿进行通气会，提示此项工作的重要性，即将上马，引起关注。

上个学期期末，对全体教师进行上级文件精神宣讲，强调工作重要性，探讨实践途径。

新学期开学初，结合北京市专家的讲解，再次强调实践活动中关键性的要素，结合中高考趋势，解读实践活动的深远意义。

（2）梳理体系，形成"主题塔式"活动课。

在学期结束前，学校教育教学部门坐在一起，围绕学校整体育人目标，把学科实践活动与德育工作相整合，设定出下学期全校性实践活动大主题。

各年级围绕学校主题设计贴合本年级学生认知实际、发展需求的年级主题，例如一二年级的《神奇的大自然》、三年级的《瓷韵》等。

各年级的相关学科教师围绕本年级主题，审视学科教学内容及特点，设计学科实践活动小主题，并按照市区规定学时数，制定出切实可行的实践活动方案。

（3）开发资源，丰富实践活动形式。

充分利用德育部门"社会大课堂资源手册"，发掘各种社会资源（实践基地、高校、博物馆、科技馆、社区等），采取"走出去"的方式，将实践课堂与社会生活相融合，让学生"走一走、看一看、动一动、做一做"，在更广阔的空间里获得更多成长可能；同时，将各种有助于实践、体验的资源"请进来"，通过听讲座、看电影、小比赛等活动，给每一个学生实践尝试的机会，在活动中不断深化认识，提升自己。

（4）关注过程，构建完整实践活动体系。

● 活动前有计划。

从年级活动到每个学科的具体活动都要求有详细的方案设计，学校要求：紧扣学校、年级实践主题，围绕核心素养培养目标，关注整合，力求实践，制定出相应的具体计划。

关注课程目标、课程主题、课程内容、课程实施、课程评价等内容，完成课程体系的总体构建。

学校通过组长会等形式，将方案、计划等在不同组际间进行交流，分享优势，弥补各自不足，不断完善。

● 活动中有监控。

在实施过程中，学校关注过程监控：

一是要求每个学科实践活动的学时要具体落实，前期还只是停留在计划的层面，开学初经过再次修改和完善，具体到每个学时的授课时间设计、环节活动设计等。各学科实践活动的评价既要有自己学科的特色，还要与学校的"微笑"评价相结合，将过程性的评价和期末总结性评价相结合。

二是教导处各位领导深入不同年级，参与实践活动，了解各学科实践活动的实施现状，和老师们共同探讨实践中的问题，并确立解决方案。

三是期末的时候通过学生调查问卷、访谈等方式，了解实践活动的落实情况，学生参与的真实感受，从一个侧面帮助学科教师及时调整实践活动的设计。

四是期末各年级进行实践活动的展示，以此促进实践活动的有效落实，提高学科教师对实践活动的重视程度。

● 活动后有成果。

各项实践活动均根据年级学生的年龄特点和学科特点，布置相应的、学生力所能及完成的实践作业，定期进行成果收集。这样做一方面学生能够看到自己的实践足迹；另一方面，也有助于教师自身发现实践活动设计过程中的一些问题，便于后期改进。

在各学科教师的积极配合下，古二小形成了较为成熟、可操作性较强的实践活动体系，教师逐步感受到在综合性、实践性的教学活动过程中，孩子们学习探究的积极性在提升，实践过程中动手能力、思维能力等学科能力均得到了较好的锻炼。

（五）高效课堂：多维创设

既然明确了"微笑成长"的课程理念，那么什么样的课堂能够让置身其中的学生获得成长的"高效动力"呢？通过不断思考，老师们形成这样的共识：课堂氛围层面应符合"轻松、愉快、和谐、成长"的标准，课堂学习过程应体现关注培养学生良好学习习惯的标准，学习活动能够指明思维路径，安排环节能让学生在有效训练和知识技能习得的过程中蕴含丰富的文化底蕴。

（1）分学科、分课型逐步构建出"高效课堂"基本教学流程。

依托校本教研，借助教研组专题研究，分不同年段、不同学科、不同课型，尝试梳理体现古二小特色的"高效课堂"三段式基本流程。

例如，语文学科低年级的第1课时，依据学生的年龄特点，学习语文的年段重点任务，采取如下流程：

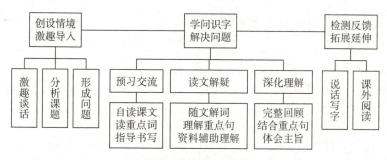

低年级语文教学模式

低年级语文以"识字写字"为主要学习任务，课文学习的第1课时，主要分为三个阶段，每个阶段围绕"问题"进行分步学习，逐层深入，在学文过程中识字，理解词语，在扫清文字障碍的基础上理解文章、解决问题，进而把握文章主旨，运用课文的独特表达方式抒发感受，深化对问题的认识。

（2）高效课堂，强化"三课三化"的课堂教研方式。

"三课三化"指常态课有效化，视导课专题化，研究课科研化。

常态课有效化，每天进行的每一节日常课才是师生进行人与知识、人与技能互动最频繁的场所，常态课上得有效，学生的收益才能是实打实的。为提高常态课的实效性，学校要求老师从备课、上课两方面进行深入思考和研究。学校依托"推门课"监控制度，由教学管理部门分头对各学科常态教学进行监控，做到从根本上关注教师的常态课教学。

视导课专题化，是指学校常年坚持的年级视导制，专题明确，目标清晰，均指向"高效课堂的构建"，不同年段各有侧重。每学年的第1个学期，学校重点视导一年级，主题定为"关注习惯养成，聚焦课堂常规"，第2个学期，学校从中高年段选取一个年级进行课堂教学视导，中年级主题为"学段衔接的能力培养"，高年段侧重"学生自主学习能力培养"。涉及视导年级所有学科（含地方课程），通过全科听课，确保学科均衡同步发展，学生能力培养全面。

研究课科研化，指各教研组结合学生学习实际、教学困惑设定教研组科研课题，整组围绕课题进行系列研究，推出体现科研思考实践的"研究课"，供同学科教师进行探讨。借石景山区"教育教学研讨月"这个平台，学校鼓励每个教研组利用此平台，将本组研究的实际情况向学校、全区相关学科教师进行展示。

（3）主题链条式校本培训助力"高效课堂"构建。

校本培训是提高教师职业能力的有效途径，如何提升校本培训的质量，使老师从中获得真正的收益是我们教学管理部门反复思考的问题。以往的校本培训虽然也有一定的针对性，但有时指向不同的方面，难免力量分散，不容易形成合力。为此，学校针对校本培训进行再设计，提出"主题链条式培训"的方式。

"主题链条式培训"即指每个学期所有的校本培训都围绕同一个主题，不同的具体培训之间有内在联系，形成环环相扣的链条，带动学科课堂教学质量的提升。

例如，根据前期对教师需求的调研，学校确定培训的中心主题为"基于交互式电子白板使用的高效课堂"，围绕主题，学校聘请专家进行"巧用白板，促进课堂实效性"的信息技术讲座，组织学科围绕"白板与学科教学整合"进行专题教研，推出了一级教师专题展示课。在进行展示课的同时，学校聘请相关学科教研员听课、评课，并围绕"高效课堂构建"的主题安排教学设计撰写、组织有关课堂实效性的讲座。不同的培训从不同方面对"高效课堂构建"提供了可能，完善了教师的职业技能，提高教师思考教学、构建课堂的能力。

（六）绿色评价：全程记录

评价不是以考试成绩作为唯一标准来判定学生的优劣，也不是廉价的"滥表扬"，而是根据学生的多元智能发展，创构多元化评价体系，激发学生的主体意识和求知欲望，让学生智慧地、自主地发现自己的发展空间，有尊严地自主选择效法的榜样，培育自我教育、自我发展的原动力机制。因此，基于"微笑教育"的核心理念，我们提出了"每个学生都是一颗闪亮的星"的评价口号。

于是，我组织全校各学科组长教师共同研讨，我们究竟要培养孩子哪些思想品质和行为习惯，具体到某一学科或某一项工作如何进行评价。学生应该遵守哪些行为规范？随后我们向全校学生广泛征集意见。一个星期内收到学生校园守则提案一百多条，随后由学校大队干部整理归纳，选择了提案比较集中的30条，由全校学生投票产生10条学校守则。其中主人篇5条，安全篇5条。与此同时经过老师们数次研讨设计出的第1版"微笑护照"诞生了。

"微笑护照"每个学生1本，不同年级学生的护照颜色不同。开篇都印有学生投票产生的微笑守则。其中还包括：微笑学习、微笑锻炼、微笑班级、微笑家庭、微笑服务5个方面。

"微笑学习"每个学科1页，老师给上课表现好的同学盖章。

"微笑锻炼"印有每个年级学生的体质、测评的项目及标准。学生每学期达标后由体育老师盖章。

"微笑班级"的评价内容是学生平时在学校、班级中的行为表现。由班主任评价，盖章奖励表现好的学生。

"微笑家庭"主要是要求孩子每周在家做1次家务，由家长签字确认。

"微笑服务"主要针对在学校内担任志愿服务工作的学生进行奖励。由组织志愿服务的老师评价盖章。

学期末，学校以班级为单位进行微笑护照的评奖。学生根据得到奖章的多少，获得相应的奖品。学校利用"微笑护照"这一评价方式将不同领域的学生素质评价进行整合，学生、教师、家长、共同作为评价主体。微笑护照在多个方面、以多种形式呈现学生的各方面表现，力图对学生进行综合评价。

1. 基于评价标准不统一和内容不完善问题——反思完善学生综合素质评价内容与方法

在"微笑护照"使用的过程中，我逐渐发现了一些问题：

问题一：评价标准不统一。例如，某体育老师给按时参加训练的田径队学生每天盖10个印章作为奖励，最后在学期总评时，田径队的学生仅凭这一项活动评价就得到了班级综合评价的第1名。显而易见，这种评价的结果是不科学的，也违背了我们当初设计这种评价方式的初衷。

问题二：评价内容不完善。首先，要落实三方协同教育，发挥教育的实效性，除了学校教育、家庭教育，还应包含社区教育。而第1版"微笑护照"中的家庭教育评价内容过于单一，社区教育没有涉及。其次，我们鼓励学生在均衡发展的基础上应学有所长，然而关于个性化评价的内容也未考虑。

为了更好地完善这项评价制度，我先后多次组织骨干教师与家长代表进行研讨，修改"微笑护照"的内容和使用方法。经过3个学期的不断修改完善，现在学校正在使用的是第4版"微笑护照"。

第4版"微笑护照"的评价内容增加了"微笑达人""微笑社区"两个内容。"微笑达人"的评价是对在各项科技、艺术、体育等展示活动或比赛中取得好成绩的学生所进行的奖励，例如，参加市级展示活动奖励3个印章；参加

区级展示活动奖励2个印章；参加校级展示活动奖励1个印章。这部分评价主要是鼓励学生培养特长，积极参与科技、艺术、体育等活动。学生需要记录好自己参加活动的时间、地点和级别，由活动相关老师负责盖章确认。"微笑社区"的评价是指学生利用课外时间到社区参加志愿活动，由社区的工作人员签字确认。而其他几个方面的内容也做了细化。我们将"微笑服务"的参评范围从承担校级志愿服务拓宽到在班级中承担服务工作。凡是能够尽职尽责的同学，都可以得到老师的印章奖励，培养了学生的责任意识和奉献精神。

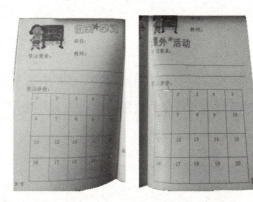

关于"微笑学习"的评价，为了保证科学性，我要求学科老师针对自己学科的特点及学生的年段特征，分别制定明确的评价标准。每位学科教师每周评价1次。对周课时比较多的学科，采用制定标准，定期兑换微笑印章的方式。例如数学学科，每天上课积极思考主动发言，在数学书上奖励印章；1次作业成绩为优，相当于数学书上1个印章，最后数学书上10个印章兑换"微笑护照"上1个印章。每个学期每个学科奖励印章不得超过20个。2015年市教委为中小学生安排了每周的课外活动，为保证学习质量，我们及时在"微笑学习"的内容中增加课外活动学习的评价，鼓励学生认真参与活动，学有所得。

为了实现"以评价促发展"的目标，让团队与个人共成长，我组织各年段的骨干教师，共同研讨，将"微笑班级"的评价与年段德育培养的重点相结合，进而细化、梳理并制定出了微笑班级的评价内容及评价标准。在实施过程中，师生、生生共同参与评价，通过"微笑班级"评价，鼓励学生积极参与到班级建设中，树立集体意识。

关于"微笑家庭"中的评价内容，我邀请部分家长代表与班主任代表一起座谈研讨，最终确定了24字基本要求。在家庭评价伊始，每个家庭根据学校的24字基本要求和孩子在家的实际情况，再提出自己家的具体要求。每周孩子能够按照要求做，家长就签字奖励。其中所有的奖励都以微笑印章的形式呈现。每个月，家长结合孩子在学校和家庭得到奖章的情况，写一些激励的话，鼓励孩子不断成长和进步。

2. 基于评价激励性不足问题——精心设计后援强化物

利用微笑护照的奖章兑换奖品的活动进行了一年后，我发现学生的兴趣不如开始阶段。经过调查了解，原来是微笑护照兑换的奖品对学生没有了吸引力。当今社会大部分家庭的孩子并不缺少物质的奖励。小铅笔、小橡皮不足以吸引孩子努力获得奖章。究竟什么样的奖品才是孩子们喜欢的呢？通过访谈，我发现孩子们对一些小"特权"非常有兴趣。如挑选自己喜欢的座位、能从学校图书馆多借几本书等……此后每学期期末我们都在各班以问卷的形式了解学生喜欢又合理的"奖品"。挑选座位卡、加强版借书证、当一周早读老师、当一周体育委员、当1次升旗手、邀请好朋友来参加班级活动等奖品应运而生，而兑换奖品的形式也更加丰富。各班不定期举行"微笑拍卖会"，学生用微笑印章作为代币拍得自己心仪的奖品。除了每个班自己列出的奖品清单，学校还提供电影票、游戏券供学生选择。

我们还在各班建立了"微笑超市"，里面有学生感兴趣的多种物品，包括学习用具、益智玩具等。每种"商品"的标价不同，学生可以用自己的微笑奖章进行兑换。

学生最喜欢的奖品还是每学期的外出奖励。每个班《微笑护照》印章最多的学生可以参加学校组织的团队拓展活动。一至六年级的一班为1队，二班为1队，共8个队，大同学带小同学合作完成各种挑战任务，最终评选出优胜队。学生在有趣的活动中培养了团结合作的能力。活动的全过程被制作成宣传片在校园内播放，鼓励更多的学生努力获得"微笑护照"上的奖励。

古二小的以"微笑护照"为载体的微笑评价体系涵盖学生综合素质评价的多个领域，引导学生、教师、家长确立了多维度的评价标准，更好地促进了学生健康、全面、均衡地发展。学生在愉悦的氛围中提高自我管理的意识，巩固了良好的行为习惯。这种评价淡化了评价的选拔和甄选功能，突出了发展和激励功能，给学生一个综合化、可视化的反馈与奖励机制，切实发挥了综合素质评价的作用，促进了学校培养目标的实现。同时"微笑护照"从多个方面、多个角度真实全面地记录了学生的过程性与阶段性的表现，这些活生生的评价，成为学生永久的童年回忆。

杏坛心声 > **神一般存在的古二小体育精神**

——古城第二小学体育教师 程瑶

我是一个地道的石景山人，在我小学时期，古二小曾是我的一个小梦想，那时我就知道这是一所在区里首屈一指的学校。虽然我的小学没能有幸进到古二小学习，但我特别羡慕在这里上学的孩子。没想到，我与古城二小的缘分竟在大学毕业后开始。从首都体育大学毕业后，我拿着简历忐忑地来到古二小竞聘体育老师，见到王校长的第一面感觉如春风般亲切。短发、大大的眼睛是我对王校长的第一印象，也是最深刻的印象。王校长并没有第一时间看我的简历，而是亲切地说道："你这大高个，一看就是练体育的。"是啊，我1.78米的身高在女生里确实是很高了。本来紧张的不知道该说什么，想好了一大堆应聘问题该怎么回答，结果一下子放松了下来。

来到古二小之前就听说了古二小非常重视学生的体育发展，在王校长的带领下，在全区中小学生运动会上蝉联6年团体总分冠军，这是一个神一般的记录啊！所以我更加向往这里，因为我想知道这些古二小前辈们是如何做到的六连冠。后来也是在王校长和我的师傅——古二小体育组组长的帮助下，我如愿加入了古二小的大家庭，慢慢感受到了王校长对体育的重视程度非同一般，最为感动的是，不管是团体分数领先或是落后，每一年的全区田径运动会王校长都会亲临现场，为田径队员们加油。运动会午休时，王校长就与学生们和我们体育老师一起坐在体操垫子上，关注着每一个小运动员，关注着每一项比赛。有王校长坐镇，幸福感和自豪感油然而生，古二小的精神说不清道不明，是师生情、是兄弟情、是师徒间的知遇之恩、是爱护之情、是所有老古二小体育人对集体荣誉的执着、是校长对我们的栽培之情，这些情分加起来铸成了古二小的体育精神。

三、悦乐于研，微笑让科研更出彩

苏霍姆林斯基说过："如果你想让教师的劳动能够给教师带来乐趣，使天天上课不至于变成一种单调乏味的义务，那你就应当引导每一位教师走上从事教育科研这条幸福的道路上来。"自从出任古二小的校长，我一直特别注重以科研引领学校的教育教学工作，并逐渐明确了"以教育科研为先导，以课题研究为龙头，以课堂教学改革为核心，以队伍建设为重点"的管理工作思路。潜移默化的，科研兴校、科研成就教师的理念深深地在教师们心中生根，也成为了我重要的办学策略。在学校、教师的不断努力下，形成了任课教师人人有课题，个个搞研究的良好局面。

古二小的教师队伍呈年轻化的发展趋势。中老年教师为数不多，但他们中间蕴藏着丰富的、可研究的、可借鉴的教育教学的宝贵经验。年轻教师中有好学上进的风气，他们思想活跃，上进心强，可塑性大，但教育教学工作的功底还不够扎实。那么教师培养可与他们自身的发展结合起来，在目标激励下促使其成长。

基于以上分析，为尽快提高广大教师教育教学的能力，促进教师的专业发展，造就一支"思想正、业务精、能力强、品位高、有特色"的适应素质教育需要的教师队伍，我提出了走"名师立校之路，促学校自主发展"的教师培养策略，确定了如下培训思路，即分层培养，用其所长，鼓励冒尖，不断提高师资队伍水准，培养特色教师。结合这一思路，在实践中我们以推进课改工作为主旨，切实加强课堂实践教学活动；以形成学校特色为目标，抓好课题立项和实施工作；以促进学校内涵发展为宗旨，努力提升科研水平，并最终落在"研""严""言"字上。

（一）研出心声，追逐教育本质

微笑教育倡导的学校科研，一定是要关注教室里发生的事，即教与学的问题；一定是要关注教师和学生生存状态，即环境与精神、行为与心理等；一定是以行动为核心要求，即教师要认认真真地去想、踏踏实实地去做。我们要求科研人员走出书斋，走进生活，走进教室与学生的心灵，真正沉静下来，关注每一个学生和教师的发展；要求我们的教师要做研究型教师，为提升自己、改变自己去研究，为走进学生的心灵与研究，为改变学生、发展学生去研究。

1. 营造浓郁的学习氛围，带教师研究起来

营造一个学习的环境和氛围，是引导教师自我发展，走向成功的有效手段。我们努力营造浓厚的学习气氛，借助参与的课题和专家的力量开展培训，让教师领悟新理念，在感受到自身发展与时代要求的落差后，认识到学习的重要性，进而形成一种内驱力，主动地学，自觉地学，广泛地学，使学习成为生活的重要部分，不断地更新知识结构，使学校成为学习型组织。

首先对教研组长进行培训。教研组长是各个科研专题的负责人，又是课题研究的中坚力量。学校从如何确立科研专题、撰写开题报告、结题报告、阶段小结、积累研究资料、调整研究行为等方面对教研组长进行系统培训和开展专

题研究，不断提高他们的科研素质。按照教师的科研能力基础，将教师们分为骨干教师、青年教师、中老年教师3个层次，以不同层次教师的科研功底为基础，对教师们进行针对性培训。有计划、有步骤、有层次地培训，有效地提高了教师群体的科研能力。

经过长期的实践，教研组内、学科组间，渐渐有了研究的氛围，在研究的过程中这些先进的教育理念逐渐内化为教师们的教学行为，使教师们将"教"与"研"有机结合起来，做到问题即课题，教学即研究。例如，我们的组内教研，每学年初组内制定研究专题、研究计划、实施步骤、预期成果；每周组织教学沙龙活动，让教师们带着疑惑积极参与，互相解疑，带着满意回到岗位；通过师徒结对方式，促进青年教师的成长，例如我们的低年级数学组，就是在骨干教师的带领下取得了出色的成绩。

2. 设计多样的教研形式，促研究高效起来

学校每学期初都让教师根据自己的教学、研究任务，结合自我发展计划，制定自己的科研学习计划。教师们根据学习要求选择学习资料，认真记录学习笔记。学校也提出了基本要求，即读一本好书、参加一个专题、写一篇论文、上一节好课、写一篇好的教学案例，有效地激发教师学习的主动性和积极性，使广大干部教师，从教育教学需要出发，借助理论书籍、教学杂志、网络文化，多方学习，全方位提升自己的理论水平。

针对小学教师时间紧、负担重、很难集中的现状，古二小的教研活动变组织一个学科教师集中活动的教研形式为灵活多样的教研形式，这些教研形式主要有：

（1）随时性研究，不受时间、地点和人员的限制。针对教师们在教学中遇到的问题，采用随时随地分散式的研究。这种形式小而活，临时碰到一起的几位教师就课堂中出现的问题一起交流切磋，出谋划策，通过大家的集思广益，能及时解决教学中的问题。

（2）专题性研究，是指针对学校、教研组或个人的研究专题，组织教师开展的教研活动。在活动中，要求承担任务的老师先要精心备课，并作中心发言人，其他教师充分发表各自的意见。

（3）反思性研究，一般有3种情况：一种是外出学习到好的经验（做法有两种，一是上一节样板课，并分析为什么好？好在哪里？二是上一节改进课，并分析为什么这么改？改在哪里？）结合我们的教学进行反思性研究，这样做有利于教师开阔视野，丰富信息、改进工作。第二种是上完一节课的课后反思研究，主要是教师的课后小结交流，小结中简要记录了一节课的经验和问题，这些都是客观而宝贵的教改记录和体会，也是普遍性问题，非常有利于教师们互相学习和促进。第三种是阶段性反思，是指结合单元测查、期末检测或进校视导后，针对暴露出的问题进行的反思研究，这样的研究及时、针对性强，对今后的工作有很大的促进作用。

3.　"三环互动"的"学"与"习"，促研究深入起来

理想的教研组的学习应是既有个体自我更新导向、同伴互助支持导向、专业引领导向的"单环学习"，更有三者结合，以问题解决为中心、促进教师专业成长的"三环互动式学习"。我们认为，以课例为载体的教师个人、同伴、专业引领的"三环互动"的"学"与"习"是学习型教研组学习的主要范式。

基于此，我们鼓励各个教研组提出自己的问题，通过把问题课题化，开展相关的学习实践活动，并把研究的点滴成果在全区进行交流汇报。如：

语文组对学生在习作中缺乏生活资源的积累，生编硬造，缺少个性的问题，确立了"以实践活动为依托，促内心情感向文字表达的转换"的研究主题。教研活动开展得很深入，每次活动时，组员们都能围绕研究专题畅所欲言，有时甚至争得面红耳赤，活动的实效性很强。

英语组针对平时词汇教学存在费时多、见效少的弊端，通过一年的研究，总结出单词教学4大方法，即利用实物、图片呈现词汇、根据科学规律记忆单词（利用拼读规律和联想记忆单词；利用派生词、兼类词、合成词、同类词、缩略词等，归纳、总结词汇），在"游戏"中学单词，通过歌曲、童谣、格言、习语、笑话、谜语等辅助词汇教学，学生记忆单词的效率大大提高。

综合组针对组内教师动力不足的现状，通过"与老教师谈教育人生"组内生活会，看感动中国专题片，到支教学校看望本组支教的教师，从中体验农村学校条件的艰苦和对教育的执着等活动，来不断提升本组教师的职业信仰。

低年级数学组在教研员的带领下，开展了"对低年级学生计算错误原因分析、矫正的研究"，通过前测—统计与分析—问题与原因—实践—后测的研究流程，成效非常显著。通过一学期的实验，老师们察觉到，就矫正策略自身而言，可能还存在不完善的地方，需要经过更多的实践检验，但这种分析问题、研究问题的方法，可以帮助教师理性地分析工作中出现的问题，减少主观性和随意性，提高教师的专业化水平。

此外，根据新课程改革的新理念，教师要经过学习、理解、内化后才能外化为教学行为。这就要求教师不断学习。学校保障教师不错过每一次外出学习的机会，保证足够的经费，安排学习的时间，提供良好的学习环境，鼓励广大教师多学习、多创新。

（二）严出水平，凝聚教育智慧

教科研带给我们的不仅是一种研究方法，更培养了教师求实严谨的工作态度。通过开展教科研活动，不仅使教师们思维更缜密、教学设计更合理，教学方法还更加契合学生的实际情况，符合学生的认知规律，真正使我们教师的教学愈加严谨起来。正是这种科学严谨、求真务实的工作态度，使教师们的教学减少了盲目性和低效性，提高了针对性和实效性。

1.完善制度是核心

学校形成了一套行之有效的教育教学管理制度，从教案、作业的检查，到常规测查、期末测试的质量分析，从常规推门课的监控，到教研课、科研课的展示，从教研组活动过程监控，到骨干教师、学科组长管理……教育教学工作的每一个环节，学校都有相应的规章制度来引导老师们按部就班进行。多年来的坚持实施，使得老师们无须学校做过多的布置和监控，就能够自然而然地按程序完成一个学期的工作。

（1）教研组长负责制。

组长应做到5个必须：有效组织教研组的活动，每学期带有研究性质的活动必须不少于6次；以实践课为抓手，进行磨课活动，每学期备课、听课指导必须不少于10次；承担课题研究任务，每学年度，必须带领全体人员合作完成一项课题研究任务；必须组织教师对教学质量进行分析、组织好教师教学评比及学生学习竞赛活动；必须组织制定青年教师培养计划。

（2）组员尽力制。

组员应规划和安排好个人的"学"与"习"，做到"三个尽力"，即每节课后尽力写教学反思，每学期尽力做一个课例，每学期尽力提供一篇有质量的论文或研究报告。

（3）"学思习评讲"教研活动制度。

教研组定期开展读书学习活动，定期进行教学反思，定期进行课例研究，定期进行质量分析，定期举办教学沙龙和论坛，并给不同阶段的教师不同的挑战任务：

● 职初教师（工作3年以内或承担本学科教学不到3年）

认真学习区《小学教学质量全面管理手册》《学科国家标准》等；每学期听课不少于30节，公开教学不少于4次；每学年记读书笔记不少于1万字；每学年做一个课例研究并写一篇经验总结性文章。

● 有经验教师（工作3年以上或承担本学科教学超过3年）

每学期研读教育理论书籍1本；每学期听课不少于20节，公开教学不少于2次；每学年做一个课例研究，完成一项专题研究任务，撰写一篇科研论文。

● 骨干教师

每学期研读教育理论书籍2本；每学期听课不少于15节，公开教学不少于1次；每学年做一个课例研究，完成一项专题研究任务，撰写一篇科研论文；每学年至少开1次专题讲座。

（4）年级组视导制。

为了深入、全面地了解各个教研组的情况，每学期领导班子的全体成员都要集中一天或几天开展"群众路线教育实践活动"，深入2～3个年级组，听课、参与教研活动、与老师座谈、了解学生情况、进行教育教学常规质量检查等，通过此项活动，力图对各个年级组教师的课堂教学、班级管理、学生行为习惯养成有一个全面的了解。在此基础上，分别召开年级的全体教师会，肯定成绩，指出问题，并提出今后的努力方向，从而提高管理工作的针对性和实效性。

2. 深入基层是关键

（1）领导干部兼课。

我在古二小担任校长期间，当时学校有9名领导干部，有7名领导分别在语文、数学、美术、品德等学科兼课。一方面使得领导干部自身的教学能力不断得到锻炼，能够以比较高的站位引领老师们前进；另一方面由于领导干部身处一线，能够更敏锐地发现真实的问题，了解老师们最迫切的需求，为学校制定教学工作发展规划提供宝贵的一手材料。

（2）教研组月小结。

学校给每个教研组配发了专门的笔记本，用来进行每月一次的工作总结。通过这个沟通情感、工作交流的平台，使学校能够及时掌握每个组的真实情况。老师们通过这个平台，把组内最新动态做全面的展示汇报，同时把困扰他们的问题及时反映上来，这就很好地帮助学校发现管理中的问题，及时进行调整，为下一步工作指明了方向。

（3）期末恳谈会。

学期末，我亲自主持召开由年级组长、关键岗位教师参加的恳谈会，不谈各自工作优点，而是直面问题。老师们畅所欲言，从各自工作的角度，发现领导层面不易发现或忽略的细节问题，为学校工作查漏补缺。而学校领导层也正是从老师们的意见和建议中，获取了下一步工作改进的灵感。

3. 加强评价是必要

（1）学期初根据实验方案的设计，分解本学期应完成的实验目标，结合教材内容，制定课题研究学期计划，明确一学期课题研究的主要内容和实施方法。

（2）根据学期计划的安排和课题研究的实际进程，每人每学期上好一节课题研究课，在研究课活动中必须充分体现学科教学与课题研究的整合。每个月分别安排不同学年的教师开展课题课展示活动，其间涌现了优秀教师和课例，学校在学期末对这些教师给予表彰。

（3）完整地积累课题研究过程中的各种原始资料，如课题研究课设计理念、上课教案、教学反思等。

（4）学期末根据课题研究的实施情况，总结一学期的科研工作，说明课题研究已经取得的成果，展望下阶段的实验设想。

（5）聘任组长为兼职科研员，对在平时的教育教科研方面积极参与的教师，期末评出一批教科研骨干教师，让他们真正履行好职责，带领全体教师积极投身于学校教育科研，提高学校的教科研质量。

（6）设立"教育科研成果稿酬奖励"制度，在绩效考核方案中对教师的科研成果进行考核，包括科研室工作验收、评估制度，开展先进科研组评选，建立教育科研档案等。

通过完善机制、建立制度，营造出以科研为先导的学术气氛，让教育科研成为学校教师常规化、习惯化、普及化的行为，使教育科研能力成为教师具备的基本素质。

4. 抓好关键环节是保障

从教案、作业的检查，到常规测查、期末测试的质量分析；从常规推门课的监控，到教研课、科研课的展示；从教研组活动过程监控，到骨干教师、学科组长管理……教育教学工作的每一个关键环节都必须落实到位，来不得半点糊弄。

（1）落实起始管理的"求真务实之道"。学期伊始，各教研组集中时间依据教学情况制定出切实可行的本学期教研组工作计划。要求各个教研组能够结合本组的实际，找准问题，通过把问题课题化，确定本组的研究专题。之后，学校召开两级的开题论证会，第1级在学校进行，主要对一部分教研组课题进行论证，论证有研究价值的课题被立为校级课题；其他课题的论证在学科大组内进行，每次活动的设计要求要围绕主题进行，在"专"和"研"上做文章，并做到"四定"，即：定主题、定时间、定内容、定主讲人。这样做的目的，确实使教研组由行政的"传声筒"变为教学的"诊所"，凸显以问题解决为本的"学"与"习"。

（2）落实过程管理的"参与调控之道"。在教学工作的进行阶段，教研组长有目的地了解本组教师的教学情况，建立常规工作管理和检查制度，推行听课制度、质量分析和检查制。对教师的钻研能力、课堂管理组织能力、有效教学的能力、思维能力、语言表达能力等做出评估并给予指导。如：教研组配合学校教导处，每学期检查备课笔记和学生作业2~3次，有效地促进了教学质量的提高。

（3）落实终端管理的"合理评估之道"。学校自2002年起设立了"文明优秀组"的奖项，强调团队整体的和谐工作的最佳绩效，从制度上鼓励教师之间建立一种积极依赖的团队关系。每学期期末学校都要结合"文明优秀组"的评选，召开两级工作交流研讨会。第一是组内进行，对照"教研工作评价表"，教研组长带着组员逐项进行自评，对一学期的工作进行梳理总结，找出本组工作的特色点，在此基础上决定是否申报"文明优秀组"的评选；第二是在全校内进行，由教研组长代表本组做学期教研组特色工作汇报，在此基础上，全校教职工进行民主评选，确定本学期的"文明优秀组"。

多年来的坚持实施，学校已经形成了一套行之有效的科研管理制度，老师们也通过科研尝到了甜头，不仅改进了课堂教学，也提高了自身。科研"严"出了严谨，"严"出了解决问题的方法，"严"出了个人成长的足迹。学校成为开展教育科研活动范围最广阔、成果最丰富、影响最深远的最活跃的场所。

（三）言出共识，推进教育创新

教育科研使教师"言"出了共同话语权，通过不断反思、交流，使教师们畅所欲言，使他们将开展实践形式的研究成果表达出来，与大家积极分享。

1. 科学探讨，形成善思勤研的合作小组

学科教研组就是一个合作的群体，是开展教学、业务研究的一个基本单位，我们强调教研组的团结，也注重教研活动的实效，特别是针对本年级、本学科现有问题，开展带有课题研究性质的教研活动。学期初，我们要求各个教研组制定出年级组专题研究计划，每位老师分解其中的专项进行实践探究；学期中对专题研究的落实进程进行全学科交流，以避免"虎头蛇尾"的现象发生；学期末，各个年级组、学科组都要进行特色教研活动汇报，交流专题研究的成果。

通过这样的系列活动，养成老师们"在工作中研究，以研究的心态工作"的习惯。小组共同认领专题的方式，能够充分发挥教师的集体智慧，教师们不断碰撞出新的思维火花，做到集思广益，博采众长，扬长避短，齐头并进，能够在教师的研讨中使教学内容进一步深化和细化，集中组内优势，实现教学最优化。不同课题组及教研团队之间的交流、碰撞、相互借鉴、相互启发，可以产生互促共进的研究成果，构建了新的意义上的"学习共同体"，真正实现了教师间资源共享，实现了知识的共同拥有，个性的全面张扬，专业的可持续发展。

2. 推崇返璞归真的实践研究

科研使有共同追求的教师组合在一起，这虽然是一种外在的组合，但凡是自愿参与的研究者，他们大多是渴望发展、追求卓越、善于钻研、乐于奉献的教师，这种共同的追求像无形的纽带，把他们紧紧地联系在一起。

教师的科研水平发展到一定的境界，发表的数量不再是追求的目标，而是所表达的独立思想，这种思想的内在学术价值，对他人的教育思想和行为实践会产生启发。它更多从实践的角度审视现实教育行为中不合理的根源和症结，把对自我实践、自我教育的思想以及他人的教育行为的思辨融入研究成果中，用一颗人本关爱的心，尊重发展过程中每一个生命个体的体验，通过研究归纳出一般发展所遵循的规律。教师们不断地审视自己的实践，把工作作为科学来实验，不停地修订和完善自我。不为名利，不趋炎附势，不急功近利但又贴近实际，以全面提高教育教学质量为发展目标，实现"绿色"的升学率。

通过"研、严、言"的科研分层制度，我转变了教师的教学方式，促进了教师的专业发展。教师参与教育教学研究，不是为了科研而科研，而是要引导教师用科学的理论、科学的态度、科学的方式改进教学，促进教师教学方式和学生学习方式的转变，提高教学质量。在这个过程中我们将课题研究与校本课程有机结合，使校本教研成为课题研究的落实、补充、拓展和延伸。我们在常态课上找差距，研究课上找问题，示范课上出思路，视导课上定方向。

科研活动使教师自主学习的意识、合作互助的团队意识有了明显的增强。教师的专业水平有了显著提高。有几位语文青年教师在参与市级课题后，很快成长为高级教师和区级骨干教师。

教科研活动把大家的心凝聚在一起，在共同的研究中，营造出互助合作的氛围，在共同的奉献中，彼此的关爱感动着每一个人，在教科研活动中研究的核心团队逐渐形成。

科研活动培养出一批骨干教师。通过"学习—实践—反思—交流—提高"的教科研流程促进了教师的专业化发展，"研"出心声，"严"出水平，"言"出共识，营造出的是浓浓的学术氛围，带出的是一支能打硬仗的专业队伍。

杏坛心声 >>　　　　"三有"学校的"三有"校长

——古城第二小学分校书记　王静艳

2002年，王英校长来到古城二小，与大家初次见面，提出了三句话："工作有声有色、待人有情有义、生活有滋有味！"当时带给我的感觉就是：这肯定是一位认真做事、善待他人的好校长！

从那一刻开始，这三句话对我的方方面面产生了激励的作用。时至今日，十几年的时间过去了，我越发地感受到这三句话中的智慧。工作、生活、人际难道不是我们人生的全部吗？有声有色、有情有义、有滋有味又何尝不是我们向往的境界？用这三句话伴我们前行，做人、做事定会有收获。王英校长能把这样三句质朴无华、平易近人的三句话送给大家，足见她是一位有魄力、有情怀、有品位的优秀管理者。

2002年，也是我刚刚开始做学校科研室主任的一年，面对学校科研工作深感茫然的时候，王校长给予我最有力的支持就是自己带头申报了石景山区重点课题《小学教师科研能力培养的实践研究》，并认真主持研究。随着这一课题研究的不断推进，开启了学校科研工作的新局面，渐渐地，教师们能够从关注教学中实际问题的角度畅"言"起来；抓住焦点问题精"研"起来；形成课题，制度"严"起来。

此后，学校的科研氛围日益浓厚，曾经有多项课题在市、区申报立项成功，通过扎实的研究，顺利结题，有的还被评为优秀科研成果，学校多次被评为科研工作先进单位，涌现出一个个"有情有义"课题组，开展着"有声有色"的研究工作，分享着"有滋有味"研究成果。

世有伯乐，然后有千里马

——北方工业大学附属学校办公室主任　高悦

作为一名刚刚毕业的研究生，能够进入古二小从教，我是幸运的。而作为一名年轻教师，能够遇到王英校长这样的伯乐，我更是幸福的。

今天，我仍能清晰记得5年前来到古二小应聘的情景。在整洁清新的办公室，王英校长娓娓道来的话语至今仍在耳畔："古二小是青年教师的摇篮，我们更希望有想法、爱教育的年轻人加入古二小的大家庭中，一起为孩子们美好的明天而努力！"当天晚上，接到了古二小的录用通知，我兴奋得失眠了整晚。

给青年教师搭建成长的平台，让有想法、有能力的年轻人放手尝试，创造成绩，是王英校长对青年教师培养的理念。我是作为心理老师进入到古二小的，而心理作为小学科，在学校被边缘化、不受重视，以及心理老师没有成就感是整个北京基础教育领域普遍存在的一个问题。但在古二小，我却没有这样的困扰。我有固定排入课表的心理课可以上，学校配有设施齐全、设备一流的心理专业教室和咨询室。在这里，心理教师受尊重，有作为，更有施展拳脚的平台。

让我印象最为深刻的是2014年古二小申报"北京市心理健康教育示范校"的经历。当时我刚刚入职两年，接到这样一个光荣而艰巨的任务，既兴奋又惶恐。短短一周的时间，需要整理档案、撰写发言稿、梳理学校心理课程特色，当时古二小的心理教师只有师父陈建英老师和我，明显力不从心。这时候，是王校长给心理工作提供了坚强的后盾。临时抽调人手帮忙整理档案，调动学校德育处、教学处和办公室协作准备迎接督导检查，在学校强大的支持下，一周后的督导检查，古二小的心理健康教育工作得到了与会领导的一致认可。一年后，古二小成为石景山区第一所被评为

"全国心理健康教育示范校"的小学，而这与王英校长充满前瞻性的教育管理理念以及对学校心理健康教育工作的重视密不可分。

世有伯乐，然后有千里马。正是因为有了王英校长一路的指导和帮助，才让我在宝贵的教育生涯的"第一个5年"收获了自己独特的教育感悟，这也成为我日后教育教学工作的宝贵财富！

四、和颜悦色，微笑让教师更敬业

2002年，我来到古二小，随着原八角小学的撤并，我们接收了该校部分教师，教师的水平参差不齐，之后几年我们又引进了很多新教师、应届大学毕业生，教师结构较之以前有了很大变动，同时面对教师的流动潮，教师当中出现的思想波动也给我们的管理提出了新的挑战。

在深入分析了学校的发展现状，并充分结合石景山区教育实际及古城第二小学发展历史的基础上，我明确了"以优秀的教师团队支撑学校可持续发展"的工作思路。基于这样的培养目标和古二小的管理实际，我大胆尝试，提出了目标诱导、制度督导、榜样引导、情感疏导的"四导激励"教师培养方法，努力打造一支高素质的"微笑之师"，完成塑造灵魂、塑造生命、塑造人的庄严使命。

（一）打造名校，让事业感召人

我始终认为，教师这一职业的特殊之处恰恰在于只有热爱，才能出色。鼓励教师们以一种经营事业的激情和活力去面对自己的工作，才能在工作中达到自我实现的境界。

1. 目标诱导，构建共同愿景

教师是有差异的，学校管理的重心不是依据教师的优劣进行甄别和选拔，而是在承认差异的基础上，帮助教师认识自己，找准位置，实现自己的人生价值。同时，在这个过程中，我们注意个人激励与团队激励的和谐统一，我们认为没有团队的整体战斗力，仅仅靠诸葛亮一人是很难实现"天下计"的。实践告诉我们：在团队中，个人和集体是"和而不同"的，激励的最佳状态也是个人与团队的协调一致、和谐发展。我们将个人激励和团队激励有机结合起来，收获的将不仅是教师个人的专业发展，还有整个团队的和谐及坚强的战斗力。这是学习型教师团队建设的重要目的，也是学习型教师团队建设的根本追求。

我在古二小担任校长期间恰逢"十五"时期，正是迈进21世纪的第1个5年规划。为了适应时代发展和教育变革的需要，我组织学校领导班子坐下来认真分析学校办学基本情况。在明确了学校发展存在的问题和学校文化品牌建设的特色后，全校教职员群策群力，上下协力，大家找思路提建议，最终确定了坚持"以质量求生存，以特色求发展，以改革求创新"的办学宗旨，遵循"依法治校，科研兴校，名师立校"的发展战略，努力实现"学校规范有特色，教师达标有特艺，学生合格有特长"的办学目标，把"树一流的师表形象，争一流的育人质量，创一流的社会效应，让学生成才，让社会满意"作为愿景，激励全体教职员工不懈努力，拼搏奋斗。

2. 引领教师自我设计、自我超越

职业生涯需要谋划，因为人具有未来性，是我们头脑中不断构筑的未来的"我"的形象决定了今天的"我"的行为方式。每一位教师都有其专业发展的需求，我们渴望通过自身的专业努力，真正实现自己的专业化发展。

在建立一流名校的目标感召下，我们进一步提出，在工作中要坚持努力培养"廉洁奉公，团结合作，能研善管，勇于开拓"的科研型干部队伍，培养"有爱心，善诱导，业务精，敢创新"一专多能的学者型教师队伍以及"全面发展，学有特长"的高素质学生。

基于此，我们着力于引领团队每一位教师规划自己的教育发展之路，建立个人愿景。我们适时启动了"教师自我规划"工程，提出"立足眼前，构想五年，放眼未来"的口号，帮助每一位教师进行自我剖析，审视现在的"我"，设计未来的"我"。我们积极倡导教师进行自我设计、自我更新和自我发展，如制定出近期个人努力的途径及策略，学期末进行及时总结，看

看自己哪些方面有所发展，并制定出下一步新的目标和措施。学校则尽量多地搭建平台，尽量多地给予帮助，使教师的自我实现与学校发展有机结合起来。

在这个过程中，每一次个人目标的制定，我们都贯穿着"小目标、细举措、重落实"的要求，不求走的多么远，但求每一步都走的扎扎实实、切实可行。通过这样的举措，使每一位教师都能带着问题、思考去工作。在工作中去研究，不断审视自己，更加了解自己，从而更好地发展自己。

上述举措，极大地调动了广大教职员工工作的积极性。工作中，我们充分发挥学校党支部的领导核心作用，年级组、教研组、班队的层级管理作用，党、政、工、团、队的协调管理作用，学校目标和愿景成为贯穿一切工作的主线。同时，学校领导经常鼓励教师们要不拘一格、发展个性，鼓励教师们在日常的教育教学工作中常思考和勤科研。学校也会尽一切努力帮助教师们实现自己所立下的独特的、有价值的教育理想。

冯雷老师是古二小一位区级数学骨干教师，多年的数学从教经验使她的数学课堂游刃有余而充满灵性。冯老师基于多年的一线教学经验，以及大量的理论文献研究，提出了构建小学"数学实验室"的想法，就是要引导学生在有限的时间里，利用已有的数学知识与经验，充分利用实验素材，积极主动地参与课堂进行数学实验研究。"总结发现，反思失败，求真求实，获取成功。变革以往学生随着教师的'安排'而获得新知识的旧有学习模式"。冯雷老师将这一想法跟我沟通后，我非常支持。从协调教室到申请资金，不遗余力地帮助冯雷老师实现自己的教育理想。如今，"数学实验室"已经运行了4年，冯老师也将这一实践作为课题深入研究下去。

冯雷老师的故事只是古二小教师的一个缩影。教师们普遍感到在学校创设的这样一个良好氛围中，有冲劲、有闯劲、有干劲，年轻教师在努力提高，老教师也有用武之地，所有教师的潜能都得到了充分的发挥，大家在这样积极向上、创先争优的集体中工作感到充实和幸福。不少教育同行、广大家长、社会各界人士到古二小参观、学习交流后也普遍发出这样的感叹：学校民主氛围浓厚，从领导到教师都有一股为教育这份崇高的事业拼搏努力、勇于进取的劲头。

3. 榜样引导，比学赶超争优创先

俗话说"喊破嗓子，不如做出样子"，榜样的力量是无穷的。我们在日常管理中引进竞争激励机制，充分发挥教师潜能，在注重发挥师德标兵、先进班主任、优秀共产党员、优秀青年教师的榜样示范作用的同时，学校领导以身作则，注意在师生、群众中起好表率作用，以自身形象的影响力、感召力、凝聚力激励和带动教师奋发进取，为教育事业贡献力量。

无论是素质教育研讨、论文撰写、精神文明建设活动，还是文艺汇演、书画大赛等，学校领导无一不亲自参加，既当指挥员、又当战斗员，自身的率先行动便是无声的命令和示范。学校领导当好"排头兵"，用坚定的信念凝聚群众，用超前的思维带动群众，用远大的目标引领群众，真正做到肯于吃苦，吃得起苦，冲在前面，干在前面，以此鼓舞全体教师"树一流的师表形象，争一流的育人质量"。

同时，我也特别注重树立教师身边的榜样和标杆。在与学校各级管理人员充分规划后，我们启动了"名师工作室"工程，先后推出了北京市劳动模范邵萍老师、白雪莲老师的"文学驿站"工作室，许小芳老师的"艺海泛舟"工作室，张颖老师的"心灵之约"工作室以及郝宏文老师的"阳光体育"工作室等，树立了古二小的"名师"典范。

通过"名师工作室"的建设，不仅工作室成员树立了更加明确的专业发展目标和专业成长路径，更带动并促进一批教师成长为"教坛新秀""教学能手""骨干教师""学科带头人""特技教师后备人才"，以及在某一方面学有专长、术有专攻的"知名教师""特色教师"。"名师工作室"成为古二小教师教学研究的重要基地之一，成为各科教师向往的研究场所之一，成为优秀教师合作互动的"学习共同体""成长共同体""发展共同体"。"名师工作室"的榜样作用促进了团队教师全方面发展，使教师形成健康、向上、积极的工作态度和人生态度，进而促进学校教师队伍均衡、整体发展，推动学校教育质量的显著提升。

往事印记 ＞　　　　　　　　**善于识人，敢于用人**

　　"让愿意干，又有能力干的年轻人走上中层干部的岗位。"这是我任用干部的一个原则。

　　2008年，学校大队辅导员的岗位出现空缺，学校决定在全校范围内进行公开竞聘。时任数学教师的宋雪向我提出想竞聘大队辅导员岗位的想法，我与她进行了一次长谈，我说："一个人只有想干事儿，才有可能干好事儿。我非常支持你追求自己的理想。但是，我建议你不要离开课堂。因为那里才是教师的根。虽然你会比别人更辛苦，但是若干年后，你会发现你所付出的都是有价值的……"那一年，宋雪老师成了数学老师兼大队辅导员，在少先队和德育工作中进行了一系列创新，得到了学生和老师们的广泛认可，这也为她后来在学校德育管理工作中的快速成长奠定了基础。我经常在教师集中大会上说："我们就是要让愿意干并且有能力干的年轻人，有更多施展才华的机会。"随后，学校通过自荐与推荐的形式产生了一批后备干部。以至于后来学校领导层人事变动，陈凤云校长出任古城二小校长后，很快便选拔出了优秀的候补干部。

（二）提供平台，让制度激励人

　　俗话说"人心齐，泰山移"，人，是推动学校发展的核心力量。无论是对于像古二小这样已经具有40多年历史的"老"校，还是刚成立不久的年轻学校，师资队伍建设始终是至关重要的——他们是学校教育教学的践行者，更是为社会主义事业培养合格建设者和可靠接班人的实实在在的贡献者。

　　作为一校之长，我在管理工作中的第一要务就是解决"人"的问题，就是要创造一切机会激励教师做事，做有意义、有价值的事；就是要创设一个平台引导教师敬业奉献，并焕发更大的热情，创造出超越"规范"标准之上的更大的价值、更大的辉煌。在这个过程中，我形成了"制度督导"的工作思路，即"以制度规范人，以制度激励人"，改变了过去那种"以人治人"的做法，通过制度激励和平台搭建，提高教师工作热情和积极性。

1. 制度激励，提高动机水平

一段时间以来，青年教师待遇不高的问题引起了很多人的关注。在这方面，我认为，学校一定要立足长远，学会全方位调动各类教师的积极性，实事求是地尊重人才培养和发展规律，为青年教师成长保驾护航，从制度上、从待遇上、从氛围上让青年教师这样一个蕴藏无穷潜力的群体拥有归属感、获得感，从而舒心、全心、尽心、安心地从事教育教学工作。

在古二小人事制度改革中，我们坚持贯彻"各尽所能，按劳分配"的原则，改革分配制度，实行岗位工资办法，体现多劳多得、优劳优酬；用岗位管理取代身份管理，按工作服务、数量、质量、责任、技术，合理拉开分配档次，使工作报酬与工作岗位、工作数量、工作绩效相匹配，做到岗变薪变，充分体现工资的激励功能和对优秀人才贡献的肯定，使其趋向合理、科学、稳定。

在实践过程中，我也发现过去的学校管理办法中存在管得过死、规定过细的问题，长此以往，教师的独立意识与自主能力便得不到发展，大大影响了管理的效率与教师的独创性。于是我在管理中试着采取一些新的尝试，改变大家的心智模式，换一种方法去思考学校的管理。在工作中，我注意增加管理的弹性，增强选择性，努力改变"一切靠行政指令"的局面，让教师有权、有机会决定一些本该由自己决定的事，如选择任教的学段、学科，自愿申请参加课题研究与学术小组，申报执教教学研究课，等等。我还对学校管理层级加以明确，充分发挥各部门和年级组的作用，增强学校的合力。在这样的机制下，教师们对自己的工作有充分的掌控感，对学校也自然而然地形成了无法替代的归属感。

同时，我们也建立了旨在促进教师专业成长的考评制度。对教师工作的考查、考核、评价、评定是学校管理的日常性工作，它对教师的观念和行为起到了最为直接的导向、激励、控制作用。因此，在学习型教师团队里，要建立一种能够真正促进教师专业成长的考评制度。首先，在考评内容和标准上，体现新课程精神，反映教师创造性劳动的性质和角色转换的要求，以及教学改革方向；把教师的教学研究、教改实验、创造性教学和校本课程开发以及师生关系引入考评内容。其次，在考评组织实施上，努力使考评过程成为引导教师学会反思、学会自我总结的过程，从而进一步提高认识、更新观念。最后，在考评结果的使用上，从教师的专业成长的全过程来看待每次考评的成果，为教师建立成长档案，帮助教师全面了解自己，明确自己所处的成长阶段和进一步努力的方向。

以实干论实绩，从实绩评绩效。学校出台的一系列激励方法，增强了教职员工对自己的信心，并且发扬先进、树立典型，保护和激发了教师的工作激情，解决和克服了职业倦怠的问题。激励制度得到了学校领导干部及广大教师们的一致肯定和广泛拥护。

2. 搭建平台，增强教师活力

在教师培养中，校长的另一个核心职责就是整合校内外优质资源，为教师的专业发展和能力施展提供更为广阔的平台，让龙腾飞，让虎跳跃，使每个人都能怀抱拼搏上进之心砥砺前行。

我尤为重视为青年教师创造一个充满信任的成长空间和魅力施展的机会平台。在对年轻教师的培养中，我始终坚持"充分培养，放手使用"的原则。学校细心地为每一位年轻教师配备了"师傅"，做好传、帮、带工作，帮助年轻教师快速进入工作状态，掌握岗位的基本技能。

谈到对教师的培养和支持，我脑海中涌现出了许多生动的故事。就拿学校数学骨干教师杜宇老师为例吧。在我来到古二小担任校长时，杜宇老师加入古二小已经有两年的时间了。从一名网络工程师到一位小学数学教师，他珍惜并深爱着这份职业。然而，由于初次接触教育，他带的第一个班并不成功。但我坚定地认为，杜老师热爱教育、热爱孩子，只要给他一个施展的舞台和机会，他一定会成为一位优秀的教师。就这样，我顶住了来自家长的压力，并没有因为杜老师试用期的失误而开除他。在接下来的两年中，他执教一、二年级的"数思"课，并在老教师手把手的指导下快速成长。如今，杜老师已经是一位十分优秀的数学教师和班主任，得到了孩子和家长的一致好评。正是由于这种充满安全感、温情和宽容的成长氛围，一批批年轻教师在古二小快速成长、成才，成为这所学校的中坚力量。

如果说名师工作室是一种内部资源整合的平台,那么每年的"引进来,走出去"等活动则是一种外部资源的有效开发和利用。我相信,任何一项工作要想得到长足发展,营造一个支持性的氛围是很重要的。比如,古二小作为北京市电化教育优类校,在信息技术研究方面成绩喜人,校内很多青年教师有感于涉及这一新领域,决心创造新的业绩。教师们渴望深度发展、寻求突破的热情让我深受触动。于是,为了给教师的专业发展提供更为广阔的平台,我努力调动一切可以利用的资源,邀请专家教授来校讲座,拓宽教师们的专业视野。同时,积极为教师们申请外出培训的机会,包括市级、国家级等各级各类的培训。教师们在不耽误教学本职工作的前提下,带着思考走出去,带着收获走回来。在这样的活动中,教师们开放了视野,开阔了思路,加快了成长,加快了进步。经过努力,古二小的现代信息技术形成了良好的发展基础,促进了学校教育现代化进程。

杏坛心声 ＞   **给青年教师搭建成长的平台**

——北方工业大学附属学校德育副校长 宋雪

古城二小是数学特色校,多年来形成了一个不成文的规定:只有经验丰富的老教师才可以把关五六年级。王校长打破了这一规定,她提倡青年教师要进行一至六年级大循环的教学,整体把握教材,只有这样,才有利于年轻教师快速成长。作为数学老师的我就是这一教育管理思想的受益者。

2004年,我跟着自己教的班级上了四年级,王校长大胆地让年轻教师的我将班级带到毕业,实现"从一到六"的大循环。为保证教学质量,王校长安排两位数学骨干教师与我同组。几乎每一节新授课,我都经历了备课、听课、复备、上课同时被听课、评课、反思的过程。短短3年的时间,在这样的不断磨合下,我的教学水平迅速提高。大循环的教学经历也使我能够系统地把握教材。在第二轮的教学中,我可以站在一个较高的层次上,更精准地把握数学知识的本质——课堂上传授给学生的不仅仅是数学知识,更多的是数学的思想与方法。两轮的大循环教学,使我从一名新手型教师成功转变为骨干教师。在古二小，像这样受益于王英校长"善于识人，敢于用人"管理思想的青年教师还有很多。一批年轻人在王校长的带领下快速成长，逐渐成为学校教育教学的中坚力量。

（三）倾听需求，让情感留住人

对学校而言，最重要的不是纪律和规范，而是纪律和规范后面人的激情和个性。当你看到一个孩子的时候，你心里自然而然地荡漾出一种教师之爱，同时还有父母之爱。当你走进课堂的时候，不仅仅带着知识，还应该带着整个生命进入课堂，将自己的知识、理性、情感以及经验融合在一起，才能真正地影响一个孩子，才能造就有生命力的课堂氛围和课堂文化。

同理，每一位教师都是学校的一员，他们渴望被理解、尊重、认可。这种尊重和认可，不单是要提高教师的工资待遇，优化教学工作环境，更重要的是尊重教师的人格，尊重其劳动。教育这项事业本来就是充满温度的，无论是教师之于学生，还是学校管理者之于教师。因此，在教师培养和管理中，校长的核心职责还在于凝聚人心，认真倾听和积极回应教师的需求，以情动人，以情化人，以情砺人。

于是，我围绕"情感疏导"这一关键词，坚持人本化的思想，在日常教学工作中注重帮助教师树立现代教育观、人生观和价值观，努力解决好教职工生活中出现的各种各样的思想问题，理解和尊重教师的情感、人格、利益和自我价值的再创造，维护教师的心理平衡，充分调动广大教师的积极性、主动性，让每个教师在古二小的工作都能更加精彩、更有价值。

古二小充满人情味的管理究竟是怎样的？我想，没有比几个温暖的小故事更能生动地展现学校的管理理念了。

1. 为教师提供情绪释放的机会

作为学校领导者，我们认识到教师在受挫折时正是需要帮助的时候，此时，正确理解教师受挫折行为，有足够的耐心和同情，真诚体谅，才能创造一个有利于问题解决的气氛。因此，我努力让受挫者把心中不快的情绪抒发、释放出来，在最短的时间内恢复正常的情绪。比如，在人事制度改革中，几位教师进行了转岗，出现不平衡心理，学校党支部及工会领导就善于选择合适的场合，冷静地听取受挫者的诉说，待其发泄之后再进行交谈，使教师心服口服，怨言变成了顺气，收到了积极的效果。

2. 为教师送去体贴入微的关爱

我们的教师，应该是生活幸福、工作出色的，而非教书的机器。在古二小，教师们是有安全感的。栗娟老师是一位从外校转到古二小的老师，在来到学校的几个月前，她幸运地怀上了宝宝。了解到她的特殊情况后，我马上让学校领导班子调整了她的工作安排，减轻了课时量和工作压力，让栗老师安心地养胎。在古二小，女教师怀孕不排队，也不用有任何压力。

在古二小，教师们是有归属感，是被尊重和认可的。在2006年的支教工作中，学校选派了工会主席李宗平老师和区级骨干教师许全敏老师赴房山支教。支教人员出发的前一天，我带领全体领导班子成员带上棉被等生活用品到支教人员家中慰问，与支教教师的丈夫、妻子、父母、孩子共聚一堂，感谢家属对学校工作的支持。第2天，我又亲自将支教教师送到新的工作岗位上，了解支教的条件和环境。两位教师深受感动。在这样的集体氛围中，教师们对学校充满了情感上的寄托和归属感，有很高的幸福指数。

为了丰富广大教师的业余生活，我们加强了与原北京军区联勤部等共建单位的联系，先后组织在岗教师员工去红色圣地西柏坡开展活动，组织大家欣赏奥斯卡获奖金曲交响音乐会。每逢"六一儿童节"，学校都要在校内教师中开展一次"亲子"活动，教师们说："平时我们把全部精力都关注着自己的学生，无暇顾及自己的孩子，学校领导想得太周到了。"学校一位教师的先生给我发来短信说："衷心感谢学校领导对老师无微不至的关爱，这样富有人情味的亲子活动我们还是第一次听说。"

3. 为教师争取一切无上的荣誉

邵萍老师是一位在古二小工作了几十年的老数学教师，可说是"桃李满天下"，这不光指邵老师教出的一批批学生，更指邵老师在古二小带出的一波波徒弟，而他们，现在早已在各自的岗位上独当一面，成为市、区数学骨干。"全面关注学生"，是邵老师基于自己从教数学几十年得出的教育智慧，更是古二小的教师一代代传承下去的"古二小人的精神"。为充分发扬这种精神，树立邵老师的典型作用，2009年，我为邵老师举办了"邵萍老师教学思想研讨会"。市、区的教育专家、邵萍老师曾经教过的优秀学生齐聚古二小，深入研讨邵老师的教学思想，继续发扬邵老师的教育奉献精神。尊敬、肯定是古二小对每一位教师的核心态度，正是在这样的管理理念下，一代代古二小的优秀教师在岗位上默默奉献，薪火相传着"古二小人的精神"，推动着学校不断前行。

在"四导激励"的培育模式下，古二小的"微笑之师"队伍不断壮大，水平稳步提升。他们青春动人，精神抖擞，兢兢业业；他们仪态动人，举止优雅，充满魅力；他们个性鲜明，思想先进，有时代感；他们言语动人，情感丰富，有亲和力。人人进步、人人发展、人人成长，让古二小的校园里焕发出蓬勃发展的生机。

杏坛心声 >

久久难忘的记忆

——古城第二小学艺术组组长　许小芳

时间过得真快，转眼间来到古二小已经快十年，有时坐在窗前回想在古二小的时光，眼前总会浮现出王英校长智慧的眼神、灿烂的笑脸、干练中不失时尚的装束。

记得刚到古二小就迎来石景山区课堂教学大赛，王英校长把这次展示的机会给了我，她笑着鼓励我说："小芳，你的课没问题，校长相信你的实力！"讲完课我才知道，王校长为了不给我压力在我讲课的教室外面站着听了好久，直到快下课了她才悄悄地离开……就是这次讲课让我感受到三尺讲台的魅力，加快了我成长的步伐！

王英校长对艺术课程十分钟爱，她的思维具有前瞻性，理念超前，在她的关心呵护下，我快速成长起来，记得申报骨干教师的时候，她多次找到我，鼓励我，督促我。我成为今天的北京市骨干教师，还成立了"许小芳工作室"即"艺海泛舟工作室"，这些成绩离不开王校长的辛勤培育！

要说让我记忆犹新的还有古二小五十年校庆。王校长把最重要的服装展示任务交给了我们艺术组。从制定计划到最后完成，王校长全程参与。大到服装的设计方案，小到一个花边如何配色，她都要问一问。一个校长能够这样俯下身关心一个教研组，令我和我的团队十分感动。就这样，我们艺术团队的凤穿牡丹、民族韵、京剧魂、纸鸢梦、现代风系列服装展示作为压轴戏惊艳全场，赢得全场的热烈掌声！这掌声背后凝聚了王校长的心血和关爱！一直一直留在我的记忆中……

五、怡情悦性，微笑让学生更和谐

微笑不仅是一种表情，更是一种思想，一种过程，一种内涵丰富的教育艺术。"微笑教育"之于学生，就是要"怡情"，使学生在相亲相爱的人际氛围中，丰实心灵和人格；"微笑教育"之于学生，就是要"悦性"，使学生在温暖愉悦的教育环境中，实现情感态度与价值观的综合发展，成长为理想远大、品德良好、乐于进取、身心健康、学有特长的阳光少年。

如何实现这一目标呢？我将目光聚焦到了"德育"这一重要而关键的育人内容和手段上。经过与各个学科教师的反复研讨，我们确定以德育为打造"怡情悦性"学生文化的重要抓手，以学校为基点向广阔的社会辐射与吸纳，构建学校、家庭、社会一体化的教育网络，放大德育功能，形成整体合力。通过创设"学校、家庭、社会"互相结合的德育教育共同体，"学科、活动、潜在"互相渗透的德育教育课程群和"课堂、课外、社会实践"互相促进的德育教育大空间，实现育人的和谐与共振，营造"春风化雨，润物无声"的美妙境界，使学生在微笑中学习做人，在微笑中充实头脑，在微笑中塑炼品格，在微笑中发展特长。

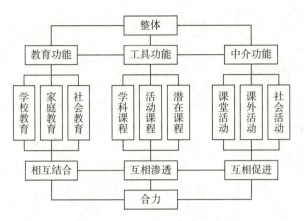

古城二小的德育教育共同体

（一）"学校、家庭、社会"三种教育互相结合

为了适应未来社会开放、多元化、变化快的发展趋势，学校打破传统办学的模式，在开放的多维动态中办学。为了提高学生行为规范教育，学校将教育内容内化为学生的习惯，充分发挥学校教育与家庭教育、社会教育的作用。

我们的具体做法是以学校为基点向外辐射，形成学校、家庭、社会一体化的教育空间。与社会广泛联系，充分利用社区教育资源，与区科技馆、青少年活动中心、劳动基地、军训基地、区文化馆、社区活动站、少儿图书馆等单位挂钩，组织学生开展丰富多彩的教育活动，如结合"攀登英语"实验，组织部分学生到社区慰问演出，并教老人和小孩子学英语；六年级结合作文教学，开展了以环保为主题的社会实践活动，孩子们利用节假日走上街头，调查采访、发出倡议，呼吁人们要爱护我们的家园；平时与社区配合开展清理白色垃圾共建文明社区的活动，请社区劳模讲故事，请医生讲知识，还和八角南路居委会共建"红领巾绿地"；课余时间鼓励学生积极参加社区活动，建立联系卡，对表现突出的同学给予奖励。通过这样的社会实践活动，让学生在社会大课堂的锻炼中健康成长。同时学校成立了家长委员会，开办家长学校，举办家长开放日活动；学校聘请解放军叔叔和我们一起升国旗，介绍升国旗的故事；请秘鲁国大使和夫人以及他们的孩子参加中秋联欢会进行国际交流；请贫困地区的老师介绍那里的孩子是如何在艰苦的条件下学习的；我们还邀请全国教育模范、航天知识科普专家来校，给全校同学介绍神舟卫星发射情况及航天知识专题报告。这一系列的活动使学生更广泛的了解社会，开阔了眼界，并从中受到了教育。

家长是促进学校发展、进步的条件，家校协同工作是家校合力教育的保证，有利于学校提高教育质量和效果。为了使家校协同工作更有针对性，我们陆续发放了一些调查问卷，来了解家长们对家校协同工作的需求。通过汇总、分析，我们了解到目前家长们最大的希望是能够走进课堂听课，了解孩子们的学习情况，其次是希望自己在教育孩子的一些问题和困惑上能够得到专家、教师甚至是其他家长的专业指导和交流，希望学校能提供相应的交流机会，还有的家长希望能够进一步了解学校的办学理念，以及学校的教育方式，以便和学校一起，共同教育好孩子。

了解到家长们对家校协同工作的需求后，学校领导班子经过多次磋商，结合古二小实际情况及新时期家校协同工作的特点，确定了"高频率、小范围、分专题"的家校联系策略，并采取召开家长会、举办家教讲座和开放日、设立家教咨询日、班主任接待日、组织家教沙龙、发放家长信、家校直通车和校园快讯等形式密切与家长的联系。再如：高年级老师结合"学生自主学习能力的培养研究"课题，组织了家长经验交流会，主要是针对他们在前期问卷调查中了解到的家长普遍感觉困惑的问题，选取一些典型的案例，共同交流探讨其成功之处，并总结出具体方法。

针对家长希望进一步了解学校整个办学思想的需求，我们把学校的外墙改造成对外宣传栏，把学校的办学宗旨、办学理念及基本情况等陈列其中，不仅让家长而且让社会能够随时了解学校办学的观点和主张。每学期，从学校到年级再到班级，都要制定有关家校协同的计划，并通过制定有关的奖惩条例来落实，如在学校每学期的文明优秀组评选中，都要把开展家校协同工作的情况作为考核的一项。我们结合学校的家校协同工作总结了以下方法：

（1）讲座式。就某一家长关心的问题，以专题形式做讲座，问题集中，分析透彻，较有深度。

（2）咨询式。根据各位家长不同需要，聘请专家、知名度较高的教师向家长提供咨询。学校开办的校长热线、爱心小屋及时向家长和学生提供服务。

（3）讨论式。引导家长参与讨论，由家长委员会组织，这是相互启发、自我教育的好形式。

（4）观摩式。通过让家长观摩上课、活动、学生作品等方式，指导正确的教育方法，并通过评析，明确指导的要点。

（5）活动式。学校各班的传统教育活动，均邀请家长代表参加，这些家长又会将活动心得向其他家长做介绍。

（6）研讨式。成立专题研究组，较深入地学习、研讨某一专题，能取得较为显著的效果。如我们举办过心理辅导家长研讨班，家长们认真地学习，热烈地探讨，积极地实践，深入地总结，出现了一批家教科研成果。

我们有这样一个深切的体会，家长是一支不容忽视的教育力量，家庭教育对学校教育绝不仅仅是一种"配合"，而是教育上的"第二战场"。我们在加快教改步伐的过程中，必须着力构建家校协同、社会参与的大教育体系。

家长感言 >>

引领孩子追寻诗和远方

——古城第二小学毕业生田雨鑫家长

"凡物之壮大者而伟之，谓之夏。"春生夏长，万物自此走向繁茂。记得6年前的仲夏，田雨鑫完成了幼儿园的启蒙，在金秋时节满眼好奇，满怀懵懂地走进久负盛名的古二小校园，开启了人生求学成长的崭新一页。

记得开学的第1天，我和她妈妈牵着她的手走进校园，懵懂的孩子满眼的好奇，还带着些微的胆怯和不适。

在隆重的开学典礼上，我们看到孩子在老师的带下有模有样地集合列队，看到孩子融入新的集体，既感到欣慰，又有一丝担心，孩子在学校适应吗？生活习惯吗……但看到班主任樊老师不时发布的照片，看到孩子在班里学习、生活的场景，慢慢就放下心来。

每天接孩子放学，看到孩子们在班主任的带领下，举着班级牌列队走出校门，看到孩子们满怀喜悦地上学放学，对学校宽严相济、认真规范的教学方式感到满意。无论是班主任与家长耐心细致的互动，还是对孩子学业的跟踪问效，让家长体会到老师的认真负责，特别是看到孩子一天天的成长进步，我们从心里感谢班主任和老师们的辛苦。

岁月不居，时光如流；春华秋实，皆为序章。孩子6年的小学时光，说短很短，说长不长，春秋六载，行将结束。回首孩子的小学时光，作为家长，我们与孩子一起分享学习的快乐，见证孩子的变化和进步，有欢喜，也有担心;有欣慰，也有焦虑。其实，6年间，我们也与孩子一起学习，一起成长。

6年间，我们感到学校的教学理念是科学的，既有前瞻的科学施教，又有对传统文化的传承;既有课堂上的传道授业解惑，又有社会实践的认知感悟;我们也感到孩子在学校是快乐的、幸福的！童年的幸福时光对孩子的影响是久远的，这要感谢古二小王校长带领下的教学团队的敬业和责任担当。

6年中，我们庆幸孩子有这么多爱校如家、爱生如子的老师，教孩子学习，引领孩子成长。

6年中，我们庆幸孩子有这么活泼可爱、情同手足的同学，一起学习，一起成长。

6年中，我们庆幸有这么多认真负责、爱岗敬业的教学保障人员，为孩子们提优质的学习条件和安保服务及饮食供应。

在古二小，在微笑教育下，孩子收获了知识；在老师的教导下，学会了如何学习的方法，掌握了学习的科学方法，初步具备学习的能力。

在古二小，孩子们收获了友谊，在与同学的相处中，学会了与别人和平相处的方式，与老师和同学结下了深厚的情谊。

在古二小，孩子收获了阅历，通过6年的学习、生活经历，教学相长，孩子学会了如何取人之长、补己之短，在未来的日子里，这些会启迪孩子不断完善自己，在成长中学习，在学习中成长。

桐花万里丹山路，雏凤清于老凤声。今天孩子以母校为荣，相信通过孩子的努力，母校将来也会以孩子为荣。

"为什么我眼里常含热泪，因为我对这片土地爱得深沉。"在即将结束小学生活，告别校园之际，孩子对母校，对老师，对同学充满了深深的感激，充满了依依的不舍，感谢母校给孩子永久的回忆，感谢老师教给孩子知识，教会孩子如何处事做人，感谢同学们伴孩子一起成长。

对于未来，我要用著名诗人汪国真的诗句勉励孩子："我不想是否能够成功，既然选择了远方，便只顾风雨兼程，我不去想身后会不会袭来寒风冷雨，既然目标是地平线，留给世界的只能是背影，我不去想未来是平坦还是泥泞，只要热爱生命，一切，都在意料之中。"

未来的日子，孩子要通过自己努力学有所成，成为一个像王英校长所期望的：有益于个人，有益于家庭，有益于社会的人，用自己的聪明才智实现人生价值、服务社会大众，既要脚踏实地，也要仰望星空。

优秀的学校培养优秀的学生

——古城第二小学毕业生郭起材家长

郭起材今年面临中考，对母校古二小可谓是念念不忘，他总说，那里有真心相处的同学，有真情相帮的老师，更有真爱相助的王校长！

古二小，是许多家长心中的理想学府。优秀的学校培养优秀的学生，郭起材发表50多篇文章，20多次大赛获奖，参加小使者公派出国，小演员登上央视等活动，在魔方、跆拳道比赛中获奖，等等。每当想起孩子的成绩，我们都忘不了那个优秀的教师团队，忘不了那个爱意满满的王校长！

古二小，是学生健康成长的沃土。郭起材不但被评为十佳少先队员，还被评为首都百名最美少年。谈起6年的小学生活，让郭起材印象最深的是王校长的办学理念，"让微笑伴我成长"幸福了很多孩子。郭起材说在学校最锻炼他的是在广播站当主编的经历，王校长手把手地教他，不但给他讲怎么样组稿，还示范教他如何修改，让他越来越喜欢与同学们一起采、编、播，后来被评为优秀主编。更让他受益的是，他越来越喜欢上了写作，再加上班主任赵瑞莲老师的辛勤培育，让他加入了北京市作家协会小作家分会，并当选为理事。

郭起材总说，在古二小是幸运的，更是幸福的！谢谢老师们，谢谢王校长！

（二）"学科、活动、潜在"三类课程互相渗透

教育、教学从应试教育向素质教育转轨，课堂教学以"学"为主体，以"导"为主线，以"力"为主标，突出精讲、精练、启发思维、培养能力。因此，从学科课程的改革起步，优化课堂教学过程，以实际渗透为中介，优化学科课程结构。把活动、交往引入课堂，优化课堂教学活动、主题活动、社会教育活动，并在课堂教学中，紧紧把握知识点和德育因素的共同渗透，使学生在掌握知识的同时，受到思想教育，以德促智，以智启德。

根据老师们的实践，我们从以下方面做了归纳：

在教育目标上，根据不同年龄学生的特点，寻找学科教学大纲与小学德育纲要的结合点，并且从教材实际出发，从"知""情""意""行"等方面选择、确定教育的目标。

在教育内容上，紧紧抓住教材的内容，挖掘德育教育的因素。在内容的选择与处理上，采用"补充""强化""延伸"等，将德育教育以更有效的方式呈现给学生。

在教育方法上，从学科教学的特点出发，努力实现思想教育与学科教学的统一。要从教具/学具的选用、教学方式的选择、教学程序的设计、学生活动的指导等方面改进课堂教学的方法，提高教学效率。

在教育的阵地上，坚持以课内为主，并且主动向课外延伸。结合课堂教学，有计划地向学生推荐好书、好文章，指导学生参与有效的活动，以此来加大德育教育的力度。

在学生指导上，注重在教学过程中培养学生的合作精神，养成良好的习惯。教学过程中学生的行为应该符合规范，这是德育教育的落脚点。学校在各项工作中努力创设良好的育人环境，充分发挥潜在课程的作用。加大教学设备、环境设施的投入，进一步完善教学设备，特别是电教媒体的投入，使教学手段符合新形式要求，适应改革步伐。

在操作中，我们以"五爱"教育为主线，以培养德、智、体、美全面发展的"四有"新人为目标，根据目前小学生的年龄特点，开展了一系列主题教育活动，并注重利用少先队的教育优势，将其融于活动之中。

例如，我们把爱国主义与"关心他人、爱心奉献"结合起来，做到每学期以一个主题开展系列活动，并贯穿始终。在活动中，教育全体队员们从小事做起，从身边事做起，从我做起，学会学习，学会生存，学会服务，学会创造，自学、自理、自护、自强、自律，做新世纪的建设者和接班人。

又如，在文明礼仪系列活动开展中，我们以校园礼仪为重要内容，以唱响国歌为突破口，以礼仪、礼貌、礼节教育和学生行为习惯的培养为重点，抓实、抓细学生的养成教育和明辨是非能力的教育。我们利用周一的升旗仪式和国旗下讲话，周一的班队会及校园广播、宣传窗、黑板报等校园宣传阵地的育人功能，以"行为规范达标"为突破口，开展基本道德和基础行为习惯的养成教育，要求学生言行一致，付诸行动，既要"形于外"，更要"成于心"，做到从点滴做起，从身边做起，从自己做起。着力于学生思想品德素质的实际提高，使活动课程收到了实效性。

学校先后开展了"响应全国少工委号召，积极开展手拉手互助活动""红领巾读书活动""文明礼仪伴我行"活动，以及"百灵鸟唱响国歌""阳光少年"主题教育活动等许多孩子们喜闻乐见的内容和形式。通过上述系列主题教育活动，增强了学生的集体观念，锻炼了学生的意志，培养了学生的健康心理，磨炼了生存本领，培养了勤俭节约的好品质，孩子们在活动中受到了深刻的教育。

(桃李情结) 〉　　　　**古二小，让我明白了什么叫作母校**

——古城第二小学2006届毕业生　李阳

转眼已经是离开古二小的第12个年头了！寒来暑往，我从当年的懵懂无知，到现在已经成为一名大学的辅导员，在古城二小度过的3年，从时间轴上来看是转瞬即逝的，而于我的人生却是不可替代的宝贵经历。

初来乍到古二小，让我稚嫩的人生打开了一扇新的大门，王英校长在开学典礼上讲："你们终将成为对社会有用的人！"一句简单的话语，在那一瞬间，我似懂非懂地点了点头，开始了我在古二小的生活。

在古二小的生活，给了幼小的我一个崭新的世界：新的课程，新的知识，新的平台，当年的我不懂机会多宝贵，现在的我只庆幸自己的幸运，如果没有古二小给我的平台，我也没有可能毕业进入人大附中学习；如果没有古二小的老师们，也不会形成影响我一生的学习习惯；如果没有整个校园的良好氛围，我可能也不会拥有现在的品质。

看着许多茫然迷失的同龄人，心中不禁感激二小。古二小，如同一个大家庭，现在的我懂了为什么叫作母校，就是这种爱的感觉如同母亲一般温柔，深情。班主任何老师对每一个孩子的深爱，让这3年的学习，不仅限于知识本身，而且让我看到了、学习了，生而为人该有的样子！现在我也身为老师，想起当年的恩师，尽我所能，以身作则，不辜负师恩，不背初心。时光易逝，恩情难忘，好久不见，你还好吗，古二小？

（三）"课堂、课外、社会实践"三项活动互相促进

创新是一个民族的灵魂，是一个民族兴旺发达的不竭动力。因此，从小培养学生的创新精神和实践能力是我们义务教育工作者重要的职责。同时，也是古二小德育工作的一大亮点。

古二小以科学教育为切入点，加大了对学生的培养力度。结合教学实际，根据小学生活泼好动的特点，遵循新、美、活、趣的原则，以活动为途径，创设条件，培养多种兴趣，发展个性特长。学科活动面向全体，让孩子们充分动脑、动口、动手，着力于思维训练和能力的培养，唤起探求知识的兴趣，激发求知欲。课堂活动紧紧把握教材、教育的结合点，有机地渗透教育。根据各阶段教育目的，学校以"美"的教育为切入点，校级、班队活动联成整体教育网络，学生在参加活动中增长知识，塑造品格，展示才能。课外兴趣小组活动是培养学生个性特长的主要途径，它是课堂活动的延伸与补充，我们组织搞好文艺、体育、科技、劳动技能4大类，多个兴趣小组活动，让孩子们的特长在萌芽状态中得到扶植和开发，在活动中提高审美、创美能力。

为进一步提高学生的创新意识，开阔学生的视野，我们带领学生走出石景山，走出北京市，走向社会大课堂，开展了系列主题教育活动：参加了中央电

视台挑战小勇士比赛；代表北京市小学代表队参加全国健美操比赛；2010年8月赴奥地利维也纳参加了首届世界和平合唱节活动，充分展示了中国小学生良好的精神风貌。

在此基础上，我们以《课外活动模式、活动内容的创新研究》的课题研究为载体，进一步研究和探索适合古二小实际的以科技小能人为龙头的课外活动的内容与模式，力争在课外活动的内容、途径与模式的研究方面有所创新。

本着"立足学校面向社会"的原则，我们积极拓宽领域，开展校内外教育实践活动。通过参观、访问、调查、郊游、社会公益、科技劳动技能等活动，在微笑中做实践，培养学生审美、寻美、仿美、创美的能力：

（1）军训，每年第二学期，组织五年级全体学生走进国防教育基地，开展国防教育，培养团队意识、勇于克服困难、面对挑战的优良品质和与人相处的能力。

（2）春秋各1次走进社会大课堂综合实践活动。将课堂设立在校园外，带领学生通过亲自观察、体验、实践，帮助学生学会发现、探究、筛选和总结，发挥校外社会大课堂最大的教育功能，从而弥补校内课堂所不能达到的教育教学效果。

（3）走进社会大课堂对口资源单位，如少儿图书馆，和资源单位共同开发阅读课程。

（4）每学期走进社区开展爱心服务社会实践活动。通过和社区建立联系，通过社区宣传和社区服务，走进社会实践。增加学生的助人意识和社会主义小公民的角色意识。

（5）红领巾服务岗。学校设立红领巾服务岗是为有困难的同学和教师服务，也是培养学生的责任心和服务意识。

> **桃李情结** 〉　　　　　　　　**花开时节　放飞梦想**
>
> 　　　　　　　　　　　　　——古城第二小学2012届毕业生　袁艺萱
>
> 　　思念是青色藤蔓上开出白色的花，纵然纠葛，但清晰明艳。离开古城二小后，我常常沉湎于这样的思念。

古二小，你好吗？何老师，您好吗？我们很久没有见面了，我很想你们。不禁回首，离开你们已经6年了。前几天翻出老照片，边看边笑，想起了好多属于我们的旧时光。

古城第二小学被北京市政府命名为"中秘友谊小学"。我很庆幸，也很自豪自己曾是古二小的一份子，因古二而骄傲。这里的老师对待工作认真负责，对学生耐心培养。这一切也都离不开王校长对学校的辛苦付出。提起校长，总想到是一个令学生害怕，畏惧的人，总认为她高高在上，但是王校长却截然不同，我从她身上感受到的是亲切。

还记得五年级军训的时候，烈日炎炎的酷暑，王校长在百忙之中抽出时间买好冰棍儿，到军训基地慰问我们，冰棍吃在我们口中凉凉的，为我们解暑，可我们心里确是暖暖的。看到一同军训的别的学校的同学羡慕的眼神，我为我是古二小人而欣喜。

王校长留着清爽的短发，是一个干练的"女强人"。古二小在干练的女强人的领导下，怎能不优秀？荣誉众多的古二小是一所要求学生德智体美劳全面发展的小学，以"以人为本，健康发展"为办学思想，不仅关心学生身体健康，还关心着学生的心理健康发展。学校开设有趣的心理健康课程，同学们都很喜欢。

作为一个转校生，我清楚地记得四年级开学第1天，由于陌生的环境，平日里开朗的我变得紧张起来。老师们早已在校门口准备迎接新生，见到陌生的老师，我愈发感觉脸在发烫，我低头轻声地向老师问好，老师微笑地回应着我，牵着我的小手带我进了班级。简单的自我介绍后，同学们给予了我热烈的掌声，使我的心里顿时觉得暖暖的，脸上的温度也慢慢降了下来。一下课，我的周围立刻被同学们包围起来，给我讲述着新鲜事，并带我参观校园，九月的古二小落叶纷飞，美丽的校园和热情的同学们打消了我的紧张感。

时光飞逝，如今的我已经是马上面临高考的学生了。离开母校6年了，教学楼旁的海棠花如期开放了吗？相信花开时节也是怀揣梦想的古二小学子创造新辉煌的时候。感恩古二小！祝福古二小！

六、心悦诚服，微笑让管理更高效

在以"微笑教育"为导向的古二小校园中，管理不再是冷冰冰的制度和自上而下的考核与约束，而是一种融化在日常的点点滴滴之中刚柔相济的人际交往艺术。我想，面对古二小这样一群年轻有活力的教师群体，如果仅靠刚性的管理势必会抹杀他们对工作的热情，因而，我更希望能够通过有温度、有智慧的管理艺术，激发全体教师的工作主动性与创新性，让"微笑的古二"既有严谨规范的行事规则，又有春风拂面般的人文关怀。

对于古二小的管理风格，用"心悦诚服"来形容，应该是十分贴切了。这4个字也是我对"微笑管理"的理解：心悦诚服，首先源自我对校标的解读。开怀绽放的笑脸，正是寓意着在学校学习与工作中坦然流露的愉悦与欣喜。其次，心悦诚服也是我的管理追求。管理不是为了束缚，更不是为了控制，我始终坚信"要用一个人的'手'，必须要用他整个'人'；要用他整个'人'，必须影响他整个'心'"。真正的管理，不需要刻意的"管"与"理"，也不是通过管理就能使人"就范"，而要引导员工自觉"守规"，不愿"犯规"，是在以德聚人、以诚待人、以情动人、以公对人中以身服人，激发热情，点燃梦想，让全体教职员工都能自觉朝着共同的目标，积极主动地去拼搏奋斗，高效完成工作。

（一）悦耳动心，工作有声有色

全国群体工作先进单位、北京市奥林匹克教育示范学校、北京市文明礼仪示范学校、北京市德育工作先进学校、北京市课改工作先进单位、石景山区人民满意学校、石景山区精神文明先进单位……建校40多年来，古二小取得了令人瞩目的成绩，在北京市公办学校中树立了一个响亮的品牌。是什么让古二小这所并不年轻的学校能够持续绽放光彩呢？我认为学校的党建工作发挥了关键的引领作用。在办学过程中，古二小党支部在上级党组织的领导和关心下，积极工作，勇于创新，带领全校党员干部和广大师生努力拼搏。这些荣誉，清晰地折射出学校党支部在全面贯彻党的教育方针，努力创建特色品牌学校过程中所取得的新突破。

在我担任古二小校长的这几年中，学校充分发挥党组织推动发展、服务群众、凝聚人心、促进和谐的作用，持续深入开展"五好"基层党组织的活动，即领导班子好、党员队伍好、工作机制好、工作业绩好、群众反映好，促进了学校全方面的发展。"学校教育大家办"，有声有色的党建工作构筑起广大师生的精神支柱，学校呈现出观念新、思想正、人心齐的良好局面。

古二小的党建工作，坚持以邓小平理论和"三个代表"重要思想为指导，紧密结合石景山"大调整、大建设、大发展"的区情实际和时代特征，以"加强师德教育，办人民满意教育"为主题，充分发挥学校党组织战斗堡垒作用和共产党员先锋模范作用，以良好的精神风貌、扎实的工作作风，在推动科学发展、促进社会和谐、服务人民群众、加强学校党支部组织建设的实践中建功立业。

1. 组织网络管理，结合教育谋"创先"，扎实深入带全局

长期以来，古二小党支部坚持"党建带团建，团建带队建"的网络管理工作，形成了"金字塔"式组织特色模式，即党支部委员会、团支部委员会、少先队大队委员会。

以学校党支部委员、党小组长为中坚力量，带动团支部委员、少先队大队委员开展工作与活动，使学校在3个组织的引领下开展丰富多彩的教育教学工作，并号召全体党、团员、积极分子在学校的教育教学工作中，发挥模范带头作用。

在实际的工作中，学校党支部教育全体党员要放眼看、放心想、放胆闯、放手干，敢于摒弃那些陈旧过时的思想观念，敢于摆脱那些与时代特征不相符合的老套路、老模式，善于从科学发展观中汲取营养，挖掘动力，寻找出路，切实把工作的着力点和立足点放在自主创新的基础之上。

在发挥党员的先锋模范作用中，我们主要开展以下几个系列的活动：一是以教育教学改革为中心，开展党员与积极分子、团员教师"一帮一"活动，尽快提高更多教师的教育教学能力；二是开展党员承诺活动，使党员发挥示范、先导作用，走在各项工作的最前列；三是开展党员扶助学困生的活动，展现党员热爱教育，忠诚教育的高尚品质；四是开展党员优秀公开课活动，发挥党员

教师的示范和带头作用；五是开展党员示范责任岗活动，为每位党员教师佩戴"爱心示范卡"，让党员体验学校校长、书记一天的工作，增强爱校如家、以学校发展为己任的责任感；六是开展党员义务奉献活动，发挥党员模范作用，如义务劳动、义务补课，向灾区、困难学生捐款等活动。在此基础上，学校党支部又向全体党团员提出了"三带"的要求，即带头、带动、带领。一是在日常工作和生活中能够带好头，走在前；二是关键时刻站出来，带动大家起好示范作用；三是带领，这是对党员发挥作用的高标准严要求，只有我们每一位共产党员都能够做到带领群众想问题、干实事，努力克服各种困难，党组织的核心作用、堡垒作用才能够得到凸现。

我认为党组织就应该是像一块磁石，紧紧地团结、吸引更广泛的人民群众。因此，古二小党支部在开展"三创两树"活动的基础上，要求团支部开展以"承接党旗，争创青年文明号"为主题的教育活动，在工作中注重一个"情"字。"老教师退休仪式""老干部联欢会""庆祝教师节"等活动，由团组织来为退休老教师精心设计从教几十载的"老照片"，他们把最美的鲜花献给为教育事业贡献自己青春的老教师，他们把最美的诗歌送给无私奉献的新时代教师……一段段感人的故事，一曲曲动人的赞歌，都使团组织这个集体更加的坚固，也使得青年人的先锋模范作用无处不在！党支部还要求团支部积极开展"承接党旗，引领队旗"的主题活动，使得团员教师们在学校中发挥青年人热情向上、朝气蓬勃的作用。他们与时代并行，他们在工作中燃烧着激情，他们要把这份"情"融入到校园的每一个角落。

2. 誓承诺，见行动，注重实效促"争优"

在深入学习实践科学发展观系列教育活动中，古二小党支部按照"提高思想认识，解决突出问题，加强基层组织，促进科学发展"的目标要求，以"我是党员我承诺"活动为依托，开展了"三创两树"活动，即班主任党员争创学校爱生先锋岗；科任党员争创学校文明先锋岗；后勤、行政党员争创学校服务先锋岗。树立党员模范带头的先锋形象，树立党员教师爱岗敬业的光辉形象。党支部要求全体党员要本着"做得到，看得见，可评价，充分发挥党员示范作用"的原则来制订承诺。

在承诺过程中，很多党员班主任老师都承诺"低下头，弯下腰，努力和每一个孩子平等接触"，一些班主任还说：多鼓励，多表扬，给孩子们建立更多的自信心。有班主任还建立了学生"进步档案"，把孩子进步的足迹记录在荣誉册中……科任老师承诺"弯下腰来认真倾听每一个孩子的声音，目视说话者，不抢话，对孩子的每个问题都给予回答""微笑着面对每一个孩子"……体育党员教师要求自己多关注体质弱一些、不愿意主动锻炼的孩子，让他们动起来，使他们的体质得到提高。后勤党员老师承诺：不怕麻烦，全心全意为教师服务，争取让每一位老师都满意。

为了使承诺活动真正达到促进党员教师实际的教育教学工作，促进党员教师的思想提升，古二小党支部对活动采取了"自评和他评"的方式，即自我检查评估；他人评价，包括学生评、家长评、群众教师评。采取访谈、问卷、测评等形式，全面评估党员的承诺效果。上学期期末，学校党支部征求了各方面的意见，学生、家长、共建单位及社会各界对学校全体党员的示范作用给予了充分肯定。他们希望在学校改扩建之后，学校党支部的全体党员教师能更好地发挥党员的先锋模范作用，使古二小有更大的飞跃！

3. 立足长远，谋发展，做"创先争优"的排头兵

以科学发展观为指导，在可持续发展教育专家的指导下，古二小党支部几年来通过理论学习和学校改革、创新实践，深化学校课程改革和素质教育，有效推进了创建品牌学校建设的进程。在管理中，学校坚持以教职员工为本的原则，坚持学校发展为了教职员工，发展依靠教职员工，发展成果由教职员工共享，正确反映和兼顾不同部门、不同年级、不同年龄、不同性别教职员工的利益，关注教职员工的生活质量、发展潜能和幸福指数，最终实现教职员工的全面发展。在实际工作中，学校推出了"名师工程""名师工作室""阳光团队"等，为教师搭建发展的空间与平台。在可持续发展教育理念指导下，促进教师专业化的发展，构建可持续发展需要的育人环境。

学校党支部坚持以党带团、以团带队的特色持续发展党员、团员、入党积极分子、少先队员的队伍；德育、少先队工作坚持以教师、学生、少先队员为本，开展丰富多彩的教育活动。党支部要求学校教学活动运用科学发展的教育

理念充实办学思想，总结已有经验，修订办学规划、强化学校课程建设，提升学校育人质量；提倡教师在学科教学中根据教材的内容、学生的认识特征及现有资源有机地渗透科学发展、可持续发展的教育相关内容，促进学校整体工作全面发展。

在"创先争优"促发展的工作中，学校领导班子的作用尤为重要！如何把广大教职员工团结和凝聚起来，领导干部"俯下身子，真抓实干"的作风很重要。在充分学习提高的基础上，学校党支部将党性修养作为学校行政党员的重点教育内容，贯穿于培训的全过程。提升人品政德，做到立党为公、执政为民，学校党支部在实际学习中，教育行政党员树立正确的政绩观、价值观，明确"我是谁、为了谁、依靠谁、利于谁"的思想原则，增强行政领导老老实实做人，干干净净做事的自觉性。用科学发展观的思想武装学校行政领导干部的头脑，统一思想，大胆实践。

在选配干部的工作中，我们坚持按照科学发展观的要求进行。学校党支部近年来进一步规范了干部任用、提名制度，进一步完善了公开提名、竞争上岗的选举办法，增强民主推荐、民主测评的科学性和真实性，从后备干部的德、能、勤、绩、廉等方面全面考核人才，真正把那些懂发展、谋发展、会发展的同志选配到学校领导岗位上来，即使有的同志实践经验不足，工作上出现了一些失误，也会多给他们一些历练的时间，让他们在实践中逐渐成长和成熟。真正把那些发展为了师生、发展依靠师生的同志选配到学校领导岗位上来，才能为学校教育事业的科学发展提供可靠的政治和组织保障。

同时，我们也编制了"古二小领导班子约法五章"，从制度上规范机构和个人的职、权、责。在管理工作中强化"红花绿叶原则"，即对自己分管的工作尽职尽责，步步到位。在操作过程中，坚持红花绿叶轮流做的原则，即对自己分管的工作争做红花，对他人分管的工作要甘当绿叶，从而最终达到管理效果的优化。

另外，学校党支部还提出了"三培养"方针，把优秀教育教学工作者培养成入党积极分子，吸收到党组织中来；把党支部中的先进分子培养成优秀的专业人才和学科带头人。把优秀党员教师培养成学校的管理人才。这样不仅调动了党员的积极性，提高了入党积极分子、青年团员教师的主动性和示范性，更使得学校的整体工作在党支部"创先争优"活动中得以蓬勃发展。

（二）悦目娱心，生活有滋有味

我们的教师，应该要工作能够出彩，生活能够幸福，有时间去充实自己的教育智慧，滋养自己的情感天地，丰富自己的精神世界。要提高教学质量，不能靠教师"加班、加点、没日、没夜"，而要遵循教学规律，加强教学常规管理，这才是赢得质量的基本保证。在学校管理层面，我们的定位始终在于"为教师职业发展服务，为学生后续自主学习服务"这一目标上，重要的不是"管"，而是"理"——帮助教师理清思路、梳理方法，找到适合自己的合理、科学的执教之路，真正成为教师成长中的"合作者"、生活中的"陪伴者"。

1. 营造一种氛围

从每一个成功教师的发展历程来看，教师的专业成长需要根植于教育教学实践和同事间的彼此影响与合作。只有在互助、支持、信任的文化氛围中，教师才容易降低"防范心理"，坦诚地交流教育教学中的经验、问题或困惑，才能彼此在思想的撞击中产生新的想法，产生追求发展的欲望，享受专业发展所带来的欢乐。

学校注重教师文化建设，精心进行学科组人员搭配，使教师们在和谐、宽松的人际关系中轻松工作，在彼此开诚布公的状态下进行教研。引导教研组构建共同愿景，通过"文明优秀组评选""特色教研组展示"等系统活动，强化一种"竞争、合作"的竞合态势，促使老师们把全部的精力用在教学上，致力于钻研业务，团队协作，彼此促进，共同提高，切实落实学校提出的教师发展目标。

2. 倡导一种方式

"问渠哪得清如许，为有源头活水来。"学习，就是永不枯竭的源头活水。学校从以下3个层面引导教师，不断通过学习提高自我的文化修养和学术素养。

理论提升型：每学期，学校为教师购买不同内容的教育教学理论书籍，组织全体教师进行自学、教研组研讨、学习心得交流。这些学习看似比较枯燥，但它是唯一提升全体教师"学术"层次的方法，因此，学校采取多种方式，如"读书沙龙""我的心得""读书笔记展示"等鼓励教师们静下心来深入学习。

学术指导型：每学期，学校都会邀请教育教学专家来校进行专题讲座和课例指导，通过专业领域的高端指导，达到一种"醍醐灌顶"的警醒效果。

视野拓展型：学校鼓励教师走出去，看看外面同行在什么样的高度进行教学思考和实践，找寻自己与同行的差距；激发教师向更高水准教学靠拢的愿望。例如，我们曾组织语、数老师参加全国特级教师教学艺术观摩活动，带领语文老师参加特级教师窦桂梅研修班的活动，带领科任学科教师赴江苏南宁参加学习考察等。我们还积极组织各学科骨干教师赴中国台湾进行教育考察。见多才能识广，识广才有智慧，这样的拓展学习有助于教师们积极反思，并在工作中不断践行新的思路和方法。

同伴促进型：通过组内研究课等校本教研活动，促进教师间的实践性学习；用来自身边的教学实例进行思想碰撞，在相互的探讨中彼此加深感悟，从而促进教学中的教法，提高学术上的造诣。

3. 搭建一座桥梁

随着学校教师队伍的人员更新，年轻教师的比例逐渐加大，他们是学校未来发展的主力军，是全面提升学校教学质量、办学质量的骨干。为了让这些年轻有干劲的教师尽快成长起来，学校为他们搭建了一座桥梁——师徒结对。

学校分学科选派市区骨干教师作为师父，分别带一二名年轻教师，通过查教案、互听课、指导写论文等常规活动，引领年轻教师在教学理念、教学行为等方面走向成熟；同时，年轻教师的新思维、新方法也对老教师是种触动，大家在互帮互学中共同走向幸福的彼岸。

4. 形成一套制度

多年来，学校教育教学工作形成了一套行之有效的管理制度，涵盖整个教育教学活动的全过程。不仅有制度，我们更注意制度的落实：每学期、每个月查什么、做什么，做到什么程度，有什么问题，如何进行整改……已经成为不用学校过多督促，教师们自觉对照制度就能够进行自检的行为。

此外，我们在管理中，特别注重发挥校工会的作用。通过工会的系列工作和丰富活动，尤其是"先进教职工之家"的创设，进一步促进学校的民主管理，关注教职员工的生活质量，尽力帮助青年教师解除工作、生活上的后顾之忧，逐步改善教师的待遇，提升幸福指数，把工会建设成每一个教师在古二小的民主之家、温暖之家、进取之家、和谐之家。正是在这样一种"不用扬鞭自奋蹄"的状态下，学校的教育教学工作持续健康发展，质量得以稳步提升。

（三）悦人倾心，待人有情有义

学校要发展，关键在人。"以人为本"是现代学校管理的核心，这就要求学校管理要有刚性的管理，要有人文的关怀，要体现管理者心胸的开阔与宽容。因此，在制定学校的教学管理规则时，我与学校领导班子反复讨论，统一认识，明确将学校管理的根本点放在"激励员工的创造力"上来，确立以尊重人、信任人、激励人、发展人、成全人为出发点和归宿的人本思想。

列宁曾经说过，"没有人的情感，就从来没有，也不能有人对真理的追求。"管理过程是情感沟通的过程，是人情味很浓的过程。学校领导把每一位教师真正当成服务的对象，以尊重、信任、宽容、赞赏、激励、参与、引导、沟通、交流、协商、对话、帮助、支持和促进等人性化的柔性管理手段，创造具有亲和力的学校人文生态环境，使师生感受到民主、平等、友善、亲情、鼓舞、感化和帮助，使学校成为让师生留恋的地方，使教师真切地感受到做人的尊严和从教的幸福。

我们在"古二小领导班子约法五章"中特别强调：在工作中要注意摆正自己的位置，做到不以权压人；与广大教职工真诚地交心、温暖地贴心；平等待人、诚以待人、宽以待人，建立民主和谐的干群关系。学校坚持以人本主义思想为依托的管理理念，着力满足教师各个层次的心理需要，让每位教师在古城二小工作有归属感、有幸福感、有成就感。

在工作中，学校的党支部及工会组织针对教职工中不同思想层次人的要求，采取适当的方法，改变其心理和行为，充分发挥人的能动性。对于先进者敢于树，鼓励他们冒尖，不断进取，使自己具有感染力；对中间层能善于促，启发其觉悟，鼓励其上进，从随大流中分化出来，向先进行列靠拢；对后进者热心帮。我始终把"向外招人不如向内育人"作为自己的用人之道，一名优秀的领导干部尤其要善于识别不同的人，不能眼光只盯着学校外面，而埋没了学校里面的人才。在管理工作中，我改变那种简单粗暴的做法，对每位教师开诚布公，以诚相待，克服静止不变、固定看人的思维方式，能够以发现和欣赏的目光，看到每个人的变化，每个人的进步，依据每个人现有的素质和能力，给他最合适的岗位，做到知人善用，用人所长。

学校为了加强群众的监督机制，建立起了"年级组月小结记录本"的常态化机制，每月月底总结本月各组的好人好事、教研活动开展情况，同时对学校管理工作中出现的问题或亟待解决的难题通过月小结记录及时反馈上来。在年级组月小结记录中曾有这样一段总结："开学一个月了，细细品味这一个月，总觉得内心深处时时充盈着感动。是领导无微不至的关怀，同事间真诚的互助，师生间的灵犀，让我们感到了校园生活的美好，这一切令我们感动，所以我们也努力工作，回报这一份深情厚谊。"

就是在古二小这样一个充满团结友爱、热情和谐的集体中，教师之间关系亲切、感情融洽，教师才能踏踏实实工作，齐心协力干事业，信心满怀话未来！

杏坛心声 >> 　　　　　大家庭的大家长

——古城第二小学体育教师　刘磊

2004年，刚刚踏出大学校门的我就走进了人生中最重要的另一扇大门——古二小。再回首，已是14年光阴。

印象最深的是刚入职不久，王校长要以体育组为发起点，创建古二小的名师队伍，还给体育组起了个响亮的名字——阳光团队。当时的我对教师这一职业并不太了解，但是现在的我明白，一个有着浓厚体育情结又能体会这一岗位不易的校长对体育教师意味着什么。

当时，王校长要求我们组一起去天安门广场看升旗，并安排摄制组记录了整个过程。每当我回想起那段记忆，都能想起借着破晓的阳光，站在鲜红色国旗下的我心情是何等的激动。从那天起，我把古二小体育组当成另一个家，组里的老师就是我的家人，而王校长就是这个家的大家长。正是因为有了王校长对体育工作的高度重视和大力支持，古二小"阳光体育"团队才创造了一个又一个骄人的成绩！

七、悦近来远，微笑让百姓更满意

回顾我在古城第二小学担任校长的15年，在各级领导的关怀指导和全体古二小人的齐心协力下，学校先后被国家体育总局授予全国群体工作先进集体，多次被授予人民满意学校称号；连续3年被《北京日报》《北京晚报》《北京晨报》、新浪教育等京城多家媒体联合评选为"学生成长最具幸福感的品牌校""毕业生最具增值力的品牌小学""北京教育常青树品牌小学"，等等。这张亮眼的成绩单后面，是所有古二小人的智慧结晶和辛勤奉献。

如果用几个关键词来概括我的教育追求和管理目标，我想那应该就是"求创新""抓质量"和"树品牌"了吧。在古二小的难忘岁月里，我始终把古二小办成一所学生喜欢、家长满意、社会称赞的高质量、有特色、现代化、国际化的示范学校作为最坚定的办学追求，执着探寻微笑教育的真谛，不断创新学校的教学管理方式，扎实提升学校的教育质量，立志打造出响亮、优质的"微笑古二"品牌。在春天的画卷中构筑着美好的教育蓝图，抒写着悦意的教育人生！

（一）追求创新，做教师培养的潜力园

"创新是一个民族的灵魂，是一个国家兴旺发达的不竭动力。"创新，同样也是现代学校发展的动力，是学校生存与进步的源泉，对学校的发展具有重大的现实意义和长远的历史意义。于我而言，也许是骨子里就有一股敢拼敢闯的劲头，我渴望变封闭为开放，变守成为创新，渴望把我积累的管理经验和在国内外研修所沉淀的思考及团队建设的新思想、新方法付诸实践，并通过实践

不断丰富和完善，提高学校教育质量，回应党和人民对教育的要求与期望。

在促进学校发展的诸多要素中，教师是学校发展的核心因素，特别是教师的专业成长已经构成学校可持续发展的动态关键所在，没有教师的专业成长，学校的教育就没有生机和活力，没有教师的发展，教育的发展目标就难以实现。教师的质量决定了教育的质量，要全面提升教育质量，必须从提升教师教育教学水平开始；要将可持续发展教育落到实处，必须要培养一批具备过硬的教学能力、勤勉的教学态度、科学的教学方法、可持续发展精神的教师团队。

因此，我特别重视做好教师的专业提升，尤其关注如何在最普遍、最日常的教育教学中尽可能挖掘出各层次、各类型教师的最大潜力。在这个过程中我发现，传统以教研组为单位的校本教研、校本培训在有针对性地提高教师的教育教学能力方面发挥了重要的作用。然而这种教研方式往往也将校本培训局限在了固定学段。断层式的教研组培训模式很难让教师站在学科纵向统合的角度去思考本学科的学科思想和育人价值，也没能将名师的带动作用充分发挥出来。

于是，我决定对传统的教师研训形式进行改变与创新。在反复思考和研讨后，我提出创设"名师工作室"机制下的教师专业成长路径。通过充分发挥工作室的"示范、引领、带动、辐射"作用，以"读论相融、学研结合、问题研究、共享共进"为理念，以"管理论坛、学术沙龙、案例分析、专题研究"4种载体为主要研究形式，从强化理论认识入手，以科研课题带动，以课堂教学为基础，树立起教师个人教育思想，提高教育教学、科研能力，促进学校教师队伍均衡、整体发展，推动学校校本教研的深入持续健康发展，促进团队教师全方面发展，助力古二小高品质教育的可持续提升。

1. 以"名师工作室"创新教师培训模式

教师在可持续发展教育落实中的地位和重要性是毋庸置疑的，那么，如何切实有效地培养符合可持续发展教育要求的教师，则是学校教师培训工作的重点。在确定培训模式前，首先要思考的是，新时期的可持续发展教育课程改革，需要教师具备的核心素养是什么？我认为，要想在新的教育背景和要求下做好可持续教育工作，要求教师必须具备站在学科上位，跳出学科来看学科的能力，即上面所说的学科思想。如果一个教师不具备对本学科深入的教学思想，就只能就知识论知识，就事实论事实，也就不可能培养学生具备可持续的学习能力。

那么，什么样的培训模式才能更好地培养教师的学科思想？传统以教研组为单位的校本教研、校本培训存在学段断层性、学科割裂性等问题。那么古二小究竟应该培育出怎样的教师团队？又该如何培育呢？我回到了"微笑教育"的原点。

我心目中的微笑教师团队是互相融合、和谐共进的，是彼此怀着共同的心愿，在实现共同愿景的同时，也尽展个性。就像赤橙黄绿青蓝紫的相互融合才称之为阳光。它应该以教师专业发展为出发点和归属地，它应该是有组织、有计划、有制度的集体行动，它应该是以个人成长成就团队发展，以集体荣誉激励个人成长。我期望它是一轮太阳，照亮全体，以团队的发展拉动全体的发展，形成燎原之势。

基于上述思考，名师工作室的教师培训模式应运而生。名师工作室是以在本学科取得较大成果、对本学科的学科思想有深入研究和思考的教师为核心，以学科整体为单位，打通所教学段限制的教研组织。通过充分发挥名师的教育教学思想引领作用，实现"青年教师快成长，中年教师有提高，名优教师出特色"的教师培训目标。

名师工作室，不仅是为了达成共同目标彼此分工协作相互依存的教师群体，还是一个有持续学习及创新能力、能不断创造未来的团队。它就像具有生命力的有机体一样，能在团队内部建立完善的自我学习机制，将教师的学习和工作有机地结合起来，可以使教师个人、团队和整个学校得到共同的发展。这就是我们建立"名师工作室"机制的根本动因，以造就学习型组织和教师专业发展共同体为目标和使命，激活教师团队，再以团队为核心，发挥"滚雪球"效应，从而实现教师队伍的整体提升。

以上述论证为基础，本着学生均衡可持续发展为终极目标，结合古二小教育教学特色和教师实际情况，我们成立了6个名师工作室，分别为：文学驿站——白雪莲老师语文工作室；数学沙龙——冯雷老师数学工作室；科技经纬——杨静老师科学工作室；艺海泛舟——许小芳老师艺术工作室；阳光体育——郝宏文老师体育工作室；心灵小屋——张颖老师班主任工作室。

在工作室的基础上，各学科老师深入梳理了本学科的学科思想，也即本学科需要培养的学生核心素养：语文——学会语言文字的运用和语言美的欣赏；数学——掌握以数学思维思考和解决问题的能力；科学——养成客观、严谨的科学精神；艺术——具备敬畏美、欣赏美和创造美的能力；体育——养成科学的运动习惯，培养坚忍不拔的意志；心理——正确认识和悦纳自我，学会与人交往和社会适应。

2. 建立"名师工作室"下教师成长的三维目标

为了更准确地考察"名师"工程实施效果，我们针对不同类型的教师设计了不同的发展目标。包括：

- 以师德高尚，有真实教学实践经验的中青年教师为主，确立20名区级名师推动目标，使之成为区级学科带头人。
- 以区级推动目标为基础，选择教育教学能力强，在各自相关学科已有相当影响的教师，确立10名市级名师推动目标，使之成为市级学科骨干教师。
- 以市级推动目标为基础，选择有敬业精神，有突出成绩，有独特风格，有广泛影响的教师，确立5名国家级名师推动目标，鼓励支持他们著书立说，使之成为教育界知名者和专家。

为了更好地帮助教师们在学校大目标下找到自己的支点，我们制定了个人发展三维目标，使教师们能够在三维定位中，发现自己的不足，促进全面提高。这三维目标是：

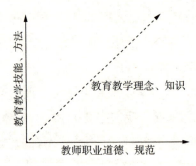

具体说来，这三维坐标体系是指：

（1）道德为先，打造基础层。

"学高为师，身正是范。"这是世人对教师这一职业的基本要求，从这一要求中不难看出，与传递知识、答疑解惑相比，教师自身道德修养、行为表现对学生的成长更是有着巨大的影响作用。因此，自古以来教师就是道德的楷模，就应当时刻关注自己的言行，为学生求知做人树立典范，做好榜样。

鉴于此，古二小把对教师队伍的职业道德培养、教师职业信仰的巩固作为打造教师队伍的基础，为教师的职业人生奠基，为学生的未来人生奠基。

（2）厉兵秣马，提升执教力。

提升执教力，应当从课堂教学能力和学生管理能力两方面入手。通过各种形式的课堂教学实践、培训，使教师从备课到上课再到课后辅导、编写练习等方面的技能均得以提升，策略选择更加合理恰当；在处理师生关系、家长与学校之间关系的问题上能够更加艺术，使学生亲其师，信其道，自觉投入课堂学习，使家长能够最大限度地信任、支持学校工作，共同形成合力帮助提高学生的学习实效。

（3）不断学习，修炼内在功。

"博观而约取，厚积而薄发"，教师的学习不应当仅仅是学科知识的学习，还包括学科相关领域知识的补充，最新时事动态的把握，教育教学理念的深刻领会等，在博采众长中成为博识多才的人。换句话说，学习一切能提升教师自身综合素养的知识和技能，使我们的教师因思想丰厚、学识丰富而变得思维生发、智慧迸发，成为一个内功深厚且精通而方法灵活变通的教学能手和育人高手。

以上三维坐标的确立，实际上表明了学校的清醒认识——只有教师的发展，学生的发展和学校的发展才不是一句空话。因此，促进教师发展是促进学校变革的核心议题，也是专业引领的关键所在。

3. "名师工程"后备队伍建设要求

青年教师是学校的未来和希望，也是名师工程的后备队伍。青年教师的思想、政治和业务素质如何，将决定学校的发展前途和命运，因而要确立青年的培养目标和具体要求。

青年教师的总体培养目标是：确立"1234工程"1年上路，2年成型，3年合格，4年以后步入名师推动计划。

第1年参加工作的青年教师发展目标：

● 使用较短的时间了解学校教育教学的基本情况。

● 熟悉本学科的全部教材，做完教材中的全部习题，独立完成本学科的一些统考竞赛等题目的解答。

● 备课认真，能制订教学计划，教案完整。每学期听课15节以上，至少在全校上1节公开课。

● 注意课堂知识的明确性、科学性、合理性，作业适中，批改及时。

● 每学期听主题队会10节，上1节全校性主题班队会。在指导教师的帮助下，熟悉教育工作，能担任班主任，过班级管理关。

参加工作第2年的青年教师发展目标：

● 在各方面基本成熟，掌握最基本的教学方法，操作基本的教学仪器，新授课、复习课、讲评课、实验课全部达标。

● 基本达到岗位教学合格，不但要备好教材，还要备好学生，能在课堂教学中注重思想教育的渗透。

● 掌握教学过程，过好课程教学关，教学目的明确，知识正确，步骤合理，效果良好。

● 能独立担任班主任，做好班级各项工作，过班级创优关。

参加工作第3年的青年教师的发展目标：

● 各方面要达到合格。课堂教学能够达到生动性、趣味性、针对性等较高要求。

● 有改革意识，能独立进行教学研究，形成自己的教学风格，能独立承担各年级教学任务。

● 能上1节有质量的区级研究课，能写1篇有质量的班级工作总结或论文。

● 基本达到岗位实验合格，能上1节高质量的区级主题班会，胜任班主任工作，有创新意识，过教育研究关。

3年及3年以上的青年教师发展目标：

- 争取向名师推动系列发展，除达到目标（3）要求外，还要有区（市）拔尖的教育教学成绩。
- 积极进行教材教学法研究，不断提高教学能力，在学校规定的范围内，欢迎校内外同行随时听课。
- 在学生中有较高的威信，达到区级教学能手或优质课水平，成为本学科带头人，或获得学科拔尖人才，接触青年等区级以上荣誉。

4. 依托"名师工作室"打造研学共同体

通过综合分析可持续发展教育的整体育人目标，我们建构出了教师应必备的4项基本能力，分别为：超越现有教材的能力、整合课程资源的能力、形成学科思想的能力、完善课程引导力。

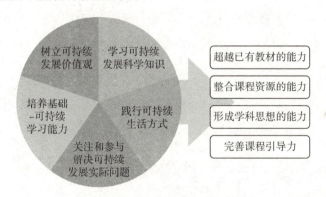

古二小名师工作室的培训体系

（1）创造机会，为名师提供高端培训的平台。

学科思想的形成需要日常教育教学经验的积累，但仅限于此远远不够，还需要深入的学习、系统的培训和不断的反思。为了卓有成效地培养教师的可持续教育教学能力，古二小通过"引进来、走出去"战略，积极为学校教师，尤其是名师搭建高端培训的平台。

首先，与高校合作，利用寒暑假期对一部分教师进行系统化的学科知识、学科思想培训。这其中既包括小学阶段教育教学方法与课程知识方面的培训，也包括远远高于小学授课范围的知识、技能和思想的学习。例如，数学老师会利用假期时间较为系统地学习高等数学。学习高一级的学科知识，并非是让教师们在课堂上原封不动地传授给学生，而是要帮助教师们养成本学科的基本素养，形成本学科的思维模式，并将这种学科思想在日常的教育教学中潜移默化地传授给学生，从而培养学生可持续的学科学习能力。

其次，古二小会定期聘请校外专家来校对全体老师进行教育教学通识知识的培训，提高教师的职业情怀和素养。积极利用石景山区教育委员会的培训机会，将一批名优教师送出校门，学习全市、全国乃至国外的优秀教育教学思想和模式，拓宽视野，不断学习，积极反思，融会贯通。

（2）经验辐射，打造校内层次化学习网络。

为了使培训效用最大化，古二小构建了层次化学习网络模式，如下图所示：首先，如前所述，积极为名优教师搭建高端培训的平台。其次，充分利用工作室的常规教学研讨和学习交流的时间，在工作室内部进行培训，提高工作室核心成员教师的可持续教育能力。再次，在全校范围内推广辐射培训成果，通过工作室成员的引领和带动，提高全校教师的学科思想和可持续教育意识。

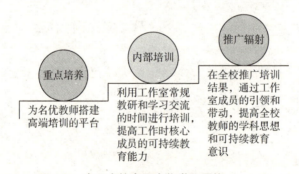

古二小校内层次化学习网络

（3）课题带动，"规模化"培养研究型教师。

通过教科研，将自身的教育教学经验上升为教育理论，成为研究型教师，这是通向名师的必经之路。以课题为依托，将名优教师的教育理论在工作室范围内推广，引导工作室成员，以科研的高站位去反思自己的常态教学，在工作室内部，乃至在全校范围内形成全员深刻反思、全员深度科研的氛围，在全体教师中形成可持续发展的教育教学理念，这是工作室的最终目标。自名师工作室成立以来，以名优教师为课题负责人，工作室成员为课题核心成员，开展了一系列教科研课题活动，详见下表：

古二小名师工作室承担课题情况

工作室	课题名称
"文学驿站"白雪莲老师语文工作室	"悦"为核心，课内海量阅读的教学内容与策略的研究
"数学沙龙"冯雷老师数学工作室	构建数学实验室，促进小学生数学学习方式的变革； 数学实验室之益智玩具
"科技经纬"杨静老师科学工作室	基于儿童生活经验开展科学课教学的实践研究
"艺海泛舟"许小芳老师艺术工作室	在美术课堂教学中进行民俗文化的渗透
"阳光体育"郝宏文老师体育工作室	在小学高年级体育教学中渗透多学科知识，丰富体育教学方法的研究
"心灵小屋"张颖老师班主任工作室	基于小学中年级学生良好习惯培养的班级文化的研究

（4）教学研讨，促进培训成果的吸收和转化。

培训之后的及时反思是增大培训效果的关键。名师工作室每个月至少组织2次的工作室内部教研活动，活动以名师主讲和工作室成员沟通交流为主要形式，内容既涉及名优教师的教育理念、教学方法和课堂策略，也包括每次的培训学习研讨和学科思想交流。通过这样的形式，教师们不仅吸收了名优教师的教育教学优质经验，解决了自身的工作困惑，还在交流中碰撞出了很多新的想法、做法、新的理念火花，很好地提高了其可持续教育教学能力。

（5）立足课堂，将所学所思运用于教学之中。

课堂是学校教育的基本单位，也是可持续教育的主阵地。如何将所学所思与课堂教学相结合，提高教师的实际教学能力，是名师工作室在进行教师培训的最终落脚点。这一点主要通过示范课和研究课的方式进行。

首先，名优教师每学期至少在工作室内部做2节示范课。这2节示范课以可持续教育思想为指导，渗透学科思想，结合本学科特色，立足于培养学生的可持续学习知识、能力、价值观以及生活态度。课后组织教研活动对示范课进行充分的探讨，深入挖掘示范课的教育价值，并引导工作室教师将这种可持续教育思想落实于自己的教育教学工作当中。

其次，工作室核心成员每学期每人至少做1节研究课。同样以可持续发展教育思想为指导进行备课活动，通过课后研讨，名优教师进行评课指导，反思自己的课堂教学，不断提高自身的教育教学能力。

5. 以"名师工作室"全面带动提升教师专业素养

名师工作室的推出，使教师们备受鼓舞，坚定了为教育事业奉献终生的信念，教师们普遍感到在学校创设的良好氛围中，年轻教师在提高，老教师有用武之地，所有教师的潜能得到了充分的发挥，学校的教风、学风在实实在在的研究中更加质朴和优良了。

通过多年的实践探索以及对培训模式的不断丰富和完善，名师工作室，这一教师专业可持续发展的培养模式成效显著，我校共培养学校市级骨干教师有4人，区级骨干教师达到12人。教师们积极反思自己的教育教学经验并诉诸笔端，参与的教育部重点课题、国家级重点课题近10项，市区各级课题20余项；作为课题负责人承担的市级课题5项，区级课题11项；所获得的国家级、市区各级教育教学及论文奖项共500余项。

"靡不有初，鲜克有终"，正如可持续教育理念所倡导的，教师专业教育本身就应是一个不断持续、不断发展和不断完善的过程。以名师工作室为依托，古二小持续探索、完善教师专业可持续发展的培训路径，提高教师的可持续教育教学能力，谱写教师悦意人生篇章，让潜力教师显著提高，让"名师""高徒"越飞越高。

杏坛心声 >　　　　　　　**以名师育名校**

——古城第二小学校长　陈凤云

在我成长的历程中，有许多难忘的人和事在我的记忆中挥之不去，其中令我印象最为深刻的就是现任北方工业大学附属学校的王英校长。她既是我的良师，又是我的益友。记得那还是在2002年，为了进一步提升学校的办学影响力，上级教委把敢想敢干的王英校长派到了古城第二小学。王校长来了之后，经过广泛的调研分析，在把握学校的文化根基，梳理学校的文化脉络，整合学校的文化元素的基础上，大胆提出了"名师工作室"

的发展思路，意图通过此项工程的开展，建立一支敬业精神强、教育观念新、科学教育手段和专业水平高、教育质量好、科研成果影响大的名师队伍，并计划在将近5年的时间内，培养若干名国家级、市级、区级学科骨干教师，并推出了第1位名师——无论是在做人，还是在为师方面都堪为楷模的邵萍老师，学校为这位三十年如一日在教育教学岗位上默默无闻、无私奉献的老教师召开了个人的教学思想研讨会。接下来，作为"名师工作室"的进一步推进，学校又推出了"阳光行动计划"，通过5个名师工作室，分别为"文学驿站""数学沙龙""艺海泛舟""阳光团队""心灵小屋"的建立，以"读论相融、学研结合、问题研究、共享共进"为理念，以"管理论坛、学术沙龙、案例分析、专题研究"4种载体为主要研究形式，从强化理论认识入手，以科研课题带动，以课堂教学为基础，促进学校教师队伍均衡、整体发展。名师工作室的推出，使教师们备受鼓舞，教师们普遍感到在学校创设的良好氛围中年轻教师在提高，老教师有用武之地，所有教师的潜能得到了充分的发挥。

在我们一同工作的8年里，王校长给了我多方面的启迪和帮助，在我步入校长职业生涯最初的一两年，管理学校的一些思路、方法都是来自王校长。我总是在自觉不自觉地模仿王校长，特别是把教师队伍的建设放在学校的重中之重来抓，使学校教师的专业化水平得到了大幅度的提升，这里面王校长对我的启发功不可没。

一生的恩师

——古城第二小学体育教师　王雷

时光荏苒，弹指一挥间，王校长把我调入古二小已有15个年头。回首往事，历历在目。

2002年，孩子出生，我从原宣武区中途调入古二小。大家都知道学期中的调入是多么困难，可是王校长没有二话，那时我就立下"君以国士待我，我必国士报之"的信念。在体育教学中，在王校长的关怀和帮助下，我从石景山区教学能手到石景山区骨干教师，5年实现一个跨越。

为教师找机会，为教师铺基础，一切以教师发展为己任，王英校长是每一位古二小老师的恩师。"工作有声有色，待人有情有义，生活有滋有味"的理念使我们深受影响，至今受益无穷。快乐的工作，努力追求向上的目标。

王校长总会深入教学第一线，酷暑、严寒在操场听体育课，关注着校园中每一人的成长，田径队的每一个孩子都在王校长的心系下苗壮长大。王校长以她的人文精神、人格魅力感召着身边的每一个人。

王校长，您的辛苦、您的努力，您的智慧、您的宽厚，您的关心、您的帮助，我深深记住了，感谢您的培养与关怀。

（二）追求质量，做首都教育的常青树

教育是民生，更是国家战略，民族的未来在于现在的课堂。国家对教育的重视，让我们这些教育工作者倍感欣慰，同时也更觉得责任重大。作为学校校长，我深知，质量是学校的生命线，抓质量是学校永恒的主题。"质量"的体现是什么？是学生的考试分数吗？是学校的升学率吗？在我看来，这些都不是绿色教育理念下追求的质量。真正的质量，应该体现在教学的品质上，它是关注整体的，是和谐的，是让教师和学生都乐在其中并能得到可持续提升的方法、过程和结果。高质量只有在扎实深入的教学活动中才能产生。

为确保教师们能够植根于课堂，向40分钟要效率，追求课堂教学实效性，我们形成了一整套教学质量监控体系，包括加强常规检查，关注学科能力抽测，行政干部兼课制和"学困生帮教"制度等，确保每个学生不掉队，每堂课都精彩，真正以绿色质量提升学校办学品质，推动学校向着成为首都教育的"常青树"而不断奋进。

1. 常规检查不放松，以制度保质量

（1）单元把关制：把每一次单元测查当作一次正式的考试来对待，要求各年级组事先要组织学生进行充分的复习；考试时年级要统一时间，轮换监考，流水阅卷，考试后要认真进行质量分析，找出知识、能力、方法、习惯方面的问题，作为查缺补漏和改进教学的依据，并把分析结果及时反馈给教导处。

（2）学科能力抽测制：为了发挥评价的导向功能，加强对学生实际能力的培养，弥补纸笔考试的不足，学校每学期都要开展数学计算测查、语文词语测查、英语的词汇竞赛、一年级的汉语拼音测查等定时测查和结合每学期不同侧重点的诸如数学的实践能力、语文的阅读、朗读、写作能力、英语的口语表达能力等测查，每次测查都要由教导处统一命题，严格监考，测试后进行质量分析。此外，每学年1次的读书征文比赛、"智慧杯"数学竞赛、"戏墨杯"书法比赛为各类学生的发展创设了平台。

2. 行政干部兼课制，亲临一线教学实践

古二小行政干部多年来坚持深入一线，实际授课。教导处领导分别承担不同年级语、数学科的完整教师任务，德育处领导兼任一个或几个年级的品德课，其他领导则根据各自学科出身，兼任一个年级的美术等学科教学。这样的兼课制，虽然使领导们的工作量急剧加大，但是对教学管理却有着极其重要的作用。由于深入一线，实际参与教学，使行政干部能够掌握第一手材料，对教学中的问题有更切身的体会，提出的改进措施也更具针对性。可以说领导兼课确保我们的管理能深得进去，同时又能跳得出来。

3. "学困生帮教"制度，确保每个学生不掉队

针对各学科、各班级中存在的学困生，古二小开展了"小学生学习困难学生问题的研究"的课题，将关注的重点放在了对学困生成因的探究以及提高学困生成绩策略的研究等方面。课题研究经历这样几个阶段：

（1）学困生认定。

综合上个学期的期末测定成绩以及对学生平时表现的观察，每位任课教师在班级中选择1~2名学生作为重点研究、帮教对象。由于年级不同、学科不同，学困生的认定标准也不尽相同：低年段关注学生的行为习惯、学习意识；中年段关注的是和其他同学拉开学习距离的学生，要在提高成绩的同时对不良习惯进行纠正；高年级则重点帮助学习严重滞后的学生补旧知、教新课，力争使其能以较为理想的成绩、端正的心态、积极的态度迎接市区质量抽测。科任学科学困生的认定更具学科特色，它不以成绩作为认定标准，更看重的是学习

态度、学习习惯等所构成的"学习软件"。

（2）学困生成因分析。

每位教师要对学困生的成因进行多方面的综合分析，诸如：家庭环境、父母影响、个人生理或心理问题、教师教学策略选择等，要求从外在现象深挖内在本质，不能孤立责怪学生或家长某一方，将责任推给受教育者。

在确定各自学困生的问题原因后，教师们制定出细致的帮教措施，从学习、心理、环境等方面进行综合考虑，注重过程监控，强化方法训练，重视心态成长。

（3）实践反思。

在一个学期的教学中，以单元测查为阶段性评价，反思前期实践中的得与失，不断对帮教措施进行调整，每位教师撰写了一份"我与学困生转化一例"的征文，从多个不同的角度总结了自己在转化学困生过程中的一些感受和体会。在此基础上，学校对一学期的课题研究情况从对"学困生"概念的界定、学校学困生的基本情况及其成因、所采取的初步矫治方法、取得的初步效果等方面进行了细致的总结，并指明了下一阶段努力的方向。

当然，学生的转变提高不可能在短时间内见效，还需要一个长期的过程，同时也会有新的学困生产生，因此期末测查既是一个阶段的结束也是一个阶段的开始。从本学期的事件中总结经验教训，或开始新的学困生帮教，或继续提高原有学困生的成绩，为下一个学期的课题研究开一个好头。

通过开展"小学学习困难学生问题的研究"的课题，研究和探索科学矫治学困生的方法。依据全纳教育的理念，教师们通过"鉴别—分类—额外指导—教学计划—评价"5个步骤开展相关的个案研究，通过个案的追踪，不断提高对有特殊需要学生的教育意识和教育能力。经过几个学期的摸索、研究，学校逐步形成了"学困生帮教"制度，并将其纳入常规工作中，有效地完善了教学质量保障体系。

4. 立体质量分析制，变校方管理为自我审视

以往的质量分析，更多的是校方管理部门的工作，教师们只是接受教导处的分析结果，按照学校提出的改进要求去做而已。这样做的直接结果是教师还

是没有从教书的角度跳出来，站在教学的角度长远地思考问题。鉴于此，我在古二小尝试建立自下而上的立体质量分析制，使每一位任课教师都能成为教学管理者、反思者。质量分析制分这样几个层面：

（1）教师个人层。

学期质量检测后，每位教师要认真分析试卷中反映出的教学优势、存在问题，就问题反思自身教学中的得与失，制定出切实可行的改进措施。同时，按学校要求填写质量分析表。

（2）年级组层。

教师个人反思后，汇集到年级组/学科组，大家坐在一起将各班的问题摆出来，从中发现年级整体存在的共性问题。大家集思广益，探寻出更有效的整改思路和措施。由教研组长执笔，撰写年级组教学质量分析。

（3）学科大组层。

按照语文、数学、英语、科任将教学分成几个学科大组，进行分科组质量分析交流会。在会上，各年级组代表将本年级测查成绩、优势分析、问题反思、改进措施、预期目标等情况与其他老师交流。校领导悉数参加，并作点评。

（4）学校管理层。

在学科组质量分析的基础上，教导处综合各学科情况，对全校的教学质量进行系统分析。从学校发展、学生综合素质培养、教师教育教学素养提高的角度，引导老师们从更高的站位审视教学，反思教学行为，更新教学理念，为下一步教学工作展开提供思想支持。

这样的全员质量分析体系，促使每一个执教者具有双重身份：既是实践者，又是检验者；从实践中总结反思，从反思中获取再实践的借鉴，进而检验反思成果。较之单纯由学校进行的分析，多了教师的主动性、参与性，开拓了分析的视野，使分析更加客观、有效。

往事印记 ≫　　**打造团结奋斗、战斗力强的工作组**

俗话说"真金仍需火炼"，要想锻造出能经受各种考验的富有战斗力的教师队伍，必须压担子、给重任，让他们在实践中除去杂质，磨砺锋芒。

　　我在工作中鼓励教研组积极申请承担各级教研活动，并把完成各级教研活动的情况作为评选文明优秀组的重要指标之一，从而激励教师们克服职业倦怠，投身于具有挑战性的工作中。这种承担不是单一某一个教师的任务，而是全组齐上阵，每位教师都根据个人特点和班级实际情况分头承担不同的任务，从而全面展示整个教研组的风貌。

　　古二小五年级语文组围绕"主体问题的设计"这一专题，进行了全区性的教学展示，其中，微格课、完整课各1节，展示了《钓鱼的启示》教学完整过程，2名年轻教师进行了讲读课、略读课教学设计说课；2名中年教师进行评课及专题讲座。整个教研展示活动涉及面广，参与人员多，探讨问题全面，取得了很好的效果。

　　迎接全区齐诵大赛时，6个语文组各抒己见，交流构想，最终分别形成了以一二年级、四五年级为主体的两个参赛团体。从最开始的节目构想，到过程中的演练彩排，到最后的成果展示，全部是由几个年级组的教师出谋划策，分工合作，没有依赖于学校，充分调动了每个人的积极性，挖掘内在潜力，最终取得了优异的成绩。

　　体育阳光团队是古二小"名师工作室"开展以来推出的先进集体，连续几年承担了区春秋季运动会大型团体操表演任务，时间紧、难度大、责任重，看似不可能的任务却被阳光团队的男子汉们用顽强的意志、聪明的头脑和脚踏实地的作风一一攻克。会场上，学生们整齐划一的动作，英姿飒爽的风貌正是整个体育组的精神体现。

　　每年一度的全区运动会，是各个学校体育工作的一次检阅。为了在运动会中取得佳绩，体育组全体成员把汗水洒在平时训练的操场上，把心血付诸日常对学生的严格训练上，用科学训练和无悔付出提高成绩，赛场上一个个团体第一就是这群小伙子努力的结晶。

　　每到期末，当大家坐在一起共同回顾一个学期以来所走过的道路时，我们看到的永远是年级组如一家的魅力时刻，听到的永远是平凡而又感人的事迹，感受到的永远是大家拧成一股绳共同奋斗的干劲。

媒体之音 ＞　　　　虎校长让学校"虎虎生威"

——《现代教育报》

　　谈到京西的小学校长，王英显然排在数一数二的位置。这位校长心态阳光，达观，热心，和善，有一颗爱心，能让她身边的人、让师生甚至家长们感觉到温暖。她是教育专家，也是社会活动家，能调动一切有利于学校发展的力量为学校所用。王英也是一位想干事业、肯干事业并干出了成就的校长，是石景山地区小学教育的标志性人物，在北京的小学教育界也具有一定知名度。掌门古二小以来，王英让这所石景山区一流名校的品牌再度增值。在古二小，王英用朴素而真挚的感情和开阔的事业舞台吸引并留住了许多优秀的老师从教，让老师们"工作上有声有色，生活上有滋有味"。古二小有一支稳定的名师队伍，他们面对海淀、西城、朝阳更高的物质待遇的诱惑不为所动，这与王校长的个人魅力分不开。王校长也是当前京城小学"虎校长圈"（生肖属虎）内的人士，"虎校长圈"内的人士在很大程度上在掌握着首都小学教育的话语权。

（三）追求品牌，做公众满意的十佳校

　　特色就是品牌，特色就是质量，特色就是发展。学校特色建设是新形势下全面贯彻教育方针，深入实施绿色教育，深化教育教学改革的重要工作，也是优化学校管理，丰富学校内涵，提高学校品位的重要举措。为此，我根据当前教育改革发展的趋势，结合学校自身传统及潜在优势，明确了以"体育教育"作为学校品牌特色打造的突破口。

　　体育代表着青春、健康、活力，关乎人民幸福，关乎民族未来，是立德树人的育人工程。毛泽东同志在《体育之研究》中就曾写道："欲文明其精神，先自野蛮其体魄。"他指出，体育之效，在于强筋骨、增知识、调感情、强意志。少了体育，就谈不上全面发展；忽视体育，立德树人就会流于形式。学校体育既关系青少年的健康成长，也是建设体育强国的基础性工作。

　　古二小自从20世纪80年代被评为"田径体育传统特色校"以来，就形成了

重视体育、发展体育的良好传统，体育课严谨、规范；课间操一丝不苟；田径队风雨无阻，常年坚持训练；学校多年来在石景山区中小学运动会上蝉联冠军，为高一级学校输送了大量的体育后备人才，这一切，也为我来到古二小后进一步强化体育工作奠定了一个很好的基础。

1. "三引领"的指导理念为学校体育特色奠定基础

（1）引领师生明确目标，激励共同发展。

结合学校实际和学生需求，我们确立了学校体育工作的总目标：一是让学生自主自愿地参加适合于自己的体育活动实践，使学生充分体验运动的乐趣和意义，培养学生对体育运动的爱好和兴趣；二是让学生掌握从事终身体育活动所需要的体育知识和技能，促进学生提高自我锻炼的能力，形成终身体育的态度和习惯。这样的目标，就是期望将来每个走出古二小的学生不仅具有良好的健康意识和锻炼习惯，而且至少掌握围棋、武术、乒乓球等2～3项体育特长。这是我们古二小学生的成长目标，更是学校体育教师的共同目标。在学校领导的引领下，体育阳光团队把学校的总目标与团队的发展结合起来，为我们的古二小学生设计了美好而健康的未来。

（2）引领艺体教师牵手专家、牵手科研。

为了使学校的体育工作更上一层楼，古二小承担了市级"小学生身体素质评价标准的研究"的课题，一方面不断提高体育教师的科研意识和水平，增强科学育人的能力；另一方面进一步完善现行小学生身体素质的评价标准，制定较为科学的评价体系，更好地促进学生的发展。

多年来，学校积极聘请专家、学者、市区骨干教师来校"设坛讲经"，让教师面对面地感受名师名家的学术魅力和人格魅力，汲取人生智慧，我们称之为"牵手"活动。特级教师亲临古二小，现场把脉课堂教学，临场指导教育科研。反思"牵手"活动的根本意义，应该就是"引领、催化、激活"了。

"牵手"活动促进了团队教师的专业发展，催生了团队中的"核心层"，加快了教师专业成长的步伐，尤其是使充满朝气与活力的青年教师崭露头角：李永辉、郝宏文老师成为市区骨干教师；王雷、刘磊成为区青年教学能手；卜国超、尚宇老师在市区评优课中获奖，成为区年轻的体育"名教师"。

（3）引领教师相互赏识、携手共进。

"独学而无友，则孤陋而寡闻。"团队积极倡导互助共享，力行"集体备课机制"。日常课，一人主备主讲，团队交流碰撞中达成共识，形成教案，兼顾个性化复备小记，打造出每天的日常优质课；公开课赛课，更是团队教师群策群力、集思广益，可以说是牵一发而动全队，充分发挥团队相互启发、相互督促、相互激励的优势。凝聚了团队的智慧和力量，造就了很多高水平的课例，在区教学评优课上，兄弟学校教师这样说道："有的学校是单打独斗，而你们学校是团队在比赛，这样的课，能不出彩吗？"在集体的庆功会上已经流传着一句口头禅："军功章有我的一半，也有你的一半。"其实，身在其中的团队教师都有这样的认识：在集体备课中，每个人专业水平都得到了提高，这样的一节节课成就了你，也造就了我，更凝聚了人心，铸就了团结向上、和谐共进的团队精神。

运行"携手学习"机制。秉承"集体备课制"智慧共享、机遇共享的理念，我们提出了"携手学习"的发展理念，在每个体育教师每周18课时的工作量下，还挤出每周二上午共同学习的时间，营建学习研究的氛围，并实现氛围共享。因为浓厚的氛围必能逼人学习、催人学习、静心学习、潜心学习、持续学习，最终成为一种专业需要，一种生活习惯。

特别值得一提的是，古二小建立了农村教师研修站。在北京市设立的中小学教师研修40个站点中，只有一个体育学科研修站点，就是古二小的体育阳光团队教研组，我们的教师毫无保留地把经验传授给来校学习的农村兄弟学校的教师们，让他们带着宝贵的经验继续影响周边教育工作者。古二小体育组先后为房山、门头沟、密云、延庆等区县带出了4批共20名体育教师，充分发挥了体育学科研修站的引领和辐射作用。

2. "三优化"的实施策略为学校体育特色形成提供保障

学校围绕"培养兴趣，诱发情感，加强基础，强化训练，生动活泼，发展素质"为主线，对体育类学科的课程结构、教学方法和教学评估进行整体性改革，真正做到"教有特点，学有特长，管有特色"。学校的"三优化"实施策略的具体做法如下。

（1）优化体育教育支持性氛围。

任何一项工作要想得到长足发展，营造一个支持性的氛围是很重要的。为此，我亲自主抓体育工作，在全校教职工大会上宣讲体育工作的重要性；亲自制定相关政策确保体育各项工作的落实，如为了保证课间操班主任老师的监管到位，在班主任考核中专门设定一项考评指标，针对此项工作的落实。总之，只要涉及体育的工作，学校基本给予无条件支持。

（2）优化体育类学科课堂教学，提高有效性。

体育教育以课堂教学为主，充分发挥课堂教学是其教育的主战场作用。我们根据教育现代化的要求，围绕"培养兴趣，诱发情感，加强基础，强化训练，生动活泼，发展素质"的主线，对体育学科的课程结构、教学内容、教学手段、教学方法和教学评估进行整体性改革，促进体育学科课堂教学现代化，扎扎实实提高体育学科的课堂效益。学校体育学科开展的武术、健身操等课程，丰富了学生生活，扩大了学生锻炼的领域。

以学校的武术课程为例。在引进项目之初，学校举行了隆重的"武术进校园"启动仪式，邀请莱阳武术学校的运动员们为学生们进行了"龙腾虎跃"大型武术表演，虎虎生风的拳脚，深深吸引了每一个学生，强烈激发了学生学习武术的欲望，为武术课程的开设奠定了良好的基础。第二阶段就是定制度、明职责。学校以一、二年级为试点，整体推进武术教学。为了使之不流于形式，学校推行了"双教师"教学制，即武术教练为主教师，制定切实可行的教学计划，负责检查场地安全，武术技术动作教学，确保学生的安全；体育教师辅助管理学生秩序，处理突发事件，帮助协调主教师和学生之间的关系，加强个别学生的动作辅导。除了老师们各司其职外，学校对于武术课的常规管理也是和其他学科的管理力度和密度等同，以确保武术课的开展确有所得。学校规定：开学初，武术课主课教师上交学期教学计划，体育组负责把关，与体育教学协调；每个月学校进行1次武术教学研究活动，武术教师指导体育教师动作细节，使体育老师能够更好地进行辅助指导。反过来，体育老师指导武术教师如何更好地组织教学，设置教学环节等；每学期开展1次教学展示活动，以检验教学效果；学校平时通过听课、抽样调查、访谈等形式，及时了解武术教学开展的情况。

（3）优化课程设置，开发具有鲜明特色的艺体校本课程。

学校按照基础性与发展性相结合，一致性与多样性相结合，历史性与创新性相结合，国际性与民族性相结合的原则，建设体育校本课程，开发出《黑白世界》《阳光少年行》两本校本教材，在此基础上，我们进一步拓展开发门类，满足学生多样化需求。

艺术类学科利用学校周边教育环境开发艺术教育课程，使学生感受到身边的美，学会发现美、鉴赏美。如组织全校学生到中国美术馆欣赏书画作品；利用法海寺的壁画资源开发欣赏课，使学生对古典壁画艺术有所了解。

3. 多措并举彰显"阳光体育"鲜明特色

（1）保证充足的运动时间，确保每天锻炼1小时。

学校认真执行国家课程标准，以"健康第一"为指导思想，充分认识体育学科对学生全面发展的重要作用，不允许以任何理由挤占体育课，保质保量上好体育课。首先，学校开齐开足体育课，一至二年级每周4课时，三至六年级每周3课时。其次学校在没有体育课的当天，会在下午课后组织学生进行1小时集体体育锻炼，并将其纳入学校日常教学计划。

（2）阳光课间活动精彩不断。

根据古二小的实际情况，本着"活动应丰富多彩，富有吸引力；活动要充分发挥学生的积极主动性；活动要与课堂教学相配合；活动要符合学生的年龄特征，活动要照顾学生的兴趣和特长；活动要因地、因时制宜"的原则，我们开展了丰富多彩的"大课间"活动，全校师生共同参与。我们把下午的作息时间作了调整，保障30分钟作为全校学生阳光活动课时间。每天上午的阳光活动时间统一为上操时间，伴随优美的音乐声，有自主开发的校园武术操、激情四射的校操、优美和谐的广播操，活泼可爱的学生们与教师们共同伸展身躯，全情投入表演。如果是冬季，孩子们则在操场上按方阵队列跑步，铿锵而有力；每天下午的阳光活动时间是各种体育项目的练习时间，操场上毽子上下纷飞，大小绳空中舞动，每一次成功，都能引起掌声一片；柔韧练习、自编游戏等大课间活动也吸引着众多的学生。在开展大课间活动过程中，我们还有意识地把一些游戏和活动内容作为引玉之砖，开展"班级游戏自编自创"活动，让学生在实践中发挥聪明才智，创编更多、更好、更适合自己的活动项目，极大地丰富了大课间活动内容。师生们那一张张快乐健康的笑脸，为自己写下了健康第一的新篇章，成为学校操场上一道亮丽的、活力的阳光风景线。

（3）积极推进"1—2—1"群众性体育活动。

群体活动的内容倡导要贴近学生生活，活动的目的不是决出胜负，而是激发学生的运动激情，越是让学生感到亲近的活动越能达到此目的。学校常年坚持开展群众性体育活动，积极推进古二小"1—2—1"项目：

a. 每天早上到校学生完成一项锻炼任务，建立学生"练习进步一览表"。

b. 在完成两操的同时，创编两套以素质练习为主的自编操。

c. 充分利用课外体育活动时间，选择以游戏为主的体育活动，开展多层次的体育活动，激发学生的体育兴趣。

阳光体育活动在"张弛有序、松中有规、互动自然"中蓬勃开展并逐步形成体育特色。我们期望每个走出古二小的学生，不仅具有良好的健康意识和锻炼习惯，而且至少掌握两项以上的体育运动技能。

（4）积极进行学生艺体俱乐部的筹建工作。

结合古二小发展的整体规划及学生兴趣需求，我积极地向上一级领导部门申请开办"青少年体育俱乐部"，在原有"田径队"和"独轮车队"的基础上，成立了"龙娃武术队""篮球队""空竹队""乒乓球队""游泳队""新绿书法社""新绿围棋社""独轮车队""田径队"等小俱乐部。

"以学生为主体，培养和提高学生的能力"是俱乐部运作的指导思想。俱乐部成立以来由学生自主管理和策划俱乐部活动，教师进行必要的协助和指导。实践证明，俱乐部这一组织形式对于提高学生组织沟通的能力，培养学生团队合作的精神起到了很好的成效。在俱乐部的活动中，每个会员的运动能力和技术、战术水平都有了很大的提升。体育组从各俱乐部中选拔优秀的会员参加各级市、区级比赛和表演，在历届运动会上，古二小均获得总数团体第一、第二的好成绩。

体育特色活动安排表

学期安排	内容（上午）	备注	时间	场地	内容（下午）	场地	时间	备注
9月	队列常规、《七彩阳光》《武术操》、柔韧、燕翘平衡、平衡类游戏：单腿平衡、角力游戏	课间操针对季节因素，每月变换练习内容，促进学生全面发展。	夏季时间 8:10 至 8:40　冬季时间 9:55 至 10:25	三至六年级大操场　一二年级小操场	低年级：常规培养、学习新操　中年级：跳皮筋　高年级：踢皮筋、学习盘踢、踢踢技巧	各年级指定场地	星期一至星期四下午 3:05 至 3:35	各年级项目不同，每月最后一周年级内比赛，检验学生学习效果
10月	《希望的风帆》《七彩阳光》、武术基本功练习：花键练习、盘踢、磕踢，每周五进行踢键合赛				低年级：跳皮筋基本跳法　中年级：夹包、学习"蚂蚁上树""上杆"　高年级：空竹、学习"蚂蚁上树""娘纺线""端""快"			
11月	操、《七彩阳光》《武术操》；跳绳练习：单摇、双摇练习。每周五进行跳绳编合赛				低年级：夹包　中年级：两人三足、阳光伙伴　高年级：跳皮筋、花样练习、踩五星、"趕快"			
12月及1月	冬季象征性长跑与《七彩阳光》《武术操》安排：一、二、三、五长跑，四进行操练习				低年级：跳绳　中年级：跳绳、单摇编花、八字长绳　高年级：跳绳、双摇编花、双摇编花、两人组合跳、八字长绳穿核跳			
2、3月	冬季以沙瓶为器材练习上肢力量，练习胸、背肌，抓手指等　队列常规及《七彩阳光》《武术操》敏捷类游戏：沙瓶				低年级：跳皮筋、跳房子　中年级：空竹、"蚂蚁上树""上杆"　高年级：夹包、单人、集体对抗赛			
4月	《希望的风帆》《武术操》；跳绳练习：单摇编花、双人组合花样跳，每周五进行跳绳擂台赛				低年级：空竹、基本科空竹方法　中年级：空竹、跳皮筋、跑筋、小皮球香蕉梨　高年级：空竹、跑筋、抛绕练习			
5月	《希望的风帆》《武术操》；编花游戏：有3人组合、6人组合、全班组合				低年级：踢踢、脚内侧踢踢　中年级：踢踢、阳光伙伴活动、两人三足、集　高年级：踢踢、体配合			
6月及7月	《七彩阳光》《武术操》；各种柔韧练习、平衡类游戏：纵叉、分腿平衡等；角力游戏				低年级：小游戏角力、找伙伴等　中年级：踢踢（盘踢、磕踢）　高年级：踢踢、踢踢、绷踢、传毽练习）			

4. 目标落地，在和谐的交响乐中升华

我想，一首精美的独奏固然可以引人入胜，但一曲和谐的交响乐一定更畅快淋漓、震撼人心。打造体育特色品牌是我们的目标，更是我们的手段，因为古二小的精神就是携手进步、共享专业成长的幸福，因为我们憧憬追求的不只是一花独放，更是春色满园。

（1）成绩斐然，星光闪耀。

体育组发扬团队精神，充分展示他们的青年风采，服务于学校的教学需要，为学校的发展做出自己的贡献。为了进一步做好自己的创建工作，他们在立足本职工作的基础上，积极投入到校内外的各项活动中，组内教师积极担任校工会文体委员，带领全校教师开展丰富的文体活动。奥运会期间，体育组教师积极报名参加志愿者服务奥运的公益活动，李永辉老师被评为石景山区优秀奥运志愿者，郝宏文老师被评为北京市奥运教育优秀学员，全组教师带领学生文明观赛，为北京2008年奥运会添砖加瓦。

通过创建阳光团队，他们的工作也得到了学校的一致认可和好评，该组的郝宏文老师被评为区级骨干教师，组内6名青年教师均在市、区级体育教学大赛中获一、二等奖。刘磊老师被推选为学校团委组织委员，卜国超老师被推选为学校工会文体委员并光荣地加入了中国共产党，王雷、郝宏文、刘磊、尚宇4位同志也积极向党组织递交了入党申请书，接受党组织的考查。

（2）雪球效应，彰显魅力。

体育教研团队站出来就是一面面旗帜，他们在区体育教研工作中发挥着学科引领作用，不仅仅是他们过硬的专业素质，还有他们搏击奋发的工作品质，更带动了本校一批教师的专业成长，促进了学科教学水平的攀升；团队铸就了积极向上、团结奋斗的精神，这种精神正不断渲染到每一个教师的心灵，使整个校园都阳光起来。

精彩纷呈的体育教育带动了整个学校的精神风貌，更激发出学校教育的巨大潜力和无穷活力。古二小被国家体育总局授予全国群体工作先进集体、国家级青少年体育俱乐部、全国群众工作先进单位、北京市体育工作达标先进校、北京市百所课间操优秀校、北京市奥林匹克教育示范学校，同时先后被评为全

国书法教育实验学校、全国少先队标兵红旗大队、北京市文明礼仪示范学校、北京市德育工作先进学校、北京市课改工作先进单位、石景山区创新杯大赛五星级单位、石景山区美育工作先进校，等等。

　　同时，扎实的体育教育和丰富的艺体活动，不仅给了学生们一个强健的体魄，更培养了学生们坚毅顽强的意志品质和迎难而上的拼搏劲头，促进了古二小学生的全面发展。学生自主学习能力、实践创新能力得到了培养和加强，综合素质不断提高，在各类学科竞赛和竞技比赛中取得了优异成绩。在数学华杯、迎春、走美、希望四大杯赛中多位学生获奖；语文在春蕾杯、世界华人作文大赛中成绩出众；英语在全国全能王大赛中收获金牌；体育连续获得区体育运动会团体总分第1名以及北京市前茅的好成绩；特别是学校合唱队还受到邀请，代表北京参加维也纳世界合唱节，令所有古二小人倍感骄傲。多才多艺的孩子们在古二小健康成长，赢得了社会各界人士的赞许。

　　阳春桃李共和谐，让教育充满微笑，就是尊重学生的个性差异，张扬他们的个性特长，期待他们人人进步、人人发展、人人成才。让教育充满绿色，就是要不断唤醒学生的创造潜能，培养他们可持续学习与发展的意识和能力。愿"微笑教育"撑起的是一片湛蓝的天空，吹过的是一股清新的空气，流淌的是一潭清澈的活水。

　　微蚕吐丝春未老，笑作春泥更护花。春播桃李三千圃，秋来硕果满天下。高大挺拔的白杨树见证了我在古二小躬身耕耘的身影，沉甸甸的奖牌记载了我在古二小搏击奋发的轨迹。展望未来，"路漫漫其修远兮"，我相信，只要向着太阳歌唱，共叙不断超越的情怀，让汗水在欢笑中飞扬，让专业在团队里成长，那就无愧于事，无愧于心，无愧于莘莘学子，无愧于三尺讲台，无愧于党的教育事业！

杏坛心声 ＞　　　　打造"阳光体育"团队的阳光校长

——古城第二小学体育组组长　郝宏文

　　回首经年，体育组的同志们在王校长的带领下奋马扬鞭，兢兢业业，喜讯不断，捷报频传。这是我们全体古二体育人的骄傲与光荣，作为古二小的校长，王英校长的言行一致，德智兼馨，对体育事业的大力支持，使古二小体育事业迎来了长足的发展。多点开花，全面突进，使体育成为品牌教育的精品。

冬去春来，星移斗转。六连冠已经载入古二小史册。我们的付出和收获，无不浸透着王校长的汗水与支持。每当队员们为校出征，王校长就是再忙，也要为孩子们亲自做动员。透着亲切，透着关心，透着对体育事业的热爱。也正是王校长的这份对体育的执着与热爱，是我们前行的动力，是我们拼搏的基石。感谢我们的好校长——王英！

桃李情结 ≫

古二的体育，影响了我一生

——古城二小2006届赵子文，现就职于北京九中高中部

那年王英校长来到古二小任职，正逢我在校就读，给我感觉最为深刻的便是身为学校田径特长生的自己，田径训练得到了学校更多的重视。在这种重视下，学校体育大环境越发浓烈，不论是传统的冬季长跑比赛还是夏季趣味运动会，这些校内体育活动每一次的成功举行都离不开王校长的带头影响，这也在我的孩童时期留下非常美好的回忆。也就是那几年，古二小的运动队训练出很多优秀的田径方向特长生，我也是其中的一员。很感谢王英校长带给学校和学生们的改变，这也最终影响了我的一生。

家长感言 ≫

点滴日常

——古城第二小学学生贺严妈妈

贺严在三年级就有幸被选入到了学校的田径队，每天放学后，孩子要在校内训练1小时。这样，作为妈妈的我，也就每天要晚1小时接孩子。

在校门口，经常会碰到王英校长和孩子们一起从校内出来。次数多了，不禁好奇地问孩子："你们校长放学后怎么不下班，常和你们一起这么晚走？""校长经常去操场看我们训练，每次她一出现，我们个个精神抖擞，做起动作来更规范、更专注。"孩子兴奋地说，满眼透出的是身在

田径队的自豪。

　　正是由于王英校长和她带领的教师团队，对孩子素质教育和体育工作的重视，使我的儿子贺严，在古二小，成长成一名身体健壮、性格活泼开朗、积极向上的孩子。

　　眼见孩子日日的明媚阳光，衷心感谢王校长做出的努力和辛苦付出。

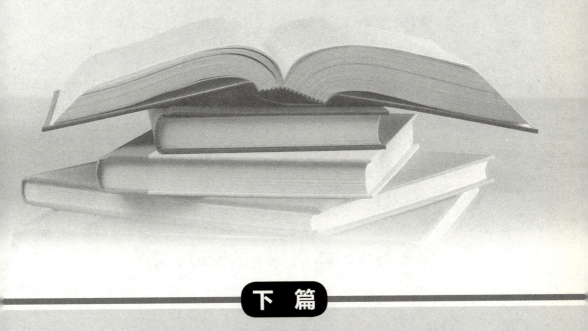

从感性到理性的创变

——"十三五"启航，擘画教育新篇

导语

　　2016年，是"十三五"的开局之年，亦是以创新发展激发教育活力，以开放发展拓展教育资源，以共享发展促进教育公平的关键之年和深化之年。在这一年，我走进了北方工业大学附属学校，踏上了全新的教育征程。

　　新思想凝聚磅礴力量，新使命激荡奋斗热情。站在教育生涯的新起点，回首35载悠长而难忘的教育岁月，我愈加清晰地认识到，教育可以很温暖、很感性，但作为一个教育人，作为一个教育管理者，必须用更加理性的思维去践行教育，用更加深入的思考去探索教育，无论是课程建设还是管理制度，甚至于学校文化，都必须有十分清晰严谨的逻辑线条作为支撑，否则在执行的过程中就容易走样，就容易朝令夕改、无法贯彻。

　　知是行之始，行是知之成。从感性到理性的创变，既不是对情感毫不珍惜的摒弃，也不是对规则刚性机械的盲从，而是胸怀一分更大的谋略，手握一把更严的标尺，以更具高度的站位，更具深度的思考，更具广度的视野，选择最适宜的方法去体察、认识、创设教育的万千世界；一路求索、沉淀与升华，书写奋进之笔，拿出恢宏之作。

第十二章

深耕教育，新格局下的发展心路

编者按 >>

北方工业大学附属学校是一所通过合并新成立的新学校，承载了北方工业大学、石景山区教委以及区域内众多学生和家长的殷切希望。带着抚育北方工业大学附属学校成长的无限热情和干劲，我踌躇满志。摩拳擦掌之时，我也在冷静思考，这所由三校合并而成的"全新"的九年一贯制学校究竟应该做一种怎样的教育？我心中美好的教育理想能否落地开花？我如何才能回应师生家长和社会对它寄予的殷切希望？

二十多年的校长生涯让我深刻地认识到，好的教育一定不是以补短为根本目的，而是要以尊重每个学生的个性为前提，发现每个学生的长处、强项，以个性化教育的模式发展其优势领域，最终让学生走向成功。在感性畅怀与理性思忖中，"优势成长"这一长久以来积淀在我心中的思想火花顿时赋予了学校鲜活的生机和力量。

在确立了"优势成长"的定位后，我开始思考如何站在文化和教育的高度对其进行系统阐释。在文化定位背后，蕴含着我对教育理念、文化表征以及师生培养的系统思考，我试图找寻着一种统一的、深刻的话语体系，对这一文化定位展开入情入理的阐发，让一个个文化要素能够和谐统一、逻辑清晰而内涵丰富地成为学校的压舱石，使学校稳掌前行之舵，有目标，执着前行；有力量，众志成城。

一、言为心声，办学主张聚焦"优势"

陶行知先生曾言："人像树木一样，要使他们尽量长上去，不能勉强都长得一样高。应当是：立脚点上求平等，于出头处谋自由。"我深以为然。教育和工厂的流水线本质上不一样，流水线追求最终的产品一模一样，这要求被加工的材料尽可能没有差异。而对学生来说，不仅他们每个人"未来的"发展方向不同，而且每个学生"当下的"状态和条件也千差万别，这种差异包括学习兴趣、学习基础、思维方式、个性品格，等等，因此适合一个学生的发展路径可能并不适合另一个学生。

有的学生喜欢阅读，沉浸在文学的世界中能让他们感到自在和欣喜；有的学生喜欢数学，严密的推理和逻辑让他们乐此不疲；有的学生喜欢科学，各种科学现象让他们深深着迷；有的学生喜欢艺术，在众人面前的才艺展现会让他们觉得自己光彩照人。相应的，在某个学科领域擅长的学生很有可能在另一个领域表现不佳，这是必然的，也是非常自然的——每个学生都应该有不同的发展方向。所以，在我看来，有效的教育应该是能够发现每一个学生的优势，并且为他提供最适合他的成长平台和路径，最大化发展他的优势，帮助他走上最适合他的人生道路。

（一）治学核心：从全面发展走向"优势成长"

回顾我来到北方工大附校之前20多年的治校理念，无论是在金顶街二小，还是在古城第二小学，我始终非常重视在全面发展的基础上培养学生的个性特长。德智体美劳全面发展是党和人民对所有学生的统一要求，是每一个学生都需要努力达到的基本标准。但学生最终要走向社会，多元的社会需要多种类型的人才。"人业互择"理论提醒我们，在保证基本培养规格的前提下，还要充分重视学生的个性发展。因为只有每个人的个性特长都得到尽可能充分的发展，每个社会成员都发挥出主动精神，把自己独特的才能和品德奉献给社会，社会生活才能丰富多彩，中国特色社会主义建设事业才能百花齐放，气象万千。

身为学校的领头羊，我们在办学治校中，一定要把握好反映新时代下的改革方向，坚持反映时代的新要求，体现先进的教育思想和理念成果。纵观国内外的教育趋势，我们可以清晰地看到，这是一个高度关注学生多样化学习和发展需求的时代，是一个着力强调促进学生全面而有个性发展的时代。《国家中长期教育改革和发展规划纲要（2010—2020年）》明确提出，"注重因材施教，关注学生的不同特点和个性差异，发展每一位学生的优势潜能"。全面检视课程修订所体现的改革方向，也能发现"重视培养学生的核心素养，既强化共同基础，又关注个性化、多样化的课程设计，使学生实现全面而有个性的发展"的课程理念被提到全新高度。

在金顶街二小，我就提出学校教育应该关注为学生的可持续发展打好基础，关注发展学生的优势领域；在古二小时，我明确制定了"学生合格有特长"的育人目标。随着理论学习的深入与对实践经验的反思，我更加深刻认识到，立德树人要落实到学生成长上，就必须认真研究教育对象特点，就必须高度重视因材施教，突出学生主体地位，发展每一名学生的优势和潜能。在我看来，教育的理想境界，就是尊重每一个人的个性，既让全体学生全面发展，又能让学生的个性特长脱颖而出，让每个学生都各得其所、各达其标，最大化优势智能，实现全面而出众的发展，这才是真正的对学生负责，对社会负责。

渐渐的，"优势成长"的治学观在我脑中愈加清晰和坚定。我理想中的北方工大附校就应该是一所"善于发现学生的优势，能够深度发展学生的优势，并能积极搭建平台助力学生发挥优势"的现代化新校，是一片既强调对所有人的关切和尊重，也强调给予每个人更大的个性化发展空间的教育沃土。

（二）育人核心：善发现、深发展、勇发挥

在我看来，"优势成长"治学观就是要在北方工大附校建立一种新型的、现代的师生关系，就是在"学生的自信和教师的唤醒"中去发现优势；在"学生的自主和教师的引导"中去发展优势；在"学生的自立和教师的激励"中去

发挥优势。"优势成长教育"倡导双动力发展模式，通过双轮驱动、双翼齐飞，实现师生优势的协同发展。

因此，"优势成长"治学观下的教育意义也就清晰可见，即在为学生建立优势成长通道的过程中，通过"自信—唤醒、自主—引导、自立—激励"三对关系的建立，善于发现优势，深度发展优势，勇于发挥优势，而这构成了"优势成长"的育人核心内涵。

1. 善发现：定位优势

在多年的教育教学实践和管理中，我发现，无论是家长还是教师，都认为当前的学生急需培养自信的品质。对自信培养的需求也从侧面反映出部分学生自信的缺失。追根溯源，我认为学生不自信的原因在于不知道自己的优势，而帮助学生找到优势从而建立信心已经成为家长的核心诉求。这也反映出发现优势的重要性。因此，"优势成长"的第一步就是发现优势，将优势说清楚。

学生的自信离不开教师的唤醒。著名教育家孙云晓在《唤醒巨人》一书中提出："教育是一种唤醒，唤醒孩子心中沉睡的巨人，而这巨人就是自信。"自信心作为一种积极的心理品质，是一个人开拓进取、积极向上的动力，是一个人取得成功的重要心理素质。唤醒不仅体现在自信心的建立上，也存在于学生的各种成长之中。在教学上，第斯多惠指出："教学的艺术不在于传授本领，而在善于激励、唤醒和鼓舞。"在德育方面，裴斯泰洛齐提出："必须先唤醒儿童内在的伦理情感，以此为出发点，才能进一步使他们对外在的事物产生丰富的情感体验。"

身为教育者，要唤醒学生发展个性优势的意识，要点燃学生追逐美好人生的梦想，要坚信每个学生都有成功的愿望，每个学生都有成功的潜能；要为学生创设成功的机遇，积极为学生提供各种体验成功的机会和条件；还要多角度、全方位评价学生，引导学生学会了解自己，发现自身的优点和长处，寻求自信的支点，找到自己的优势智能，从而增强自信心。

2. 深发展：挖掘优势

苏霍姆林斯基说："只有能够激发学生进行自我教育的教育，才是真正的教育。"纵观国内外对于核心素养的提法，都强调要激发学生内驱力，让学生自主发展。联合国教科文组织提出的未来教育的四大支柱中，针对人的社会化发展提出了要"学会认知、学会做事、学会共处、学会生存"，就是希望人人都有较强的自主发展能力。在新一轮教育改革中，不管是科目选择还是生涯规划，都体现了自主选择的教育导向。因此，解放人的自主性，强调人的自主发展不仅仅是当前教育的主流趋势，更是中国教育的时代诉求。在发现优势的基础上，引导学生发展优势已成为当前教育的重要命题。

人是大自然的赋予，他拥有成长的主动力、原动力和非凡的本能。考虑到中小学生的身心发展特点，他们的认知能力尚浅，阅历有限，因而，他们的自主发展需要教师科学有序的成长引导。教师要善于引导学生拥有自己的兴趣，认识自我发展的方向，要为学生创设丰富而直观的体验机会，实现个性爱好的早期发现和保护，引导学生坚持不懈地去发展自身的兴趣，培养学生的自我意识、自我决策、自我管理能力，引导他们主动专注地投入学习，实现优势发展、个性飞扬。

自主离不开引导，引导针对于自主。基于"自主+引导"之上的优势发展，正是对个体性格的自觉尊重，对生命潜能的深刻理解，做到真正尊重学生个性差异，尊重学生不同智能，使学生从被动的听讲、被动的接受中解脱出来，成为学习的主人，感受学习的乐趣，成为知识的探索者和发现者，促进学生可持续的优势发展。

3. 勇发挥：彰显优势

人的才能及其优势，不是生而有之，而是在相应天赋的基础上，通过后天的学习、培养、锻炼、实践等环节，逐步得以生长与呈现的。优势的发挥有赖于优势的发现和发展，优势的发现和发展最终是为了使优势得到最大限度的发挥。人的优势只有在"使用"时，才有其"价值"。因此，一个人能不能在某一领域、某一方面处于"优势"地位，关键在于能不能发挥其才能方面的优势。然而，人只有自立于世，其内在积极性才能得以激发，其优势和潜能才能得以施展，从而真正实现自己的人生价值。

自立，自古就是一个用于描述理想人格的重要概念，已经成为中华民族精神的重要组成部分。陶行知曾说，"好教育是养成学生技能的教育，使学生可以独立生活"。第斯多惠也说："教育的最高目标就是培养学生的主动性和独立性"。自立意味着要学会去承担人生中的一些重任。在人生的港湾中，我们必须做自我这艘船的舵手，树立自立意识，培养自立能力，自己掌握自己的未来。

人最希望被认可，而优势发挥能够让一个人赢得尊重，获得满足感，进而享受成功的喜悦。优势的发挥离不开教师的激励。所谓激励，就是从成长角度，激发其动机，调动其积极性，给予及时的鼓舞。在教育教学过程中，教师成功有效地对学生进行激励，可以给被激励者带来积极的心理效应。义务教育阶段是自我意识形成和发展的时期，独立愿望强烈，他们要求认识自己、发展自己，并且开始考虑自己的未来。通过教育激励，能够培养学生自立自强的意识和能力，使学生的学习积极性得到调动，主动积累知识、发展素养，引导他们主动迎接挑战，在不断的创新中保持、发挥自身的特长和优势。

二、存乎一心，文化思考锁定"优势"

借助"十三五"开局的历史时刻，借助教育深改革的发展契机，我需要站在一个新的起点和一个高的起点，系统规划北方工大附校的整体发展，明确学校的文化定位、办学思想、育人理念和品牌形象，让学校的顶层设计真正发挥凝聚人心、共识思想、统领发展、辐射区域的强大作用。

将北方工大附校的学校文化定位于"优势成长"，并不是无源之水、无本之木，它既是我多年治学经验的积淀与升华，也是对前沿教育理论的内化成果，更是来自对北方工大附校前身学校文化的传承与发展。

（一）立意追问："传承与创新"聚成长之动力

文化的传承来自对学校办学历程的客观审视，目的在于挖掘优秀的文化传统；文化的发展则来自对学校发展前景的科学预见，目的在于植入先进的文化理念。

1. 文化传承：追寻办学特色、构建优势领域、激发学生潜能

在文化的传承上，我认真梳理和厘清整合了北工大附校整合前的3所学校数十年发展的文化脉络，试图在总结3所学校不同的精神内涵和办学特点的基础上，去理解3所学校教师团队成长的心路历程。

"优势成长教育"文化传承的立意维度

在系统研究3校合并之前历史的过程中，我形成了一条"追寻办学特色，构建优势领域，激发学生潜能"的发展思路。无论是在创办体育传统学校，还是在创建计算机网络实验班；无论是发展在全国具有影响力的管乐队，还是提出追求卓越的办学理念，都希望通过特色项目的打造来建立学校的办学优势，形成教师队伍的专业优势，促进学生多元潜能的培养。而追求卓越的理念也从另一方面揭示了学校以优势育人、以优势治学、以优势提质、以优势增效、以优势制胜、以优势引领的决心。应该说，学校一直在寻找建立优势、实现领先的路径和方法。

2. 文化发展：尊重个性发展、建立办学优势、强调专业素养

在文化的发展上，要求我们要时刻关注和理解教育改革发展的政策，主动适应教育供给侧的变化，积极分析生源特点和学生需求，虚心倾听家长的心声与诉求，全面了解教师队伍的思想观念和专业水平，认真评判与北方工业大学对接的资源构成和开展形式，整合方方面面的教育资源来满足学生的发展需要，走一条"尊重个性发展、建立办学优势、强调专业素养"的文化发展之路。

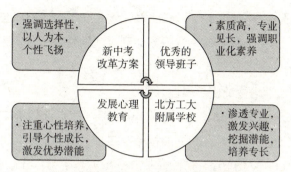

"优势成长教育"文化发展的立意维度

（1）基于"培育优势"的新中考改革方案。

在北京市颁布的新中考改革方案中，特别强调选择性，包括科目可以选择、赋分可以选择、考题可以选择、资源可以选择、答案具有开放性等。每个学生可以根据自己的强项，在9种组合，54种拆分结果中进行自主选择。这样做就是要充分尊重学生的个性化发展，让学生有更多的学习选择，不必为自己的弱项诚惶诚恐，每个学生都有好的一面以及优势的展示机会。中考改革的出发点归根结底就是真正做到以人为本，把学生放在中央，发现个人强项，突出个体优势，尊重个性发展。

（2）基于学校优秀的领导班子。

干部是全体师生的精神航标、价值坐标，行为风标，干部的格局决定了学校的未来。北方工大附校拥有一支优秀的领导班子，理论功底强，综合素质高，个人专业优，这是学校发展的重要优势。无论是"一次就把事情做好"的职业化诉求，还是"工作有声有色，生活有滋有味，待人有情有义"的人文化理念，都体现出领导班子追求卓越的"工匠精神"和从教有方的人生智慧。此外，领导班子还善于发现每个教师身上的闪光点，把他们放在最适合的岗位上，让他们能够立足优势并发挥优势。

（3）基于学校的心理教育优势。

在当前"以人为本，发展个性"的政策导向下，积极心理的塑造显得尤为重要。结合学校生源特点，依托学校心理教育的师资优势，学校正尝试走一条从学生内心出发，注重心性培养，引导个性成长，激发每个学生优势潜能的教育"心路"。积极心理的培养能够最大限度地激发一个人的自信心，树立"我能行"的成长理念，而这样的信念必将是让学生在基于自我兴趣和特长的基础上，将优势放大，把优势做强，从中体会到成功的愉悦。因此，学校心理教育的优势使学生的优势发展成为必然。

（4）基于大学附校的优势属性。

要发展每个孩子的优势潜能，特别需要学校在教育供给侧方面的改革，除了学校自身不断提升课程、活动的供给品质外，还要对学校外部的教育资源进行开发、整合和有效利用。北方工业大学作为一所多科性高等学府，拥有7个北京市重点建设学科，1个国家级实验教学示范中心，5个北京市级实验教学示范中心，7个省部级重点实验室/工程研究中心，这些都是不可多得的优质资源。作为北方工业大学的附属学校，学校更要积极探索大学优势专业在课程和活动中的渗透，以创造更多的体验机会，提早让学生发现兴趣，挖掘潜能，培养专长，从而获得具有专业引领的优质发展。

（二）理论察问："优势教育"把握成长之规律

优势教育理论是美国哈佛大学于20世纪末提出的，是一种先进的、以人为本、因人而异，建立在脑科学基础上的教育方式，是一个发现先天优势并进行科学指导，以优势促进学生和谐发展，最终让孩子走向成功的教育方法论。

首先，优势教育理论认为，每个人都有属于自己的、独特的优势区，并且随着年龄的增长逐渐定型。因此，每个人应根据自己的兴趣和爱好把握住一项或几项特长，创造和寻找机会，把有限的精力全部用到开发某方面潜能、发挥某方面优势之上。

其次，优势教育理论认为，优势教育是建立在大脑优势区域基础之上的教育方式，是提供一种个性化的学习方案，是一种贴近人性化的教育，目的是让孩子个性尽情地张扬、发挥，使内驱力大大增强，使成才的概率大大提高。

最后，优势教育理论认为，优势教育不仅仅看重学生兴趣、爱好、特长上显露的成就，更看重由这些成就带来的成就感以及不断增进的良好的主体观念和自我发展意识。因此，优势教育的终极目的，就是实现每个孩子的自主开发、自觉发展和自我教育。

（三）系统推问："放大镜"下聚焦成长之精彩

当"优势成长教育"的文化定位确立后，我就在想，为了让孩子们和教师们更好地理解其核心精神，怎样才能更生动、更鲜明地表达文化呢？如果要用一种标识把文化具象化，会是什么样的呢？几乎是毫不迟疑的，我脑中就浮现出了"放大镜"的形象。在我看来，"放大镜"非常直观地表现出了"优势成长教育"中"寻找优势、发现优势、放大优势"的文化内涵，是对学校"优势成长教育"的生动演绎。同时透过这柄放大镜，我们还可以看到"优势成长教育"定位下丰富的文化元素。正是这些带有更多理性化思考的元素让"优势成长教育"文化体系不再是飘摇的事物，而是从顶层设计到系统配套的逻辑清晰缜密的完整架构。

1. 学校精神：人文精神、进取精神、专业精神

学校精神是一所学校人文底蕴的有力彰显，是根植历史、立足现实、引领未来的集中体现。托尔斯泰曾说，"人类被赋予了一种工作，那就是精神的成长"。可以说，精神的建树，标志着一个人、一个群体成长的最佳状态和最高境界。

我之所以强调北方工大附校要继承北方工业大学"人文、进取、专业"的学校精神，就是希望全校师生能够时刻铭记大学附校的定位，拥有共同的精神面貌，展示共同的文化气质。

（1）"人文精神"：人文精神是根基，是首要条件。

人文精神是中华民族最深沉的精神追求，《易传》中对"人文"有如下注解："小利有攸往，天文也；文明以止，人文也；观乎天文以察时变，观乎人文以化成天下。"可见，人文精神体现一种文明程度，是以人为核心，关注人与自我，人与人、人与社会、人与环境之间的和谐相处。

北方工大附校将以人文精神为根基，倡导每个人都怀有"尚和合"的理念，拥有"美在和谐"的境界，教师关爱学生，学校关心教师，有敬业乐群的团队文化导向，有休戚与共的和谐发展思想，通过打造一支同心同德、相互尊重、彼此关怀的队伍，实现心的融合。

（2）"进取精神"：进取精神是动力，是重要条件。

进取精神是中华民族的伟大象征，勤劳勇敢、自强不息是在诠释进取的本质。"进取"一词语出自《论语》："狂者进取，狷者有所不为也"。可见，进取精神生动刻画了一个"志者"的精神状态，展示出弘毅致远、激扬向上的远大志向，展示出发奋图强、大有作为的不竭动力。

北方工大附校将以进取精神为动力，倡导每个人都秉承"取日新以图自强"的信念，具有"千磨万击还坚劲"的毅力，相互扶持，相互鼓舞，通过打造一支拼搏向上、自强不息、创新不止的队伍，实现力的聚合。

（3）"专业精神"：专业精神是保障，是必要条件。

专业精神是对博大精深中华文化的真实再现，是对四大发明卓越智慧的客观反映。孔子的"玉不琢，不成器""工欲善其事，必先利其器""仕而优则学，学而优则仕"等名言都是在论述精益求精的专业态度。可见，专业精神是一种对学习和工作极其热爱和投入的品质，既包含职业操守，也包括专业素养。

北方工大附校将以专业精神为保障，倡导每个人都树立"惟精惟一"的态度，养成"熟读而精思"的习惯，拥有会通、辩证、探索、精进的意识和行为，通过打造一支业务精湛、兢兢业业、追求卓越的队伍，实现智的整合。

2. 核心价值：尊重、创新、专注

核心价值观是文化软实力的灵魂，也是学校文化建设的重点；是决定文化方向的最深层要素，也是推动学校发展的最持久力量。核心价值是深植于全体师生心灵深处的观念诉求，表明了一个群体所弘扬的立场和态度；是学校一切工作推行的思想依据、是非标准和价值准绳。如果说精神是魄，那么核心价值就是魂。

因此，我在深化学校精神内涵的基础上，确立了相对应的核心价值观，以此让全体师生更深刻地把握学校精神的思想精髓。

（1）尊重：是人文精神所倡导的价值观。

尊重是人与人相处的根本，《孟子》有云："爱人者，人恒爱之；敬人者，人恒敬之"。只有相互尊敬、彼此敬重，才能建立良好的人际关系，才能感受到发展内心的人文关怀。所以，人文就是建立在平等尊重基础上对人的理解与关怀。

北方工大附校要以尊重为本，尊重每个学生的个性倾向，尊重每位教师的身心感受，做到有情有义的相处与共事，让师生共浴在和谐融洽的人文氛围中。

（2）创新：是进取精神所倡导的价值观。

创新是发展之动力，进步之灵魂，没有创新就没有发展。《诗经》有载："周虽旧邦，其命维新"，就是告诉人们要不断革新，不断前进。唯有坚定挑战自我、超越自我的信念，才能取得日新月异的进步。所以，进取就是建立在追求卓越基础上对事的突破与变革。

北方工大附校要以创新为魂，在温故知新中培养学生的创新意识，在刚健日新中砥练教师的创新能力，在咸与维新中提高学校的创新水平，做到有声有色的成长与进步，让创新一路伴随学校的发展。

（3）专注：是专业精神所倡导的价值观。

因为专注，所以专业，因为专业，所以成功。《史记》有言："道家使人精神专一，动合无形，赡足万物"，讲的就是纯净不杂，专心一意的态度和行为。专注的人，心神合一，做事认真，也唯有如此才能在专业领域里取得骄人的业绩。所以，专业就是建立在全神贯注基础上对事的认真与热爱。

北方工大附校要以专注为要，教师专注于教育和教学的提升，学生专注于知识和能力的提高。师生们专心致志，心无旁骛，享受着深耕学问带来的愉悦，做到有滋有味的学习与工作。

3. 办学理念：以优势成就个性、让成长创造价值

办学理念阐明了学校的教育理念和教育责任，是我对如何开展"优势成长教育"的深层次思考，旨在阐明通过怎样的教育路径，使学生获得成长，成为全面发展的公民；达成怎样的教育理想，使学生真正成才，成为一个对社会有用的人。

（1）以优势成就个性：体现的是教育的路径。

以优势成就个性体现了蔡元培先生"与其守成法，毋宁尚自然；与其求划

一，毋宁展个性"的教育主张，就是通过给每个学生建立优势成长通道，塑造并成就其与众不同的个性。

首先，每个学生都是独一无二的，都有各自的强项和势能。学校要善于发现每个学生的优势，通过启发和引导，让学生了解自己，确立方向，认可优势，从而建立起强大的自信心。

其次，要为学生建立优势成长的通道，利用各种优质资源，搭建各种成长平台，提供各种展示机会，激发学生的潜能，发展学生的优势，最终实现学生的优势成长，形成人人不同、人人精彩的局面。

（2）让成长创造价值：体现的是教育的理想。

让成长创造价值体现了陶行知先生"好教育应当给学生一种技能，使他可以贡献社会"的教育情怀。就是通过学校教育让每个学生的成长能够为人生增添精彩，能够为社会创造价值。

首先，要让学生的成长给人生带来价值。教育的责任是教书育人，是让学生拥有各种立足社会的本领。通过培养学生的优势，能够拥有一技之长，为今后过上体面的生活奠定基础。

其次，要让学生的成长为社会创造价值。教育是民族复兴的基石，就是要培养社会主义的建设者。通过培养学生的优势，能够进入到社会岗位中，参与到社会劳动中，为国家建设添砖加瓦。

4. 办学愿景：做优质量、做强特色、做响品牌，打造奋北之师，引领一方教育

愿景就是描绘蓝图，就是明确志向，是全体师生共同憧憬的理想和阔步前行的方向。只有看到别人看不见的事物，才能做到别人做不到的事情。我希望在共启愿景的行动中，让全体师生深信：心有多大，舞台就有多大；思想有多远，我们就能走多远。

（1）做优质量、做强特色、做响品牌：是学校的努力方向。

做优质量，就是要提升教育教学品质，实现质量立校的目标。这要求我们要加强教师队伍建设，全面提升教师的专业素养，全面提高教师的科研能力，保持教育教学的高水平，始终把教学质量放在首位。

做强特色,就是要形成特色育人模式,实现特色兴校的目标。这要求我们要时刻关注生源的变化,围绕优势成长进行课程和课堂的改革与创新,培育特色项目,打造特色模式,把办有特色置于核心。

做响品牌,就是要扩大学校办学影响,实现品牌强校的目标。这要求我们要时刻保持文化的先进性和教育的影响力,让学生的优势成长成为最好的口碑和品牌,加大宣传力度,把品牌意识铭记在心。

(2)打造奋北之师、引领一方教育:是学校的奋斗目标。

打造奋北之师:"奋北"有拼搏奋进、大展宏图之意,"之师"乃德艺双馨、齐心协力的团队。打造奋北之师就是激励教职员工要追赶北京一流名校,奋斗在北京,腾飞在北京,提升师德师风,提高师能师艺,成为有理想信念、有道德情操、有扎实学识、有仁爱之心的"好老师"。

引领一方教育:"一方"既指一个方面,也指一个区域。"教育"乃教书育人、立德树人的事业。引领一方教育就是激励教职员工要有一方教育热土养一方教育情怀的人生理想,要在某个方面有卓著的业绩,更要永远走在区域的前面,引领思想,引领实践,引领改革,引领未来。

5. 学校校训:工于优、精于业

校训是全体师生共同遵守的行为准则和道德规范,是学校办学理念和治校精神的反映,也是一所学校教风、学风、校风的集中表现,校训的制定,其目的在于使个人随时注意而实践之。我以践行"优势成长教育"为落脚点,领悟"工业"二字的内在含义,进而形成了"工于优,精于业"这一外表高度关联而内涵发人深省的成长训诫。

(1)工于优:就是建树优势。

"工于"指长于、善于、擅长于的意思。"优"指美好的,出众的。"工于优"就是善于把握自我良好的资本、突出的特长、优越的才能,让自己在这些方面向高品质、高水平发展,使之成为自己得天独厚的优势。

"工于优"的信条要求做学生的要学会了解自己,发现并聚焦自我的特长,并能够做到从一而终,永不放弃;做教师的也要善于发掘自己的特长,有意识地培养自己的强项,将个人的优势发挥到淋漓尽致,成为一个专家型的师者。

（2）精于业：就是精进术业。

"精于"指好于、深耕于、精通于的意思。"业"指学识、学力、学术。"精于业"就是要在丰富知识的同时，不断夯实学力基础，提升学习技能，包括创新意识、批判性思维、实践能力；不断提高科研功底，提高学术素养，包括理论知识、研究能力等。

"精于业"的信条要求做学生的要有精益求精的求学态度，学习耐心认真、严谨细致，唯有这样才能不断厚植根基，真正让优点成为优势。做教师的要切实提高教科研能力，不断创新教育教学方法，通过课题制、项目制等让专业更加精深，成为一个智慧型的学者。

"工于优、精于业"也体现出一种难能可贵的"工匠精神"，就是保有一颗纯粹、质朴之心，做到精益求精，一丝不苟、追求卓越、坚持不懈。在今天这样一个时代，"工匠精神"不仅对社会人，即使对师生而言也尤为重要，它提倡的就是少一些浮躁，多一些踏实；少一些敷衍，多一些认真，少一些粗糙，多一些精致。

6. 学校校风：正心诚意、致知力行

校风即一所学校的风气，是文化底蕴、人格性情、教育风格的无形展现，是学校领导的工作作风、教师的教风和学生的学风的集中体现，也是学校办学品位和办学档次的外在显现。校风对学生的成长影响深远，也因此成为家长们最为看重的要素之一。北方工大附校的校风立足于营造浓厚的求学、治学氛围，让学校真正成为一个优势成长的学园。

（1）正心诚意：指为学的态度。

正心诚意出自《礼记·大学》："欲修其身者，先正其心；欲正其心者，先诚其意"。北宋理学的奠基者程颐说，进修之术，"莫先于正心诚意"，朱熹也将"进修之术"赞之为"万世学者之准程"。正心，指心要端正而不存邪念；诚意，指意必真诚而不自欺。

于学生而言，就是要一心一意地对待学业，热爱学习、快乐学习、享受学习，并在学习中提高自我的品德、修养和能力，如陶行知先生所言，"千学万学，学做真人"。

于教师而言，就是要真心实意地热爱工作，做真教育。真教育是心心相印的活动，唯有从心里发出来，才能打动心灵的深处。教师不仅教给学生各种知识和能力，也教给学生为人处世的道理，如陶行知先生所言，"千教万教，教人求真"。

于管理者而言，就是要衷心热爱教育事业，全心全意为师生服务，为师生创设广阔的发展空间，营造和谐的人文氛围，如陶行知先生所言，"捧着一颗心来，不带半根草去"。

（2）致知力行：指为学的方法。

出自《朱子语录》："论先后，当以致知为先；论轻重，当以力行为重。"王阳明在其"知行合一"学说中也指出，"知之真切笃实处即是行，行之明觉精察处即是知"。陶行知更是丰富了"知行合一"学说，提出了"行知行"理论。无论次序如何，都是在阐明知行结合的重要性。致知，指达到完善的理解；力行，指努力实践，竭力而行。

于学生而言，就是要做到学思结合，知行统一，学要学得深入，做要做得投入，养成"在学中做、在做中学"的学习习惯，如《礼记》中所云"博学之，审问之，慎思之，明辨之，笃行之"。

于教师而言，就是要探索新知，躬身实践，如陶行知先生所言，"要想学生好学，必须先生好学。惟有学而不厌的先生才能教出学而不厌的学生。要学生做的事，教职员躬亲共做；要学生学的知识，教职员躬亲共学；要学生守的规则，教职员躬亲共守"。

于管理者而言，就是要不断丰富教育思想和教育智慧，精进不已。就是要有战略的思维和科学的方法，带领教职员工投身于教育改革之中，真抓实干。如陶行知先生所说的，校长是一个学校的灵魂，只有校长、教师、学生、工友团结起来，共同努力，才能造成一个民主的学校。要和学生共甘苦，共生活，共造校风，共守校规。

7. 校徽设计：植入学校文化内涵

基于"优势成长教育"的文化内涵，我们将学校校徽设计为放大镜的形象，体现出寻找优势、发现优势、放大优势的理念，展示出以人为本、发展个

性的人文精神。同时，放大镜也是学术和探索的象征，体现学校的专业精神。

（1）整个放大镜由G和Y两个字母构成，G和Y是"工业"二字的拼音首个字母，既体现和北方工业大学的关联，又传达了"工于优、精于业"的学校校训。

（2）G不仅是"工"字的拼音首字母大写，也是Grow和Go的首字母，既代表学生优势成长的教育理念，也体现了学校拼搏向上的进取精神。将G的笔画部分设计为箭头形状，寓意学校要"引领一方教育"的办学愿景。

（3）Y字母和图形的外轮廓也是工字结构的变形，这样的设计一方面强调了学校作为北方工大附校的属性；另一方面也强调了"工匠精神"，将学校的文化诉求同国家的文化发展相结合。

（4）整个图形采用工大紫和成长绿两种颜色，体现了文化的传承与发展。首先，工大紫的字母G是对北方工业大学logo的简化，代表了文化的继承；其次，成长绿的字母Y是对"优势成长教育"的呈现，代表了文化的发展。

（5）在校徽和校名的组合中，"北方工业大学"采用相同的字体表现，体现出学校与北方工业大学的渊源。

三、心有鸿鹄，学生成长厚积"优势"

何为成长？辞典注解为长大、长成或向成熟的阶段发展。心理学家荣格等人提出，"青少年成长过程中，在学习文化科技知识的同时，还要学习做人、强化心理能力。"

在我看来，"优势成长教育"的文化定位下的北方工大附校学生，应该是自信的，是自主的，同时也是自立的。因此，我将"自信、自主、自立的现代公民"作为学校的育人目标，并集合学校教师及外界专家之力，构建了目标之下的学生核心素养指标体系，确立了学生成长口号，使学生们不仅有了前进的方向和标准，还有追求优势成长的强大动力。

（一）成长目标：自信、自主、自立的现代公民

学生成长目标是学校办学的终极目标和使命。北方工大附校学生成长目标与北方工业大学的育人目标"培养具有完善人性、人格、人品的人才"在呈现形式上是统一的，在内容上，我根据生源情况和现代社会对人才的要求，将"三人"调整为"三自"。

1.自信：是一种信念

人首先要有精气神，拥有志向和追求进步。

爱因斯坦曾说，"自信是迈向成功的第一步。"培根也说道，"深窥自己的心，而后发觉一切的奇迹在你自己"。这告诉我们，人要学会相信自己，对自己的优势与劣势有正确的认识，遇到困难能够做到不退缩、不放弃。"百学须先立志"，人应该乐观向上，积极进取，不应该妄自菲薄，灰心丧气，要有自强不息的信念，要让生命焕发出蓬勃的朝气与活力。

2.自主：是一种意识

人其次要自己做主，学会选择和自我负责。

亚里士多德说："幸福在于自主自足中"。西塞罗也说道，"全心依赖自己，在自己之中拥有一切，如果说，这样的人还不幸福，你又能相信谁呢"？这告诉我们，人要学会自我主导，不依赖他人，遇到事情，自己选择；遇到问题，自己解决。选择也是在选择一种生活方式，一条人生道路，因此要敢于对所做出的选择负责。"海阔凭鱼跃，天高任鸟飞"，学会走自己的路，让自己来主宰自己的未来。

3.自立：是一种能力

人最后要做到独立，拥抱人生和勇于担当。

韩非子说："恃人不如自恃，人之为己者不如之为人者也。"陶行知也指出，"滴自己的汗，吃自己的饭，自己的事情自己干。靠人、靠天、靠祖上，不算是好汉。"这告诉我们，依靠别人不如依靠自己，通过学习掌握独立生活

的本领，做一个内心强大的人，自食其力的人、勇于担当的人，自立自强的人。路要靠自己去走，才能越走越宽，才能最终实现人生的目标。

4.现代公民：是拥有良好国民素质的现代人

人最终要成为现代公民，做好自己和服务社会。

实现教育现代化是我国教育的目标和方向，核心就是要实现人的现代化，提高国民素质的现代化程度。对现代公民的定义为：具有理性的思维、独立的判断力、开放的视野、平和的心态、不卑不亢的节操和一定的社会责任心。

作为一所新组建的学校，北方工大附校要观念新、模式新、方法新，以培育现代化的新人。作为义务教育阶段的学校责任，北方工大附校要着力品行、学业和技能，培养对社会有贡献价值的合格公民。

（二）核心素养：悦、律、恒；志、识、技；善、责、合

"核心素养"是指学生在接受相应学段的教育过程中，逐步形成的适应个人终身发展和社会发展需要的必备品格与关键能力。根据学生的成长规律和社会对人才的需求，基于经合组织和我国对于学生发展核心素养的界定，结合"优势成长教育"的内涵，我们确立了"优势发现""优势发展"和"优势发挥"三大学生发展核心素养领域，形成北方工大附校个性化的素养领域，也为育人目标的实现指明了培养的方向。

在基于国家层面、国际层面、积极心理学层面和学校层面对学生成长指标要求的基础上，我们进一步提炼出符合学生身心发展和优势成长的"九字诀"核心素养，连同三大素养领域，共同构成北方工大附校学生的核心素养模型。

一个学校的学生究竟与其他学校的学生有何不同，就是通过核心素养的描述加以区分。我们设计的学生核心素养的"九字诀"涉及了一个人成长的方方面面，从而真正体现"优势教育理论"的初衷，即人的全面发展在过程上表现为充分自由的发展，而这种充分自由的发展，实质是个体有选择的自主发展。通过基于个体优势的成长来实施"扬长补短""扬长促短"，从而推动个体的全面发展。

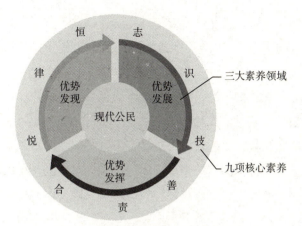

北方工业大学附属学校学生素养模型

北方工业大学附属学校学生素养指标体系

育人目标	素养领域	核心素养	育人方向
自信	优势发现	悦、律、恒	悦：乐观的心态 律：规范的言行 恒：执着的毅力
自主	优势发展	志、识、技	志：进取的理想 识：广博的见识 技：多元的能力
自立	优势发挥	善、责、合	善：向好的品性 责：担当的胸襟 合：合作的精神

1. 优势发现领域：悦、律、恒

对应于"自信"的育人目标，同时也契合我国确立的"自主发展"和经合组织提出的"人与自我"素养领域。

"优势发现领域"就是了解自我和规划自我。

"优势发现领域"是让学生在认识自己的过程中发展身心，能够基于个人的兴趣和爱好，懂得规划和管理，拥有积极、健全的人格。通过"优势发现"，从而拥有自信，实现自我的可持续发展，达到人与自我的和谐。

（1）悦——指乐观的心态。

"悦"的本义指高兴、愉快，孙子曰："怒可以复喜，愠可以复悦。"

"悦"为形声字，从心，指从内心发出的情感。因此，"悦"就是发乎心，达到一种内心愉悦的状态。"悦"也是形于外，就是能够看到笑眼笑容，听到笑声笑语。

"悦"是一种优秀的品性，能够让一个人保持身心健康、阳光向上、自信开朗的积极状态。尤其对于成长中的学生，"悦"能够让学习富有乐趣，让生活充满情趣，让交往相映成趣。

健康：健康是"悦"的基础指标，对于一至四年级的学生来说，健康是关键性指标。让每个学生在这个年龄段拥有强健的体魄、阳光的心理、饱满的精力、绿色生活的方式。

向上：向上是"悦"的中级指标，对于五至七年级的学生来说，向上是关键性指标。让每个学生在这个年龄段拥有进取的精神、乐学的态度、努力的行动、追求进步的决心。

乐观：乐观是"悦"的高阶指标，对于八至九年级的学生来说，乐观是关键性指标。让每个学生在这个年龄段拥有愉悦的心情、幽默的性格、交往的热情、海阔天空的心胸。

（2）律——指规范的言行。

《尔雅》中有解："律，法也。"孟子曰："不以规矩，不能成方圆。"上至国家管理、行业治理，下至长辈持家、个人修行，都要遵守法律，谨守规矩，有规则意识，按规范行事。育人之道，也是如此。

"律"是一种卓绝的意识，能够让一个人学会自理、主动自为、不断自省。尤其对于成长中的学生，"律"能够让一个人行为保持端直，学习恪守自觉，处世做到自持。

自理：自理是"律"的基础指标。对于一至四年级的学生来说，自理是关键性指标。让每一个学生在这个年龄段做到生活能自我照管，卫生能自愿承担，用品能自己收拾，小问题能自行处理。

自为：自为是"律"的中级指标。对于五至七年级的学生来说，自为是关键性指标。让每一个学生在这个年龄段学会自愿选择、自动学习、自觉做事、自我管理。

自省：自省是"律"的高阶指标。对于八至九年级的学生来说，自省是关键性指标。让每个学生在这个年龄段学会对自己做出客观的评价，时常反思、顿悟，并能够做到自我批评，善于调节内在的情绪，不断在自我教育中完善自我。

（3）恒——指执着的毅力。

《说文》解释，"恒，常也"，持久。恒，从心，指持之以恒的决心。《荀子·劝学篇》说："锲而舍之，朽木不折；锲而不舍，金石可镂。"学习的收获，事业的成功，人生的幸福，都离不开始终如一的恒心。

"恒"是一种可贵的人品，能够让一个人在做事情时养成认真仔细、执着坚定、拼搏进取的精神。尤其对于成长中的学生，"恒"让其学业有所长，生活有所获，事业有所得。

认真：认真是"恒"的基础指标。对于一至四年级的学生来说，认真是关键指标。让每个学生在这个年龄段能够做到仔细地听讲，踏实地学习，用心地读书，专注地做事。

执着：执着是"恒"的中级指标。对于五至七年级的学生来说，执着是关键指标。让每个学生在这个年龄段能够有坚定的信念，有追求理想的勇气，有坚持不懈的努力，有一颗永不放弃的决心。

拼搏：拼搏是"恒"的高阶指标。对于八至九年级的学生来说，拼搏是关键指标。让每个学生在这个年龄段能够做到不怕吃苦，不甘落后，意志顽强，竭尽全力。

2. 优势发展领域：志、识、技

对应于"自主"的育人目标，同时也契合我国确立的"文化修养"和经合组织提出的"人与工具"素养领域。

"优势发展领域"就是完善自我和教育自我。

"优势发展领域"是让学生掌握学科知识，夯实文化基础，培养人文、科学及信息等综合素养，拥有良好的技能和高雅的情趣爱好。通过"优势发展"，从而学会自主，在发展个人特长时提高文化修养，达到人与工具的和谐。

（1）志——指进取的理想。

《说文解字》曰："志，意也。"朱熹指出，"书不记，熟读可记；义不精，细思可精；惟有志不立，直是无着力处"。人生当立志，无志则人难做，事难成。一个拥有志气和进取的人，就是拥有人生理想的人，生命的原动力会源源不断地支持着他走向理想的彼岸。

志是一种卓越的品质，能够让一个人呈现兴趣浓厚，志向远大、规划有方的积极的人生状态。尤其对于成长中的学生，"志"能让其学业有建树，让生活有追求，让人生有目标。

感兴趣：感兴趣是"志"的基础指标。对于一至四年级的学生来说，感兴趣是关键指标。让每个学生在这个年龄段对学习有兴趣，对周边事物有兴趣，对动手操作有兴趣，对表达和展示有兴趣。

有梦想：有梦想是"志"的中级指标。对于五至七年级的学生来说，有梦想是关键指标。让每个学生在这个年龄段有清晰的学业方向，有喜欢的职业倾向，有为之努力的激情，有为之奋斗的行动。

懂规划：懂规划是"志"的高阶指标。对于八至九年级的学生来说，懂规划是关键指标。让每个学生在这个年龄段能够学会规划学习的计划，规划生活的方式，规划交往的范围，规划人生的道路。

（2）识——指广博的见识。

《说文》注解："识，知也。"识，既是认知，辨别，也指知识和见识。荀子曰："不登高山，不知天之大；不临深谷，不知地之厚也"。在今天这样一个知识更新如此迅捷的时代，更需要树立时时学、处处学的观念。见多才能识广、远见才能卓识。

识是一种出色的潜质，能够让一个人达到阅读丰富，表达流畅，见识高远的状态。对于成长中的学生，"识"能够让其知识结构更加全面，让语言表达更有内涵，让文化视野更加宽广。

爱阅读：爱阅读是"识"的基础指标。对于一至四年级的学生来说，爱阅读是关键指标。让每个学生在这个年龄段喜欢阅读、学会阅读、坚持阅读、享受阅读。

重表达：重表达是"识"的中级指标。对于五至七年级的学生来说，重表达是关键指标。让每个学生在这个年龄段学会表达自己的观点，表达自己的思想情感，展示自己的思维逻辑，展现自己的表达风格。

长见识：长见识是"识"的高阶指标。对于八至九年级的学生来说，长见识是关键指标。让每个学生在这个年龄段多参与校内实践活动，多走向社会开阔视野，多认识自然界各种现象，多结识让自己获得快乐和成长的朋友。

（3）技——指多元的能力。

《辞海》将"技"定义为运用知识和经验执行一定活动的能力。要达到迅速、精确、运用自如的"技"的水平，是需要通过反复练习达到的。《教育词典》把技能定义为通过学习重复和反省而习得的体能、心能和社会能力。

技是一种突出的能力，能够让一个人拥有思考的深度，提高动手的能力，掌握探究的方法。对于成长中的学生，"技"在学习中是知行合一的能力，在生活上是解决问题的能力，在环境里是发现真理、探求真知的能力。

善思考：善思考是"技"的基础指标。对于一至四年级的学生来说，善思考是关键指标。让每个学生在这个年龄段学会对事物进行仔细观察，深入理解本质，大胆地想象，独立地提出自己的问题。

勤实践：勤实践是"技"的中级指标。对于五至七年级的学生来说，勤实践是关键指标。让每个学生在这个年龄段主动参与到活动中，积极体验整个过程，勤于动手操作，有自己深切的感悟。

勇探究：勇探究是"技"的高阶指标。对于八至九年级的学生来说，勇探究是关键指标。让每个学生在这个年龄段学会收集各种信息，认真进行分析研究，做出解释和提出结论，并善于交流和沟通。

3. 优势发挥领域：善、责、合

对应"自立"的育人目标，同时也契合我国确立的"社会参与"和经合组织提出的"人与社会"素养领域。

"优势发挥领域"就是成就自我和实现自我。

"优势发挥领域"是让学生在与人、与自然、与社会的交往和参与中体现出良好的道德品质，积极参与，勇于担当。通过"优势发挥"，从而做到自立；在走向社会的过程中，主动承担社会责任，为社会创造价值，达到人与社会的和谐。

（1）善——指向好的品性。

善，是善良，善待。指心地仁爱，品质淳厚，是一种好的行为和道德。"人之初，性本善"，向好向善是人之本性，是中华民族的传统美德。管仲曰："善人者，人亦善之"。做人要知善崇善，行善致善，做到"勿以恶小而为之，勿以善小而不为"。

善是一种美好的德行，能够让一个人有仁爱之心，有正义之感，有家国之情。对于成长中的学生，"善"能够让他们对同学怀有友爱，对老师怀有尊重，对父母怀有感恩，对他人怀有关心，对环境怀有敬畏，对国家怀有热爱。

仁爱心：仁爱心是"善"的基础指标。对于一至四年级的学生来说，仁爱心是关键指标。让每个学生在这个年龄段有一颗爱心，能够关心同伴和集体，爱护学校的环境，爱护动物和植物，关爱他人，做力所能及的好事。

正义感：正义感是"善"的中级指标。对于五至七年级的学生来说，正义感是关键指标。让每个学生在这个年龄段懂得分辨是非，能够知法守法，不做损人利己的事，敢于仗义执言。

家国情：家国情是"善"的高阶指标。对于八至九年级的学生来说，家国情是关键指标。让每个学生在这个年龄段热爱家庭、热爱学校、热爱家乡、热爱国家，将家国情深植于心，做好将来报效国家的准备。

（2）责——指担当的胸襟。

责，基本释义为责任，指应尽的义务，分内应做的事。责任可大可小，大到"天下兴亡，匹夫有责"，小到个人"尽赡养父母之责"；大到改变整个人类和世界，小到做好每一件该做的事。总之，责是每个人做好自己、立足社会的最重要素质。

责是一种非凡的美德，能够让一个人从自身做起，感恩父母的养育之恩，推己及人去帮助他人，关心社会，成为有公益情怀的人。对于成长中的学生，"责"就是想干事的意识、能干事的能力、真干事的行为，干成事的结果。

感恩父母：感恩父母是"责"的基础指标。对于一至四年级的学生来说，感恩父母是关键指标。让每个学生在这个年龄段理解父母的辛劳，对父母道一声感谢；通过为父母做一些小事尽孝心；自己学会照顾自己以减轻父母的负担。

帮助他人：帮助他人是"责"的中级指标。对于五至七年级的学生来说，帮助他人是关键指标。让每个学生在这个年龄段养成助人为乐的好习惯，在道德上影响他人，在学习上支持他人，在活动中协助他人，在生活中体贴他人。

热心公益：热心公益是"责"的高阶指标。对于八至九年级的学生来说，热心公益是关键指标。让每个学生在这个年龄段懂得去关心社会，参与社区活动，参加献爱心活动，投身社会志愿服务，加入环保行动。

（3）合——指合作的精神。

合，指聚合、配合、融合。进一步引申之义就是合作。《易经》有载："二人同心，其利断金。"正所谓人心齐，泰山移，通过合作能够相互借力，获得成长，赢得成功。一滴水只有放进大海里才永远不会干涸，一个人只有融入集体并精诚合作，才能拥有无穷的力量。

合是一种优良的素质，能够让一个人懂得去理解他人，去与他人真心地交流，去积极主动地与人合作来实现更大的进步。对于成长中的学生，"合"能够让学习变得轻松有效，让交往变得深入顺畅，让氛围变得温馨和谐。

学会理解：学会理解是"合"的基础指标。对于一至四年级的学生来说，学会理解是关键指标。让每个学生在这个年龄段懂得换位思考，平等看待每个人的差异，怀着一颗接纳的心去领悟别人的言行，并能做到尊重他人的想法和做法。

真心交流：真心交流是"合"的中级指标。对于五至七年级的学生来说，真心交流是关键指标。让每个学生在这个年龄段与他人交流时，能够拥有真心实意的态度，学会积极倾听，真诚地表达自己的观点，虚心接受他人的意见。

主动合作：主动合作是"合"的高阶指标。对于八至九年级的学生来说，主动合作是关键指标。让每个学生在这个年龄段树立合作的意识，在合作中讲求团结，主动分享，积极配合，热心帮助。

通过对九大核心素养的解读，也使构成核心素养的重要指标清晰可见，最终形成了3个年段的核心素养指标体系。"九字"素养成了北方工大附校学生身上特有的文化符号，彰显出学校与众不同的文化气质。

一至四年级核心素养指标体系

年级	素养领域	核心素养	素养指标
低段 （一至四年级）	优势发现	悦	悦己
		律	自理
		恒	认真
	优势发展	志	立梦
		识	博览
		技	思考
	优势发挥	善	仁爱
		责	孝亲
		合	理解

五至七年级核心素养指标体系

年级	素养领域	核心素养	素养指标
中段 （五至七年级）	优势发现	悦	悦人
		律	自为
		恒	执着
	优势发展	志	追梦
		识	博识
		技	实践
	优势发挥	善	正义
		责	助人
		合	交流

八至九年级核心素养指标体系

年级	素养领域	核心素养	素养指标
高段 （八至九年级）	优势发现	悦	悦心
		律	自省
		恒	拼搏
	优势发展	志	圆梦
		识	博见
		技	探究
	优势发挥	善	家国
		责	乐善
		合	合作

（三）成长箴言：做自己，赢未来

学生成长口号是全体学生对自我的一种激励，体现学生在校学习与生活的精神面貌。

学生成长口号也是对"优势成长教育"的高度呼应，是对"优势成长教育"生本观和发展观的反映，是学校教育理念在学生身上的价值体现和行动应对。

1. 做自己：就是崇尚独特个性

每个人的个性不同，"做自己"就是要追寻内心的声音，不随波逐流，拥有个性，特立独行。

林语堂曾说，"有勇气做真正的自己，单独屹立，不要想做别人"。不盲从者自有成，唯有不盲从，才能突破传统思维的苑囿，才能实现创新，成就独一无二的自我。

因此，做自己就是做一个真实的自己，按照本心去自然生长；做自己就是做一个独特的自己，按照强项去专注成长；做自己就是做一个最好的自己，按照优秀去持续发展。"做自己"需要一种不受外界干扰的坚定毅力，如苏轼所言，"守其初心，始终不变"。

2. 赢未来：就是追求精彩绽放

每个人的理想不同，"赢未来"就是要坚守成功的信念，不轻言放弃，直面未来，追逐精彩。

巴菲特曾说，"哲学家告诉我们，做我们所喜欢的，然后成功就会随之而来"。成功不仅和兴趣正相关，还与兴趣的坚持密不可分。但凡有成就的人，无一不是一个执着无悔的坚定者。因此，成功的秘诀是走向目的的坚持。

因此，"赢未来"就是要有梦想，拥有改变自我命运的志气；"赢未来"就是要有胆量，拥有战胜一切困难的勇气；"赢未来"就是要有行动，拥有发挥优势的底气。"赢未来"需要一种执着的理想信念贯穿成长的始终，如朱熹所言，"立志不坚，终不济事"。

往事印记 >

拥抱飞行梦

2012年，中国首个"飞行员早期培养高中实验班"在北京市第57中学诞生。经北京市教委批准，57中与民航局中国航空器拥有者及驾驶员协会（AOPA）合作，成立了"飞行员早期培养高中实验班"，这也是北京市唯一一个在高中培养飞行员的实验班。

在今年的中考中，我校初三（四）班的王康童同学就成功被北京市57中飞行班录取。可谁能想到在1年之前，他还是一个常常因为成绩不理想而沮丧焦虑的男孩。

王康童同学刚转到我校时学习成绩并不突出，甚至还有掉队现象。在一模考试中他只考了470分，离他心之念的"飞行员早期培养高中实验班"还有很大差距。在得知这个情况后，我们的教师积极与他沟通，甚至不惜拿出私人时间给他"开小灶"。在所有任课老师的帮助指导下，他的二模成绩达到了500分，中考成绩更是直达527分（未加分），毫无悬念地被"飞行员班"录取了。

王康童同学的成功，充分体现了北方工业大学附属学校中学部老师超强的再加工能力以及拼搏敬业的精神。王康童同学只是北方工大附校初三众多学生中的一个代表，像他这样的故事在学校还在持续不断地上演着。我们每一个老师都在努力给孩子搭建成功的平台，让他们在这个过程中发现自己的优势，发展自己的优势，发挥自己的优势，获得成功的体验，变得更加自信、自主、自立。

四、潜心耕耘，教师发展打磨"优势"

教师发展是科教兴国的重要保障，没有教师的参与，中国教育改革的成功是不可能实现的。教师发展，是指由一名专业新手发展成为专家型教师或教育家型教师的发展过程，这个过程不仅包含了专业素质的提升，还包含了教育理论、教育观念的丰富与发展。

围绕"优势成长教育"的文化定位，我进一步确立了教师发展目标和教师宣言，以此"打造奋北之师"，实现"引领一方教育"的宏伟愿景。

对于"教师"二字的理解，我认为就是要清晰论述作为一名教育工作者，如何"从教"，如何"为师"。"从教"是对教师育人观提出的要求，指向的是师生关系；"为师"是对教师立业观提出的要求，指向的是师者境界。

（一）师生关系：以唤醒、引导、激励的理念从教

这是一种育人观，体现教育的范式。这是践行"优势成长教育"，通过发现优势、发展优势和发挥优势，培养学生的自信、自主和自立。

唤醒：德国哲学家雅思贝尔斯说："教育的本质是唤醒。教育，意味着一棵树摇动一棵树，一朵云推动一朵云，一个灵魂唤醒另一个灵魂。"斯普朗格也说："教育的最终目的不是传授已有的东西，而是要把人的创造力量诱导出来，将生命感、价值观唤醒"。作为教师，要在尊重学生个性的基础上，善于唤醒学生内在的潜能，不断启迪学生成长的心智。

引导：叶圣陶先生指出，"教师之为教，不在全盘授予，而在相机诱导"。苏霍姆林斯基也说："教师真正的教养性表现为：学生能从他身上看到一个引导他们攀登道德高峰的引路人，从他的话里听出他在号召他们成为忠于信念，对邪念不妥协的人"。作为教师，要在教书中做到循循善诱，发展学生的思维潜质，引领优势成长，更要在育人上做到德泽生命，发展学生的道德精神，引领优秀品质。

激励：第斯多惠指出，"教学的艺术不在于传授的本领，而在于激励、唤醒、鼓舞"。教育家霍懋征也说道："我的教育方法就是激励、赏识、参与、期待"。作为教师，必须从一开始就建立所有孩子都能够达到最高水平的坚定信念。因为这样的信念在，才会去时时激励学生去建立优势，追逐理想。要善于激励，在表扬中增强学生的自信，在鼓舞中激发学生的勇气，在督促中促进学生的成长。

（二）师者境界：以敬业、专业、乐业的情怀为师

这是一种立业观，体现教育的境界。这是实现"引领一方教育"，通过打

造自身的敬业态度、专业水准和乐业境界，成就"做优质量、做强特色、做响品牌"的学校愿景。

敬业：教育家于漪说："教育，一个肩膀挑着学生的现在，一个肩膀挑着祖国的未来"。托尔斯泰也说："如果教师只有对事业的爱，那么，他是一个好教师。如果把对教育的爱和对学生的爱融为一体，他就是一个完美的教师。"无论是讲教育的本质，还是讲教育的真谛，都不约而同地指向了敬业。作为教师，就应该以敬业的态度来看待教育事业，这是一个神圣的职业，需要心的投入，更需要爱的奉献。

专业：苏霍姆林斯基指出，"教师进行劳动和创造的时间好比一条大河，要靠许多小的溪流来滋养它。教师时常要读书，平时积累的知识越多，上课就越轻松"。爱因斯坦也说："使学生对教师尊敬的唯一源泉在于教师的德和才"。作为教师，要努力耕耘杏坛，做到学无止境，不断提高专业水平，力求做专家型的教师。要谨记"一辈子做教师，一辈子学做教师"的哲理。

乐业：亚里士多德说过，"教育之根味苦，教育之果味甘"。罗素也指出，"我的人生正是：使事业成为喜悦，使喜悦成为事业"。教师的最大幸福就是把一群群孩子送往理想的彼岸；就是多年以后你的学生还会时常来看你；就是知道学生们都事业有成、生活幸福、家庭美满。作为教师，要学会在工作中享受乐趣，感受幸福，要以一种至高无上的情怀来对待这份责任，以此为生，乐此不疲。

（三）发展宣言：慧眼观人长处，正心慎我独时

教师宣言昭示了全体教师的教育心路，既蕴涵了对自我职业道德和专业发展的期盼，也蕴藏了对他人卓越品行和独特优势的认同。

"慧眼观人长处，正心慎我独时"是出自伟大教育家陶行知的名言，就是希望教师要用一双慧眼来看待人，识人之长；要以一颗正心来看自己，律己正身。教育家于漪曾说道，"我有两把尺，一把是量别人长处，一把是量自己不足，只有看到自己的不足或缺点，自身才有驱动力。因为，累累创伤，是生命给你最好的东西"。只有做到如此，才是一位优秀的教师，也因此成为全体教

师共同恪守的行为宣言。

1. 慧眼观人长处：是对他人的赏识

慧眼是指敏锐的眼力，观人长处是指能够看到别人身上好的一面。在学校里，特别倡导每个教师要独具慧眼，做一个眼光独到的人。

首先，教师要有一双伯乐的慧眼，善于发现学生的强项。不要错过任何一个优势成长的机会，这个机会对学生而言可能就决定了一辈子。要走近学生身边，在充分了解中去发现每个学生不一样的兴趣爱好，从中寻找可以发展的优势领域。

其次，教师要有一双欣赏的慧眼，善于发现同事的优点。每个人都是一道亮丽的风景线，都有其闪光的一面。要树立"三人行，必有我师焉，择其善者而从之"的理念，走近同事身边，去丰厚教育的理论，去提升教育的理念，去汲取教育的经验，去改善教育的方法。

2. 正心慎我独时：是对自我的要求

正心是指要端正自己的心；慎我独时是指在一个人独自前行的时候也要自觉地严于律己，谨慎地对待自己的所思所行。

首先，教师要以高尚的师德影响他人，孟子曰："教人治人，宜皆以正直为先"。教师是学生的镜子，学生是教师的影子。动人以言者，其感不深；动人以行者，其应必速。作为教师要严于己而后勤于学生，唯有如此，才能培育出品行端正的学生。

其次，教师要以慎独的态度鞭策自己，《礼记》记载："莫见乎隐，莫显乎微，故君子慎其独也"。越是一个人的时候越是要谨慎告诫自己，自觉履行教师职责，自觉深耕教法学法，自觉习得各种学识，做到"以刚介为自己之基，以敬恕为养性之本"。

最终，我想用一个个放大镜叠加的图形来全方位展示学校文化，将文化理念按照文化之根基、魂魄、格局、标尺、世范直至气质，寓意以文化塑造气质的文化追求，让学校呈现出精彩纷呈的文化气象。

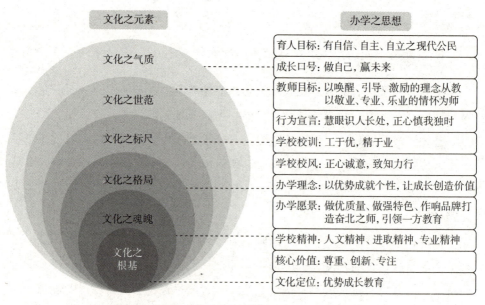

北方工业大学附属学校"优势成长教育"文化体系

往事印记 ＞ ### 如花绽放

　　洋洋是北方工大附校中学部的一名普通学生。父母离异的她独自跟奶奶生活。特殊的家庭环境让她有些自卑，不敢在同学面前表现自己。

　　2016年3月，我校"北方繁星"话剧社成立，开始面向全校学生海选演员。一直对表演有浓厚兴趣的洋洋来到了海选现场。那时的她，几乎是全程低着头完成了面试。在才艺展示环节，洋洋鼓起勇气唱了一首歌。面试的评委团敏锐地发现了这个孩子身上的表演潜质和可塑性。加入话剧社后，一次次的排练，一次次的磨砺，让洋洋脱颖而出，最终担当女主角。

　　2016年6月14、15日，"北方繁星"话剧社在青少年活动中心金鹏剧场进行了汇报演出——原创青春励志大戏《爱丽丝重游仙境》。孩子们的表演堪称惊艳，赢得了现场观众雷鸣般的掌声。

　　看到屏幕上这个自信从容、笑容阳光的女孩，您可能很难跟半年前那个自卑的身影联系在一起。辛苦背后的成长，磨炼之后的成功，舞台演绎的自信……这份体验，必将让孩子们获益终生。我想，这就是实施

"优势成长教育"下的一个生动而温暖的写照了吧。没错，我们就是要做那柄帮助学生最大化优势的"放大镜"，绝不放过每个孩子身上任何一个弥足珍贵的闪光点，并且还要让这"星星之火"愈发夺目、愈发绚烂。

第十三章

运筹教育，新起点下的奋北号角

编者按 ≫

　　新起点要有新气象，新思想引领新征程，新使命呼唤新作为。自出任北方工大附校校长一职以来，我以严谨的战略布局、昂扬的精神状态、饱满的工作热情，谋划制定出以"金牌学科组合"建设为带动的学校发展战略和"4—3—2"学制下的课程建设方略，把"优势成长教育"下的奋北目标，转化为抓导向、守阵地、把关口的实际行动，转化为推进北方工大附校教育事业发展的具体举措，带领全体师生"学起来、教起来、传起来、研起来、干起来、实起来"。

　　古语说"十年树木，百年树人"，办好教育不是一朝一夕的事情。

　　秉承着开放包容、创新超越以及和谐稳定的工作原则，我全面稳步推进北方工大附校的组织制度改革以及设施资源配置等各项改革工作，就是希望尽一切可能给孩子们搭建成功的平台，让他们获得成功的体验，变得自信、自主、自立；就是期盼给教师们创造提高和展示的平台，让他们发现、发展、发挥自己的职业优势，有声有色地工作！

　　思之弥深，行之弥笃。接手北方工大附校后，对于未来工作的定位，我是这样想的，在工作中，我也在努力践行着这个思路，最终的目标就是让学生拥有优势，教师形成优势，学校办出优势，全力推进学校高位优质发展。

一、发展战略，让行动协同起来

作为一所通过合并成立的全新学校，北方工大附校承载了来自社会各界的殷切希望。"十三五"时期是学校发展至为关键的阶段，是决定学校能不能突破藩篱、开创新局的5年；是决定学校能不能打好翻身仗、打响品牌仗，进而在区、市乃至全国基础教育界奠定地位的5年。因此，身为一校之长的我，必须明确学校未来5年乃至更长时期的发展定位，并承担起在定位之下系统规划学校整体发展的思路、战略和举措的重要使命。

（一）做优质量，多管齐下促发展

习近平总书记在主持召开中央全面深化改革领导小组第三十五次会议发表重要讲话时曾强调，"要统筹推进育人方式、办学模式、管理体制、保障机制改革，使各级各类教育更加符合教育规律，更加符合人才成长规律，更能促进人的全面发展"。学校教育质量的提高涉及各个方面，是综合而复杂的，不可能依靠某一项举措单方面推进与完成。因此，学校在规划时必须要有全局意识和整体意识，以核心改革带动其他方面的改革，做到多措并举、多管齐下，持续系统、深入推进。

在制定北方工大附校"十三五"发展规划时，我和学校其他领导经过审慎思考与反复研究，按照育人方式、办学模式、管理体制、保障机制的设计思路，从学科建设、学制变革、师资打造、德育创新、评价升级、资源整合和治理优化等7大领域对学校各项工作进行了系统设计，提出了包括"金牌学科组合攀登工程""重点学科发展振兴工程""薄弱学科提升推进工程""'4—3—2'学制建设工程""'奋北名师'塑造工程""立德树人系统化工程""'绿色评价'机制完善工程""校内外资源整合工程"和"现代学校治理体系建设工程"在内的11大工程，每个工程下又包含若干实施要点，进而形成一幅详细完整的多任务并进的行动路线图。

（二）做强特色，金牌学科先突破

就北方工大附校的实际情况而言，学校学科整体的底子仍然较为薄弱，学科与学科之间的发展也不平衡，欲求所有学科都有长足的发展并达到相当高的水平，在短期内实现存在较大困难。如此，就有必要根据学校内部的学科发展实力及外部的社会人才需求导向进行筛选、调整甚至重组，有目的地选择优势学科优先发展。在此基础上，集中学校的人、财、物等方面的优势资源和力量，大力投入，优先扶持，开发运行一套包括课程实践大胆、教学方式革新、教学手段丰富的带有学校鲜明特色的教育服务产品。

因此，基于响应国家要求做好语文、历史和道德与法治三科统整式发展的号召，依据招考改革对学校特色化发展方向的指引，结合对学校学科发展水平、比较竞争优势以及学科提升难易程度的客观分析，我按照分类分层推进的思路，对学科发展进行重新统筹规划。我提出，以语文、历史和道德与法治3门金牌学科为第1层级，以英语、数学、化（生）和体育4门重点学科为第2层级，以物理、地理和艺术3门薄弱学科为第3层级，按阶梯化推进的思路，实现学科发展最大效益。

在此思路下，我们决定将充分利用语文、历史和道德与法治3科意识形态属性强以及学科关联度高的重要特质，在文科方向上寻求重点突破，优先建设语文、历史、道德与法治3门文科学科以及相关教师团队。通过以文科捆绑式发展为关键抓手，协同提高重点学科，带动薄弱学科，促进学生学思并举、知行合一，增强社会主义核心价值观教育的感染力和实效性，做强特色，做优质量，做响品牌，使学生具备深厚的人文素养和突出的文科优势。

我们采取的主要举措有：

（1）大力夯实"阅读+写作"特色，营造浓厚书香校园氛围。让阅读成为学生"优势成长"的必需，通过探索与创新主题阅读、对比阅读、组合阅读、关联阅读等方式找到学科内与学科间、课堂内与课堂外最佳的契合点，构建起"会读—勤读—乐读—海读"的教育教学模式；建立学校图书馆、年级图书漂流站、班级图书空间"三级"阅读体系，为不同年段、不同学力的学生确定适宜的"成长阶梯书单"，建立从积累到理解，到评鉴的、明确的阅读能力培养目标，并按照目标严格执行计划，撰写读书笔记，参与交流分享等；创新阅读和写作方式，采取师生共读、亲子共读、生生共读等趣味性的阅读方式以及情境写作、现实写作、剧本写作等多样化的写作方式，激发学生阅读的兴趣，丰富学生的写作体验；通过创办图书故事会、读书沙龙等阅读活动，将读与写进行捆绑教学，让学生积累阅读量，分享读后感，在阅读中学会分享、表达个人情感；各科教师落实"责任制"，利用中午、晚上、节假日等课余时间，主动为存在阅读或写作困难的学生进行辅导和学法指导，为学生答疑解惑。

（2）有效落实经典背诵，显著提升人文素养。根据不同学段学生特点，详细制定有层级、有区分度的经典背诵篇目表以及具体背诵目标，按照经典名篇诵读、识读、背诵全文到全部背诵的阶梯式演进，在做好传承经典、弘扬国粹的同时，把经典真正刻印在学生心中，为厚积人文素养打牢基础，为学生的优势发展引领策动。

（3）切实加强时事教育，探索社会实践新方式。特别开设"时事新闻课"，用全新方式将时事新闻融入学校课程体系，使学生更客观、更全面、更深入地认识周围事物和世界，形成正确的世界观、人生观和价值观，增强社会责任感和使命感。根据不同学段学生年龄特点，采取学生喜闻乐见、富有启发的方式进行时事教育，低学段侧重知识的普及和趣味性，通过故事讲述、情景表演等方式，让学生看懂时事新闻；中学段侧重对新闻的解读，通过辩论、演讲等形式，循序渐进地引导学生感悟，让学生关注时事；高学段侧重对时事新闻的深入剖析，通过"时评"环节的客观分析，深入浅出地引导学生理性思考，让学生领会内涵。组织学生到档案馆、博物馆、纪念馆等场所现场教学，提高时事教育活动的吸引力和实效性。充分利用晨会、班团队会、综合实践活动等时间，以及其他开展集体教育活动时间，对学生进行时事教育。积极邀请地方党政领导为学生做形势报告，鼓励"五老"人员及其他有专业背景的志愿者，为学校开展时事教育提供帮助。

（4）着力加强学科组合课程的一体化建设，建立跨学段、跨学科联合教研组和稳定工作机制。依据各学段教与学的特点，开展3个学科教学方法和教学内容的衔接研究，鼓励教师跨学段研究大纲和教材，从课程顺序、教材内容入手，选择性地进行融合、增补和省略，开发各学科的整合型课程和拓展型课程，实现课程知识体系的无痕对接，有效避免知识的重复；形成稳定的集体备课工作机制，以3个学科形成的大教研组为单位，集体研读课程标准和教材、分析学情考情，制定学科教学计划，分解备课任务，审定备课提纲，反馈教学实践信息，落实跨学段联合教学任务；结合3个学科教学内容的联系点和相似性，进行3个学科的跨学科整合，构建一贯制的精品课程和特色课程，合理进行知识的迁移，给学生打开一个宽阔的文科视域。

（5）积极争取与优秀教研室共建学科基地，进一步拓展"以名师培养名师"的途径。以共建语文、历史和道德与法治3大学科教研基地为首要目标，以教研促教学，显著提高我校金牌学科水平；邀请更多的3科著名特级教师担任我校骨干教师的指导工作，促使我校教师更快夯实学术功底，提升教育教学理论水平，革新教育教学方式、方法；积极支持学校高水平特级教师、骨干教师、学科带头人参加课改活动，参加各类命题讨论工作，参与市、区学科讲座，在市、区召开的各种研讨会上发表创见，提高专业度和知名度。

（6）创新教学方式，增强学生学习内驱力。采用戏剧教学、主题教学等创新式教学法，统合语文、历史、道德与法治学科知识点，增强学科之间的联系，让学生对文科学科形成整体认知；以话题、讲故事、小论坛、辩论赛等方式，统合道德与法治教材中相关联的知识点，提高授课效率，增强学生对相似问题的深入理解；通过编演课本剧的形式对语文、历史学科相关教学内容进行有机整合，让学生在有情有境的戏剧教学活动中，提升对语文、历史学科的学习兴趣，提前了解简单的历史知识，丰富语文学科知识的外延，通过剧本创编、剧目编排、舞美设计等戏剧环节，全面提高学生的鉴赏能力、写作能力、口语表达能力、创造性思维等。

结合文科一体化发展特色探索学程改革。根据金牌学科捆绑式发展的具体需求，打破学段和学时的限制，开展长短课、学程改革等方面的探索与尝试，设计体验型课程的小学程，服务学生学习的现实需要的同时，推动学校特色教育；适应学业水平测试的要求，根据学业测试的时间点，统筹课程安排，将学程科目设置与学生备考科目充分结合，让学生能够集中学习考试科目，高效备考。

（三）做响品牌，资源整合是关键

办好具有首都特色、一流水平的现代教育，是时代赋予学校的崇高使命，是党和人民赋予学校的重大责任。因此，我认为，必须做好北方工大附校的供给侧改革，通过加强与北方工业大学的深入实质性合作，厚植土壤，广聚资源，成为首都地区现代教育和优质教育的引领者和示范者，成为一所人民满意的口碑校。

基于此，学校在之后的建设中，将重点借力石景山区优质人文资源、"高参小"项目以及北方工业大学优势学科及专业资源，丰富学校课程资源。包括：

（1）加强与北方工大在硬件设施、场馆场地、图书馆资源的进一步共享合作。

（2）结合学校"4—3—2"课程体系，开展与大学实验室的常规合作，包括实验室课程开发、优秀学生入室培养等。

（3）拓展学校在师资培养方面与北方工大的常规合作。

（4）探索学生社团的创新合作模式，包括联合活动，邀请优秀大学生来校指导社团建设等。

（5）邀请北方工业大学重点学科负责人来校讲座，开展职业教育体验等活动，激发学生对理工科兴趣，引导生涯规划设计。

（6）成为北方工大相关专业的本科生、研究生的教育实践基地。

（7）争取建立更深层次的合作——学生定向委培。

同时，我们也将加强对石景山区优质人文资源的开发，并与区域内企业、社会单位的合作，打造实践基地及职业教育基地；积极整合与利用优质家长资源，建立优势成长育人共同体；争取与更多的国际优质中小学建立合作，建立长期交流机制，汲取国外名校的办学经验和管理模式，丰富办学思路，提高办学质量，加快学校的国际化进程，提高学校品牌知名度和影响力。

媒体之音 ▷　　**用教育真情打造石景山中部的一把金钥匙**

——*中国教育在线*

2016年1月，为进一步深化教育综合改革，促进区域教育资源均衡优质发展，石景山区委教工委、区教委研究决定对北方工业大学附属中学、附属小学（原北京市杨庄中学、杨庄小学、八角北路小学）进行深度整合，成立北方工业大学附属学校，全力推进学校九年一贯制整体发展。同时，区委教工委重组学校校级领导班子，新任领导班子成员均来自区内知名中小学，王校长如是说。

自整合成立以来，北方工业大学附属学校秉承自主办学、开放包容、创新超越以及和谐稳定的工作原则，全面稳步推进机构改革、人事聘用改革、课程改革、薪酬激励机制改革以及设施资源配置等各项改革工作，为教师和学生搭建广阔平台，全力推进学校优质跨越发展。自成立以来，北方工业大学附属学校在教育教学诸多领域取得了多项成绩，得到了学生、家长及社会各界的广泛认可，学校正实现着向优质学校的大踏步发展。开学初，北方工业大学附属学校刚刚接受了石景山区委教工委、教委、教育督导室、教育分院等部门的集体视导，从领导反馈的话中，可以看到北方工大附校的巨大变化：用"温暖"都不够表达我们的情感，应该用"震撼""燃烧"这样的词汇才能表达我们走进北方工大附校听到的、看到的、感受到的巨变。从3所学校到整合成1所学校，这所学校真的变了，这种变化很难，很不容易!一年当十年过，这里面有汗水、有泪水、有欢笑。

自整合成立一年半以来，北方工业大学附属学校取得了很大的变化，这种变化的根本原因，王校长认为还是办学理念的变化，学校管理风格的改变。说到此，王校长给我们分享了一个故事：有一个中学部的女孩叫洋洋，她是非京籍，父母离异，她独自跟奶奶生活。特殊的家庭环境让她有些自卑，不敢在同学面前表现自己。2016年3月，学校"北方繁星"话剧社成立，开始面向全校学生海选演员。一直对表演有浓厚兴趣的洋洋来到了海选现场。那时的她，几乎是全程低着头完成了面试。在才艺展示环节，洋洋鼓起勇气唱了一首歌。面试的评委团敏锐地发现了这个孩子身上的表演潜质和可塑性。加入话剧社后，一次次的排练和磨砺，让洋洋脱颖而出，最终担当女主角。2016年6月，"北方繁星"话剧社在金鹏剧场进行了汇报演出——原创青春励志大戏《爱丽丝重游仙境》。孩子们的表演堪称惊艳，赢得了现场观众雷鸣般的掌声。任何人看到台上那个自信的女孩，都很难和半年前那个自卑的身影联系在一起。

王校长认为做教育，说到底，就是给孩子们搭建成功的平台，让他们在这个过程中发现自己的优势、发展自己的优势、发挥自己的优势，获得成功的体验，变得自信、自主、自立;做教育管理工作，说到底，也就是给老师们创造提高和展示的平台，发现、发展、发挥自己的职业优势，有声有色地工作。

学校变了，然而，老师还是那些老师，学生还是那些学生，真正变的是什么?是学校的办学理念、育人理念，是学校的教育教学管理风格。以欣赏的眼光看待老师、学生，他们就是最棒的!用心为老师和学生搭建发展和展示的平台，他们就能带给我们无数的惊喜和感动!王校长解释道。

课程育英才，活动润心灵。从本质上看，为了学生的个性化发展，培养学生的综合素质;从课程设置上看，要更校本化、个性化，能够依据不同学生的不同水平提供更为个性化的教育。此外，从活动上看，为了让孩子们能够充分发现自己的优势、发展优势、发挥优势，就要给学生搭建丰富的平台，鼓励学生探索个性特长，发展优势领域，获得成功体验。北方工业大学附属学校构建了横向丰富多样、纵向层次明确的丰富多彩的课外活动课程体系。学校开设了近70门课外活动课程。同时开设了"北方繁星"话剧社、"北方繁星"健美操队、田径运动队、合唱团、管乐团、广播站等学生社团，给学生充分的自我探索的平台。

中高考改革是挑战，亦是机遇，它给了北方工业大学附属学校这种普通校、处在爬坡阶段的学校一个"弯道超车"的机会。如何调整应对?王校长认为还是应该从"优势"这个角度去着手，发现学校的优势学科所在，充分利用北方工业大学的优势资源，打造金牌学科组合;振兴重点学科，提升薄弱学科，真正帮助学生做好生涯辅导工作，帮助学生发现自己的兴趣所在和优势定位，提升学校的教育质量。

对于未来的教育，王校长认为应该是高度个性化的，能够让每一个孩子在学校中找到自己的优势成长路径，做自己，赢未来，人人不同，但又人人精彩。

经过几代北方工大附校人的努力，学校未来定能够做优质量、做强特色、做响品牌，打造奋北之师，引领一方教育。北方工业大学未来应该是一所质量优、特色强、品牌响的一流学校，如果可能，王校长还希望能够将北方工业大学附属学校办成12年一贯制的学校，实现与北方工业大学的最深度合作——学生的定向委培。

二、优势课程，让个性飞扬起来

课程是学校发展的根基，它是对学校文化的具体刻画，是对教育改革的创新思考。作为北方工业大学的附属学校，我立足"优势成长教育"，带领全体学科教师深入开展课程建设，探索适应北京市新中考变化的新型课程体系，并将北方工业大学丰厚的课程资源融入课程体系建设中，让课程成为落实"优势成长教育"办学思想的核心载体，成为应对中考变化的关键战略，成为整合资源的优势链条，更成为实现育人目标的重要路径。

（一）综合研究，系统思考课程立意

1.基于中考变化进行学制改革

北京市出台的新中考改革方案为学校的课程建设带来了新的机遇与挑战。所谓机遇，是作为九年一贯制学校将变得更有主动权，能够更好地进行小学和初中的统筹教学，实现中考的"弯道超车"；所谓挑战，是要分别针对京籍和非京籍学生制定不同的课程方案；对于京籍学生，要根据中考新政设计适应新中考变化的课程体系；特别要关注到"5选3"科目，让学生做到早积累、早体验、早选择；对于可能被退回原籍考试的非京籍学生，则仍需按照正常教学进度开设课程，满足其回原籍考试的需要，并且考虑为其开设一定的职普衔接课程。

面对严峻的课程改革考验，我们首要考虑充分发挥九年一贯制办学优势，进行适应中考变化的学制改革。新中考改革的核心是赋予学生"选考权"，通过对国内外学制改革进行研究，我们采用让学生"早选择、早体验、早选择"的"4—3—2"学制。所谓"4—3—2"学制，就是将基础教育阶段的9年划分

为"1～4年级""5～7年级""8～9年级"3个阶段。

"1～4年级"重在知识积累，让学生打好扎实基础，对知识掌握牢、理解透，为初中知识的学习留出时间。

"5～7年级"重在选考体验，让学生提早体验和适应初中的思维方法、知识内容和学习生活，寻找自己感兴趣的学习领域，避免初中选考的迷茫和慌张。

"8～9年级"重在选择备考，让学生确定自己的优势，下大力气对选考科目进行深度学习，在选定的科目上投入更多的实践和精力，为赢得中考做足准备。

2. 基于大学优势丰富课程资源

北方工业大学附属学校有两大办学优势，一是具备九年一贯制天然的办学体制；二是能够整合与利用北方工业大学优质的学校资源。

基于对学校课程需求的分析，结合学校办学基础及师资现状，我们考虑要借助北方工业大学的优秀学科、专业及师资力量。

一是重点吸收和利用北方工业大学机械类、工程类、建筑类、电子信息类等优质理工类学科与专业资源，应用在我校数、理、化、生等理工类学科建设、STEM、创客等特色课程打造等方面。

二是积极对接北方工业大学重点实验室资源，利用大学实验室的人力资源和场地设备，在学科建设、品牌课程、学生综合实践课程、职业体验等方面进行系统化设计。

三是邀请北方工业大学重点学科负责人来校讲座，开展职业教育体验等活动，激发学生对理工科兴趣，明晰生涯规划导向。

3. 基于文化定位开展课程建设

文化是课程建设的源头和出发点，我校以"优势成长教育"为文化定位，其内涵是通过建立一种师生双动力的发展模式，让学生通过教师的唤醒发现优势，变得自信；通过教师的引导发展优势，变得自主；通过教师的激励发挥优势，变得自立。

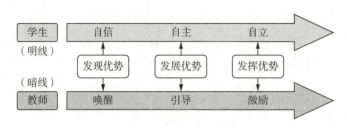

"优势成长教育"的内涵

因此，北方工大附校的课程建设就是要立足于"优势成长教育"的文化定位，通过建立一套让学生能够逐步发现优势、发展优势、发挥优势的课程体系，实现学生自信、自主、自立的成长目标，完成"课程育人"的使命，让课程真正成为文化落地的有效载体。

（二）紧扣文化，深度凝练课程思想

课程理念是课程建设的行动纲领，它代表学校文化对课程建设的核心要求。根据学校"优势成长教育"的文化内涵与"育自信、自主、自立之现代公民"的育人目标，我们提出了课程理念与课程目标：课程目标与育人目标高度吻合；课程理念是对"优势成长教育"文化内涵的体现与落实，并与课程目标一一对应。

我们将"优势成长教育"所挖掘的"发现优势、发展优势、发挥优势"的文化内涵作为课程理念，致力于通过"4—3—2"学制下的九年一贯制课程建设，促进学生将内在的优势潜能在不同的成长阶段一步步发挥出来。

发现优势、发展优势、发挥优势分别对应一～四年级、五～七年级、八～九年级三个学段课程建设需秉持的理念。

"4—3—2"各学段课程建设理念

一～四年级以"发现优势"为课程建设理念，目的是让学生在学习基础通识知识的过程中发现自身优势，发现自己擅长的学科或学科领域。

五～七年级以"发展优势"为课程建设理念，目的是让学生通过提前学习和体验初中知识，让初步萌芽的优势得到进一步发展。

八～九年级以"发挥优势"为课程建设理念，目的是让学生聚焦自己的优势选择，通过有针对性的强化学习将自身优势充分发挥出来。

（三）直指育人，明确课程设计目标

学校的育人目标是一切教育教学活动需坚持的方向，课程是学校育人的主要手段，为此，根据我校"育自信、自主、自立之现代公民"的育人目标，我们将育人目标中"自信、自主、自立"三个具有育人指向性的关键词作为我校的课程目标。

自信、自主、自立分别对应一～四年级、五～七年级、八～九年级三个学段课程所需达成的目标，它们与学生的身心成长特点和规律相适应。

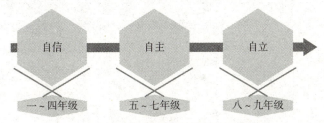

"4—3—2"各学段课程建设目标

一～四年级以"自信"为课程建设目标，目的是让学生通过掌握基础知识，丰富学识积累，树立学习的自信心。

五～七年级以"自主"为课程建设目标，目的是让学生在对自己学习能力形成初步判断的前提下，在提前学习与体验初中知识的过程中建立自主学习的意识。

八～九年级以"自立"为课程建设目标，目的是让学生能够通过自身努力，尽力达到自己制定的学业目标，靠近自己预期的发展方向。

（四）独特设计，科学搭建课程体系

在"发现优势、发展优势、发挥优势"课程理念的统领下，在"自信、自

主、自立"课程目标的召唤下，我们根据一～四年级、五～七年级、八～九年级各学段课程建设重点，搭建了横纵交织的课程体系，塑造了带有文化特征的课程模型，为各学段进行课程建设指明清晰的路径。

1. 课程体系建设

（1）课程框架图

"4—3—2"学制下的课程体系是一个庞大的课程结构，我们试图用一张课程体系框架图来表达课程理念、课程目标、学段划分、课程系列、课程类型之间的逻辑关系，如下图所示：

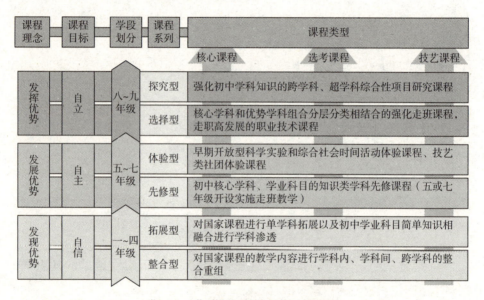

"4—3—2"学制下的课程体系框架图

课程体系框架图中，一～四年级、五～七年级、八～九年级三个学段分别认领各自学段的课程理念及课程目标，由横向的课程系列和纵向的课程类型构成了横纵交织的课程结构。

横向上，三个学段共形成了6大课程系列：一～四年级为基础学段，重在国家课程的整合重组、拓展渗透，形成了整合型课程系列和拓展型课程系列；五～七年级为过度学段，重在初中核心学科、学业科目的先修、开放性科学实验和综合社会实践活动的早期体验，形成了先修型课程系列和体验型课程系列；八～九年级为深化学段，重在中考核心学科及选考科目的分层分类走班以及对跨学科课程的研究性学习，形成了选择型课程系列和探究型课程系列。

纵向上，各学段形成了核心课程、选考课程、技艺课程三大课程类型，核心课程涉及中考必考学科；选考课程涉及中考进行"5选3"的选考学科；技艺课程涉及中考考试学科之外的、重在培养学生专业技能的其他学科。

横纵交织的课程结构为各学段的课程建设指明了道路，让各学段根据本学段的课程系列及课程类型划分去进行课程内容的设计，如此，让"4—3—2"学段下的总体课程体系呈现出完整、立体、系统的框架形态，形成了我校课程建设之"骨骼"。

（2）各学段课程定位。

作为一～四年级的基础学段、五～七年级的过度学段、八～九年级的深化学段，各学段的课程目标及课程任务不同，从而使各学段有着不同的课程定位。一～四年级的课程建设主要定位在夯实基础；五～七年级定位在体验选择；八～九年级定位在强化备考。具体来说：

一～四年级夯实基础的课程主要包括国家课程整合课程、单学科拓展课程及与初中学科科目简单知识融合渗透课程，重在打牢学生在小学阶段各科的学业基础，发现自己喜爱及擅长的学科及学习领域，让自身优势在课程学习中得以萌芽。

五～七年级体验选择的课程主要包括初中核心学科及学业科目知识类先修课程、早期初中实验、实践、社团体验课程，重在让学生通过实践体验和接触部分初中学科知识，确定自己的中考选考科目，让自身优势在课程学习中得以发展。

八～九年级强化备考的课程主要包括分层分类相结合的强化走班课程、职高职业技术课程及初中跨学科项目研究课程，重在让学生根据个人学力进行所学课程的个性化选择，集中强化中考必考及选考科目，让自身优势在课程学习中获得系统提升。

（3）三大课程类型。

为紧跟中考改革的步伐，顺应中考改革的政策要求，学校将对国家课程进行分类，语文、数学、英语和体育划分为核心课程；新中考要求的物理、化学、生物、历史、地理、思想品德选考科目划分为选考课程；音乐、美术、信息技术和劳动技术则划分为技艺课程。

一～四年级、五～七年级、八～九年级三个学段根据各学段不同的课程任务及重点对核心课程、选考课程、技艺课程进行不同的设置及实施，同时注重各类型课程的九年贯通。

核心课程：一～四年级开设整合重组的语文、数学、英语课程；五～七年级根据学生的知识掌握情况开设分层的语文、数学、英语课程；八～九年级开设对基础知识不同强化程度的语文、数学、英语课程。体育课程为一～九年级统合开设，贯通学习，从五年级开始进行分类设置。

选考课程：一～四年级为中考选考科目在国家课程中的渗透，如物理、化（生）简单知识在科学、数学学科中的渗透；历史、地理知识在语文、英语学科中的渗透；思想品德在道德与法治、品德与社会学科中的渗透；五～七年级为中考选考科目的先修与体验，包括物理、化（生）学科知识先修课程和早期开放性科学实验体验课程以及历史、地理、思想品德学科知识先修课程和早期综合社会实践体验课程，知识类先修课程自七年级第二学期学生选定选考科目后开始分类分层走班；八～九年级为物理、化（生）、历史、地理、思想品德学科"5选3"后形成的跨学科强化的优势学科组合课程，学生根据选科情况及学力情况分类分层走班。

技艺课程：一～四年级开设整合重组的音乐、美术、信息技术、劳动技术课程；五～七年级围绕音乐、美术、信息技术、劳动技术学科开设系列社团课程；八～九年级围绕音乐、美术、信息技术、劳动技术学科开设职普衔接的职业技术课程。其中，一～九年级的技艺课程内容注重由浅显到深入，由普及到专业，由大众到小众的贯通式阶梯设置，重在培养学生通过9年的技艺课程学习，拥有一门或几门好技艺，为未来发展提供多元选择。

（4）各学段课程系列。

依据每个学段的课程定位及育人要求，学校将每个学段的课程分为两个系列，三个学段共形成6个课程系列，每个系列的课程都各有侧重点。

一～四年级基础学段包括整合型课程系列与拓展型课程系列。整合型课程系列重在对学科基础知识的整合，即将语文、数学、英语、道德与法治、品德与社会、科学、音乐、体育、美术、综合实践国家必修课程进行学科内、学科间、跨学科整合重组，对现有教材通过减、合、增、融等方式进行重新编排；拓展型课程系列重在单学科拓展以及与初中选考学科知识进行简单融合，即将语文、数学、英语、道德与法治、品德与社会、科学、体育、综合实践国家必修课程的单学科拓展课程以及与初中物理、化（生）、历史、地理、思想品德简单学科知识相融合的课程。

五~七年级过度学段包括先修型课程系列与体验型课程系列。先修型课程系列重在对初中学科知识进行先修学习，指语文、数学、英语初中核心学科知识先修类分层走班课程，物理、化（生）、历史、地理、思想品德学业科目知识先修类分类分层走班课程；体验型课程系列重在利用大学及地域资源开设科学实验类及社会实践类体验课程，即利用北方工业大学实验室和石景山教育资源，开设物理、化（生）学科的开放性科学实验课程以及历史、地理、思想品德学科的综合社会实践课程。

八~九年级深化学段包括选择型课程系列与探究型课程系列。选择型课程系列重在基于学生学业规划方向开设分层分类走班课程，如初中语文、数学、英语核心学科分层强化走班课程，物理、化（生）、历史、地理、思想品德学业科目基于优势学科组合的分类分层强化走班课程，兼顾职业教育选择的初职衔接课程；探究型课程系列重在为学生提供在项目制学习中深入探究的课程学习机会，即初中语文、数学、英语核心学科与物理、化（生）、历史、地理、思想品德学业科目的跨学科、超学科综合项目研究课程。

2. 课程模型构建

（1）课程模型的命名。

为了让学校课程成为北方工大附校独有的育人符号，我们将课程体系用较为生动、形象的课程模型表示出来，使"4—3—2"学制下的课程体系以立体化的形式展现出来。课程模型整体形状的构想取自学校校徽的LOGO造型，命名为"放大镜课程"。放大镜，带有将优势放大之意，是对学校"优势成长教育"的内在体现。

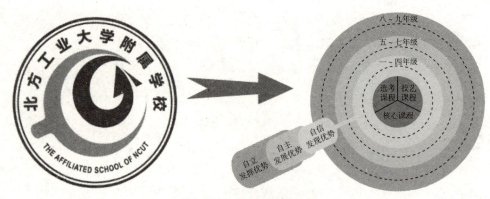

"放大镜"课程模型的构想

"4—3—2"学制下的课程建设为学生优势贯通培养提供了可能。我们以"放大镜"的课程模型来具象地表示"4—3—2"学制下的课程体系，是因为该课程体系能够让学生通过掌握不同学段的课程重点，使自身的优势一层层被放大，让优势一步步成长，一步步成熟，一步步发挥出来。

（2）课程模型的呈现。

"放大镜"课程模型是对学校课程体系的具象化呈现，其中课程目标、课程理念、学段划分、课程类型和课程系列构成了整个"放大镜"的主体结构。完整的课程模型图如下：

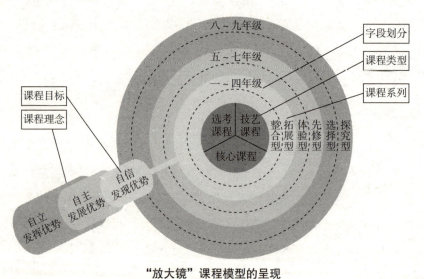

"放大镜"课程模型的呈现

放大镜的手柄体现为课程理念和课程目标，课程建设秉持让优势不断获得成长的理念和信仰，逐渐培养自信、自主、自立的现代学生。

放大镜由浅绿到深绿的3个大圈层代表"4—3—2"三个学段的课程，学生通过学习和掌握各学段的课程内容，将自身优势一步步放大，从发现优势，到发展优势，再到发挥优势。

3大圈层被紫色的圈线划分为6个小圈层，它们代表"4—3—2"三个学段形成的6大课程系列，分别为整合型课程系列、拓展型课程系列、体验型课程系列、先修型课程系列、选择型课程系列、探究型课程系列，学生的优势也在对6大课程系列的学习过程中逐渐激发、逐渐放大。

放大镜中心紫色的圆圈代表3类课程，即核心课程、选考课程、技艺课程，每个学段都围绕着3类课程进行不同程度地扩展，它们是衡量学生优势的主要标准，也是让优势获得无限发展的3条主要通道，让学生随着所处年段的提升，在优势被逐渐放大的驱动下，对未来自身发展的道路越来越清晰。

（五）划分学段，精准实施教育主题

九年一贯制课程体系及课程模型的构建，为一～四年级、五～七年级、八～九年级3个学段各自的课程建设提供了向导，按照各年段课程不同的设计思路，我们对各学段所要供给的课程分别进行了顶层设计，对6大课程系列具体的课程内容进行了具体的开发与丰富，让课程改革真正地在新中考变革中发挥实际效用。

1. 一～四年级课程顶层设计

（1）一～四年级课程设计思想。

一～四年级课程设计以"发现优势"为课程建设理念，通过丰富整合型课程系列及拓展型课程系列的课程内容，夯实学生的学科基础，实现"自信"的课程目标。一～四年级课程体系图如下：

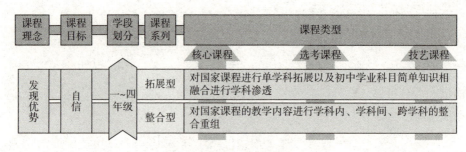

一～四年级课程体系图

（2）整合型课程系列内容设计。

一～四年级整合型课程系列的设计思路就是对国家课程采取主题教学、单元整体教学、学科融合等整合方式，对小学阶段的国家课程教材内容进行合理地合并、删减、增补、融合等，增强学科知识内容的连贯性，加强学生对相近知识的综合理解力。

核心课程的整合，主要针对小学国家课程中的语文、数学、英语、体育学科。其中，语文、数学、英语学科的整合策略大致有3种：一是进行学科内单元内容整合，将语文、数学、英语小学教材重编"单元"，删除非考纲知识点，合并重复知识点，增添过渡性知识点，融合相近知识点，对现有教材进行重新编排；二是相近学科实行同步教学，如语文、英语学科进行字词同步双语教学；数学、英语学科进行数字同步双语教学；三是采用戏剧教学、主题式教学等创新教学法，以开展戏剧、设计教学主题等方式，统合多门学科知识点，让学生爱学、乐学、易学。而对于体育学科，通过统合1～9年级体育学科的教学大纲，开设九年一贯制体育贯通培养课程，训练学生的体能，培养学生的体育专长，养成热爱体育运动的良好习惯。

选考课程的整合，主要针对小学国家课程中道德与法治、品德与社会、科学学科。对于道德与法治、品德与社会学科的整合策略，主要侧重以话题、讲故事、小论坛、辩论赛等方式，统合道德与法治、品德与社会教材中相关联的知识点；对于科学学科的整合策略，主要侧重以小实验、场馆教学、主题教学等方式，统合小学科学教材中联系紧密的知识点。

技艺课程的整合，主要针对小学国家课程中音乐、美术、综合实践学科，着重进行九年一贯制特色课程设计。这几门学科在一～四年级正常开设，重在培养学生对艺术的感知能力和对专项技术的兴趣，同时在课程开设过程中，综合学生感兴趣的技艺课程及学校师资配备，确定本校适合九年一贯制贯通培养的特色课程，让学生的兴趣专长能够在9年时间中获得可持续地发展。

（3）拓展型课程系列内容设计。

一～四年级拓展型课程系列的设计思路就是一方面通过对国家课程单学科拓展巩固学科基础；另一方面将初中物理、化学、生物、历史、地理、思想品德中简单的学科知识与小学国家课程进行适当关联，进行浅层次、低难度的学科渗透，让小学生提早对一些简单的初中学科概念有所认识和了解。此系列的课程设计内容如下：

一～四年级拓展型课程系列设计

课程系列	课程类型	国家课程	拓展课程名称	
拓展型	核心课程	语文	《双语阅读》	《国学》《历史课本剧》
		英语		《趣味拼写》《影视视听》
		数学	《思维训练》《生活中的数学》《速算与巧算》	
		体育	《体能训练》《篮球》《足球》《花样跳绳》《立定跳远》《棒垒》	
	选考课程	道德与法治品德与社会	《认识世界国家》《价值观案例分析》《法律常识》	
		科学	《生活中的科学》《我爱大自然》《奇妙的宇宙》	
	技艺课程	音乐美术综合实践	《民乐赏析》《世界艺术大观》《笔墨书画》《树脂黏土》《编程》《小设计师》	

在对拓展型课程系列内容进行设计时，我们遵循"提升薄弱学科""稳固较强学科""融合中考学科"的原则。

例如，学校目前的英语学科较弱，语文学科较强，我们对这两个学科的拓展课程进行了捆绑设计，开设了《双语阅读》课程，让语文学科带动英语学科的发展；开设了《趣味拼写》《影视视听》课程，重点提升英语学科成绩。

　　鉴于语文学科较好的教学基础，我们融入了初中历史学科的简单知识，开设了《历史课本剧》，既渗透了简单的历史常识，又从跨学科拓展的角度丰富了语文学科知识的外延。

　　对于技艺拓展课程，我们将学生较为喜爱的以及目前基础较好的课程为蓝本，开设了艺术、综合实践的拓展课程，如《树脂黏土》即为美术学科中基础较好的特色课程。

2. 五～七年级课程顶层设计

　　（1）五～七年级课程设计思想。

　　五～七年级课程设计以"发展优势"为课程建设理念，通过整合课程资源，探索先修型课程系列及体验型课程系列的课程内容，为学生提供体验选择的机会，实现"自主"的课程目标。五～七年级课程体系图如下：

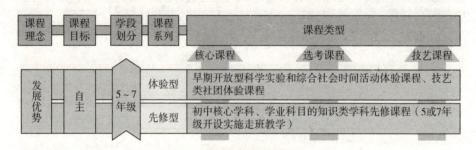

五～七年级课程体系图

　　（2）先修型课程系列内容设计。

　　五～七年级先修型课程系列的设计思路就是根据初中的核心学科及选考科目进行知识类先修课程的分层、分类设计。

　　先修型核心课程是就初中的语文、数学、英语和体育核心学科的学科知识进行早教早学。语、数、英学科从五年级开始尝试分层走班，分为A、B、C 3层，C层对应国家必修强化课程和巩固性的校本必修课程；B层为融合部分学科知识的国家必修课程和拓展性的校本必修课程；A层为国家先修课程和提升性的校本必修课程。体育学科从五年级开始分类走班。先修型核心课程的具体课程内容设计如下表：

五~七年级语文学科先修型课程设计

课程系列	课程类型	国家课程		课程名称
先修型	核心课程	语文	C层	五年级语文基础知识强化、综合阅读、生活写作
			B层	初中语文知识融合、唐诗选读、唐宋词选读、中外小说赏析、文言文阅读专项练习、剧本写作技巧、诗会会友、楹联文化
			A层	初中语文先修、四大名著讲读、人间词话、古代汉语语法、中西文化比较概论、世界文学与比较文学

五~七年级数学学科先修型课程设计

课程系列	课程类型	国家课程		课程名称
先修型	核心课程	数学	C层	五年级数学基础知识强化、数学思维训练、数学实际应用
			B层	初中数学知识融合、数学史选讲、图形几何证明、趣味数学逻辑、函数应用、方程应用题
			A层	初中数学先修、数学竞赛课程、数学实验推倒、金融课程、数学软件与三维动画

五~七年级英语学科先修型课程设计

课程系列	课程类型	国家课程		课程名称
先修型	核心课程	英语	C层	五年级英语基础知识强化、听说练习、英语阅读提升
			B层	初中英语知识融合、英语与生活、口语交际、实用英语写作、英语词汇词源漫谈、英语歌曲赏析
			A层	初中英语先修、翻译入门、科技英语、英语演讲与辩论、西方名著导读、VOA英语、德语

五~七年级体育学科先修型课程设计

课程系列	课程类型	国家课程		课程名称
先修型	核心课程	体育	耐力类	男子1000米、女子800米、2000米变速跑、短跑冲刺、体能专项训练、竞走
			力量类	男子引体向上、女子仰卧起坐、实心球、铅球
			技术能	篮球绕杆、足球运球、排球垫球、毽球、羽毛球、棒垒球、武术

先修型选考课程是就初中的物理、化学、生物、历史、地理、思想品德学业科目的学科知识在五年级和六年级进行有选择性的早教早学，待学生七年级确定选考科目后，实施分类分层走班：B层为满足初中会考要求的初中先修课

程；A层为中考选考科目的初中知识类先修课程。具体先修型选考课程的课程内容设计如下表：

五～七年级物理学科先修型课程设计

课程系列	课程类型	国家课程		课程名称
先修型	核心课程	物理	B层	初中物理会考课程
			A层	趣味物理实验、生活中的物理、物理与现代文明、汽车中的光学、物理科技小制作、热力基础、光学基础、运动学基础、周五物理俱乐部、STEM

五～七年级化学学科先修型课程设计

课程系列	课程类型	国家课程		课程名称
先修型	核心课程	化学	B层	初中化学会考课程
			A层	神奇的化学反应、我身边的化学、舌尖上的化学、化学发展史、实验化学的奥秘、物质结构与性质、周五化学俱乐部

五～七年级生物学科先修型课程设计

课程系列	课程类型	国家课程		课程名称
先修型	核心课程	生物	B层	初中生物会考课程
			A层	食品营养安全、生物科学与社会、人类进化史、奇妙的动植物、生命科学导论、食品微生物学概论、初始基因工程、周五生物俱乐部

五～七年级历史学科先修型课程设计

课程系列	课程类型	国家课程		课程名称
先修型	核心课程	历史	B层	初中历史会考课程
			A层	中国历史、世界历史、大国崛起、战争与和平、世界文化遗产荟萃、中外著名战争、中外历史人物评说、细说中国近代史、当代国际关系

五～七年级地理学科先修型课程设计

课程系列	课程类型	国家课程		课程名称
先修型	核心课程	地理	B层	初中地理会考课程
			A层	有趣的气象学、北京人文地理、地理与建筑、自然灾害与防治、看见地球的样子、GIS技术初识、天文学入门、区域地理环境分析

五～七年级思想品德学科先修型课程设计

课程系列	课程类型	国家课程	课程名称	
先修型	核心课程	思想品德	B层	初中思想品德会考课程
			A层	中华传统美德、情绪调节法、我们的国家、生活中的法律常识、好玩儿的经济学、时事政治评析、国际政治关系分析、批判性思维

在五～七年级，化学、生物、物理等理科类知识先修课程重在以开展实验、俱乐部的方式带出初中知识点，通过走班、合班等方式安排提早一个年级开设。

在先修型选考课程的课时安排上，我们通过国家必修学科与先修选考学科整合的方式以压缩国家课程课时，为先修型选考课程争取更多课时，如物理学科可与劳动技术、信息技术整合为STEM课程，历史学科可与语文、美术、音乐整合为不同历史时期的人文艺术课程。

（3）体验型课程系列内容设计。

五～七年级体验型课程系列的设计思路就是结合大学和社会可利用的资源，开设初中学业科目的实践体验课程，主要聚焦在早期的开放性科学实验和综合社会实践课程，让学生早参与、早体验，提早对自己初中的选考科目做出选择。

在北京市新中考政策中，分别加入了对学生开放性科学实验活动和综合社会实践活动的计分考察，其意义在于利用社会资源开展活动项目，培养学生综合运用科学知识解决问题的能力、交流与合作的能力、创新意识和实践能力，有利于培育和践行社会主义核心价值观。活动的设计聚焦在全部学生的实际获得，旨在在基础教育阶段建立有利于学生消费的广义资源供给。学校对体验型课程系列内容的设计将初中选考科目与可整合的北方工业大学的重点专业、实验室资源以及石景山区域的社会文化资源很好地融合在一起，突出了此系列课程开放性、实践性、活动性的设计特点。

北京市新中考政策中，物理、化学（生物）这几门理科科目分别有10分对开放性科学实验活动的考察。为此，学校结合初中理科学科的知识要点，结合北方工业大学可利用的重点专业资源及北京市重点理科实验室资源，设计了物理早期开放性科学实验活动和化（生）早期开放性科学实验活动。

在物理早期开放性科学实验活动课程的设计上，通过对接北方工业大学机械设计制造及其自动化、自动化专业的课程资源，开设汽车自动化课程；通过对接北工大机械电子工程学科的课程资源，开设手机App开发课程；通过对接北工大能源与电力工程学科的课程资源，开设新能源应用课程；通过对接市道路交通智能控制技术北京市重点实验室的课程资源，开设智慧城市课程。

在化（生）早期开放性科学实验活动课程的设计上，通过对接北方工业大学材料科学与工程学科、有色冶金过程现代检测技术及装置工程技术研究中心和能源与电力工程学科的课程资源，针对化学学科，开设了有机化学基础和认识有色金属课程，针对生物学科，开设了现代生物技术和生物能源利用课程。考虑到中考化学和生物学科合卷开考，专门设计了药用植物学和北方工大微科学课程，让学生形成系统的科学思维，提升对科学问题的综合分析能力。

北京市新中考政策中，历史、地理、思想品德这几门文科科目分别有10分对综合社会实践活动的考察。为此，学校结合北方工业大学在经济法学、思想品德两个北京市重点学科，建筑学、风景园林等校级优秀学科，利用石景山区京西文化资源、历史文化资源，根据历史、地理、思想品德学科的特点，各学科分别设计了早期综合社会实践活动。

在历史学科早期综合社会实践活动课程的设计上，通过对接石景山区的永定河沿岸历史文化长廊、京西古道文化的课程资源，开设了感悟京西古道课程；通过对接石景山区爱国主义红色基地的课程资源，开设了红色记忆、缅怀革命英雄课程；通过对接北方工大建筑学学科的课程资源，开设了中西建筑之美课程。

在地理学科早期综合社会实践活动课程的设计上，通过对接北方工业大学的风景园林专业资源，开设了中国风景园林课程；通过利用石景山区京西古道民俗文化资源，开设了环境与风土民俗课程；通过对接京西古道商旅文化资源，开设了地理与商旅服务课程；通过对接北方工业大学建筑学、土木工程的学校级优秀学科资源你，开设了地形与建筑选址课程。

在思想品德学科早期综合社会实践活动课程的设计上，通过对接北方工业大学的经济法学学科资源，开设了经济与法100问、有趣的社会学课程；通过对接北方工业大学的思想教育学科资源，开设了模拟法庭、践行社会主义核心价值观课程。

另外，学校开展的各类社团活动一直广受学生的喜爱，且积累了一定的课程资源。为丰富学生的学习生活，提高学生的艺术素养和动手实践能力，增强学生感兴趣的艺术与技术项目的深度体验，学校针对音乐、美术、综合实践3门国家课程，分别设计了体验型技艺课程，主要形式为各类社团，让学生的兴趣在社团活动中得到进一步发展。

音乐类社团主要为歌唱与歌舞方向，如合唱团、管乐团、民乐社、歌舞社、京剧社。

美术类社团主要为书画雅趣与动手制作方向，设计了国画社、手工DIY社、纸黏土社、服装设计社和书法社。

综合实践类社团主要为现代技术与生活技能方向，设计了机器人社、IT社、木工社、烹饪社和校园服务社。

3. 八～九年级课程顶层设计

（1）八～九年级课程设计思想。

八～九年级课程设计以"发挥优势"为课程建设理念，通过设计满足学生多种发展需要的选择型课程系列和探究型课程系列，让学生按照自身发展轨道走班学习，强化对中考考试科目的理解与掌握，实现"自立"的课程目标。八～九年级课程体系图如下：

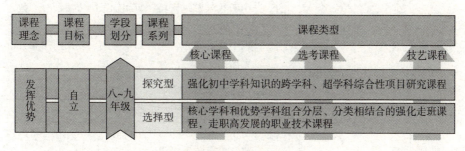

八～九年级课程体系图

（2）选择型课程系列内容设计。

八～九年级选择型课程系列的设计思路就是对参加新中考的学生，开设核心学科和优势学科组合分层、分类相结合的强化走班课程，对想要上职业高中的学生，开设与职高衔接的职业技术课程。

选择型核心课程是就初中的语文、数学、英语和体育核心学科，开展分层教学，目的是让具备不同学力的学生选择适合自己的学科层级，并对自身掌握的学科知识进行强化提升。

语文、数学、英语学科分为A、B、C三个层次，其中C层侧重对基础知识的综合强化；B层侧重对专项考点的方法指导；A层侧重学科复杂难题的攻破及学科竞赛课程的指导。体育学科则按照中考要求，分为耐力类、力量类和技能类。选择型核心课程内容设计如下表：

八~九年级语文学科选择型课程设计

课程系列	课程类型	国家课程		课程名称
选择型	核心课程	语文	C层	初中语文基础知识综合训练、阅读方法与指导、写作技巧与范文推荐
			B层	文言文阅读专项练习、中考作文写作技巧、科技说明文分析技巧
			A层	中西方写作手法对比、语言文化与演变、高级写作技巧训练

八~九年级数学学科选择型课程设计

课程系列	课程类型	国家课程		课程名称
选择型	核心课程	数学	C层	初中数学基础知识综合训练、数学应用题集合训练、数字与算法技巧
			B层	中考数学做题技巧、应用题思维方法训练、数学逻辑分析
			A层	数学竞赛课程、几何知识应用、复杂应用题分析思路指导

八~九年级英语学科选择型课程设计

课程系列	课程类型	国家课程		课程名称
选择型	核心课程	英语	C层	初中英语基础知识综合训练、初中语法知识强化、英语阅读与写作
			B层	听力技巧练习、英语写作逻辑与表达、分类阅读理解解析
			A层	英语辩论课程、口语实训、特殊语法解析、英语原文翻译

八～九年级体育学科选择课程设计

课程系列	课程类型	国家课程		课程名称
选择型	核心课程	体育	耐力类	男子1000米计时训练、女子800米计时训练
			力量类	男子引体向上方法指导与测训、女子仰卧起坐方法指导与测训、实心球投掷方法指导与测训
			技能类	篮球绕杆技巧与练习、足球运球技巧与练习、排球垫球技巧与练习

选择型选考课程是就学生要进行"5选3"的物理、化（生）、历史、地理、思想品德学业科目打造出针对我校优势学科组合的分类、分层强化走班课程。

为确定我校的优势学科，我们开展了对教师的问卷调研及教师、学生的访谈、座谈，通过综合调研反馈结果、学科统测结果以及学校可利用的资源情况，最终选出了3套优势学科组合方案。八九年级学生可按照学校提供的可选的优势学科组合进行选考科目的强化复习，针对不同的优势学科组合开设不同的课程，让学生进行先分类后分层的选考课程学习。B层为选考科目的多维度综合复习；A层为学科竞赛课程及学科典型问题的批判性思维训练。

第1套优势学科组合方案为化（生）、历史、思想品德，其组合特点是偏文设置，知识相对简单，记忆性强，这是能够让学生成绩快速提升的组合。该套学科组合具体课程设计如下表：

化（生）、历史、思想品德学科组合选择型课程设计

课程系列	课程类型	国家课程		课程名称
选择型	选考课程	化（生）历史思想品德	B层	化（生）典型问题综合复习、历史主题综合复习、思想品德主题综合复习
			A层	化学竞赛课程、生物竞赛课程、典型历史问题批判性讨论、思想品德中的观点分析与表达

第2套优势学科组合为化（生）、物理、思想品德，主要考虑原因是可发挥北工大优势资源，且学生选考意愿最强的组合，另外考虑到初高衔接，以及未来高考大学专业选择面较广，其特点是偏理设置，可与北工大资源深度链接。该套学科组合具体课程设计如下表：

化（生）、物理、思想品德学科组合选择型课程设计

课程系列	课程类型	国家课程		课程名称
选择型	选考课程	化（生）物理思想品德	B层	化（生）典型问题综合复习、物理疑难问题解析、思想品德主题综合复习
			A层	化学竞赛课程、生物竞赛课程、物理竞赛课程、思想品德中的观点分析与表达

第3套优势学科组合为化（生）、物理、历史，其特点是考虑历史师资较为充沛和稳定，偏理设置，题型变化较少且答案较为固定。该套学科组合具体课程设计如下表：

化（生）、物理、历史学科组合选择型课程设计

课程系列	课程类型	国家课程		课程名称
选择型	选考课程	化（生）物理历史	B层	化（生）典型问题综合复习、物理疑难问题解析、历史主题综合复习
			A层	化学竞赛课程、生物竞赛课程、物理竞赛课程、典型历史问题批判性讨论

选择型核心课程和选考课程满足了中考学生的备考需求。除此以外，我校的选择型课程还关照到了选择职业高中发展方向学生的课程需求，针对音乐、美术和综合实践科目，参照职高普遍开设的一些职业技术课程，为有意向选择职高发展道路的学生，分类设计了与职高衔接的选择型技艺课程，让选择走职高发展的学生提前学习与了解职业技术课程。

才艺类课程主要供想要就读艺术类职高专业的学生选择；生活类课程主要供想要就读生活及社会服务类职高专业的学生选择；技术类课程主要供想要就读技术应用类职高专业的学生选择。具体选择型技艺课程设计如下表：

八～九年级选择型技艺课程设计

课程系列	课程类型	国家课程		课程名称
选择型	技艺课程	音乐美术综合实践	才艺类	表演赏析、影视节目制作技巧、中国画、篆刻、配乐伴奏、皮影戏
			生活类	烹饪简介、会计基础、社区管理服务、园艺管理、服装设计、插花
			技术类	印刷知识介绍、计算机编程、自动化汽车技术、电气应用技术概论、通信技术介绍、室内设计、动漫设计

（3）探究型课程系列内容设计。

八～九年级探究型课程系列的设计思路就是要对国家课程进行跨学科、超学科的融合，突出各学科知识的融会贯通，通过开设跨学科、超学科的综合性项目研究课程，让学生进行深度学习，提升学生对学科知识的深入理解和灵活应用。此系列的课程设计内容如下表：

八～九年级选择型技艺课程设计

课程系列	课程类型	国家课程	课程名称
探究型	核心课程 选考课程	语文 英语 数学 体育 物理 化（生） 历史 地理 思想品德	《传统文化与历史朝代探究》 《汉语与英语表达方式探究》 《不同历史时期下的政治思想》 《地理环境与天体运动规律》 《藏在身体中的化学奥秘》 《工业4.0时代的科技智慧》 《信息技术与现代发明》

在对探究型课程系列内容进行设计时，我们主要考虑对涉及相同或相近知识点的不同学科，以知识点为线索，进行跨学科迁移式的知识融合，从而培养学生的审辨式思维和深入研究问题的能力。

例如，语文学科中涉及许多传统文化知识，每个历史朝代不同，其文化特质及传播形式也就不同，因此我们对这语文和历史两个学科进行了研究性学习的课程设计，开设了传统文化与历史朝代探究课程，让学生带着历史观去学习中华传统文化。

又如，汉语与英语的语法、表达方式和思维方式有不同，也有相同之处，因此我们对语文和英语两个学科中有关语言表达的内容进行了研究性学习的课程设计，开设了汉语与英语表达方式探究课程，实现语文、英语双学科相辅相成地发展。

再如，人的身体蕴含着无穷无尽的化学奥秘，考虑到新中考中化学和生物学科为合卷试题，侧重对两门学科综合知识的考查，因此，我们设计了生物与化学学科知识融合的项目制研究课程，开设了藏在身体中的化学奥秘课程，让学生在解答生物问题的过程中洞见化学原理，在神奇的化学实验中理解生物的奥秘。

三、德育教育，让品行建树起来

教育部《中小学德育工作指南》已于2017年8月17日颁布，文件提出了要深入落实立德树人根本任务，构建德育工作体系，形成全员育人、全程育人、全方位育人的德育工作格局。这对学校开展德育工作提出了总体要求。

我对学校的德育工作历来高度重视，学校的责任重在"育人"，而不是"育分"。在北方工业大学附校完成学生"九字诀"核心素养的提炼后，学校已经开展了为期1年的德育主题教育活动，同时学校各个部门和学科也相继开展了德育渗透的工作。因此，基于前期德育工作和活动的实践基础，学校全体教师上下齐心，边学习、边思考、边梳理、边研讨、边修改、边论证，建构起了学校"优势成长教育"办学思想下的"i优势"德育教育体系，形成了教师用书和一至九年级的学生用书，使学校德育工作建立起了长效和高效相结合的工作机制、建设策略和实施路径。

（一）"i优势"德育体系的定位内涵

全体教师对德育体系建设有一个高度的认同，那就是其命名一定要与学校文化去对接，体现学校"优势"的独特主张。经过研讨，大家高度认可"i优势"的定位，因为它不仅主张鲜明、表现独特，而且立意深远、内涵深刻，主要表现为以下6个方面：

第一，"i"即我，诠释"做自己"的成长口号。"i"代表第一人称"我"，也即学生本身，而学生是"优势成长教育"的主体，是实现自信、自主、自立的主体。"i"的提出，就是让学生以"做自己，赢未来"为成长口号，努力做一个真实、独特、最好的自己。

第二，"i"即智能，指向"优势成长"的教育思想。"i"代表智能（intelligence），"智能"是智力和能力的表现。哈佛大学心理学家霍华德·加德纳提出了"多元智能理论"，正是基于一个人的优势和特长所阐发。

"i"的提出，就是让学生要发现优势、发展优势、发挥优势，做拥有良好智能的、面向未来的现代公民。

第三，"i"即创新，树立"面向未来"的核心价值。"i"代表创新（innovation），创新是学校的核心价值之一，也高度对接建设创新型国家、实施创新驱动战略的国家意志。"i"的提出，就是要以创新为魂，在温故知新中培养学生的创新意识，在新益求新中砥砺教师的创新能力，在其命维新中提高学校的创新水平。

第四，"i"即互联网，拥有"网络育人"的现代观念。"i"代表互联网（internet），体现学校着眼于时代、未来的前瞻思维。"i"的提出，就是要看到互联网对一个人价值观形成的深刻影响，积极开发和利用网络德育资源，通过网络开展德育教育，开辟实施德育教育的新途径。

第五，"i"即一体化，发挥"九年一贯"的育人优势。"i"代表一体化（integration），德育教育具有阶段性和长期性特点，需要的是滴水穿石般的日积月累。"i"的提出，就是要充分发挥学校"九年一贯"模式的巨大优势，建立起基于学生成长规律的螺旋上升通路，让九年改变一生、影响一生、成就一生。

第六，"i"即国际化，铺筑"放眼世界"的成长通路。"i"代表国际化（internationalization），阐明了只有走向社会、走向世界的实践教育，才能真正历练学生的责任感、沟通力、合作精神与规则意识，让心胸因此而变得宽广，让道德因此而变得高尚，让人格因此而变得健全。

（二）"i优势"德育体系的育人模式

为了更加形象地再现"i优势"德育体系，我以"i"字母为原型来设计体系的模型，并赋予了"i"字母结构以全新的诠释，不仅突出"做自己"的个性主张，也凸显"工"字的身份定位。那就是：

第一，用"i"字母的"圆形头部"表现学校德育教育目标。

第二，用"i"字母的"工型躯干"展现学校德育教育途径，形成"i优势"德育体系的"i"字形育人模式。

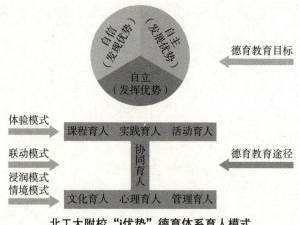

北工大附校"i优势"德育体系育人模式

1. 德育教育目标

"i优势"德育体系旨在培养自信、自主、自立的"小未来"，让每个学生都具有"九字诀"核心素养，具备适应终身发展和社会发展需要的必备品格和关键能力，最终完成立德树人的根本任务。具体来说，就是在优势发现中，做自信的"小未来"，拥有"悦、律、恒"的核心素养；就是在优势发展中，做自主的"小未来"，拥有"志、识、技"的核心素养；就是在优势发挥中，做自立的"小未来"，拥有"善、责、合"的核心素养。

2. 德育教育途径

"i优势"德育体系确立了1个中心、7条路径和5大模式，为学校落实全员育人、全程育人、全方位育人明确了思路和抓手。

1个中心：落实立德树人根本任务，培育和践行社会主义核心价值观，塑造具有学校特质的自信、自主、自立的现代公民，让每个学生在优势发现、优势发展和优势发挥中塑造核心素养，拥有适应终身发展和社会发展需要的必备品格和关键能力。

7条路径：通过课程育人、实践育人、活动育人3条路径，发挥学科与课堂的育人作用，强调参与和行动，提高道德认知、丰富道德体验、砺练道德行为；通过文化育人、心理育人、管理育人3条路径，发挥文化与管理的育人作用，强调身心发展与人际交往，陶冶道德情感，锤炼道德意志，强化道德规范；通过协同育人一条路径，发挥家庭与社会的育人作用，强调校内与校外联动，营造道德氛围，弘扬道德风尚，创设道德生态。

5大模式：课程、实践与活动的3类载体主要采用渗透模式和体验模式，其中，课程承载了德育教育的核心功能，是价值观和道德在各个学科中的渗透。实践与活动立足于学生获得真实体验的基础之上，强调学生的积极参与并自主发展；文化、心理和管理三元机体主要采用浸润模式和情境模式，其中，文化通过点滴浸润，起到潜移默化的育人效果。心理和管理则是通过创设情境，实现心理的健康发展以及行为能力的提升；家庭、社区和社会的三方主体主要采用联动模式，通过整合各方资源形成合力，从而发挥共育作用。

3. 德育教育内容

学校结合之前的德育工作内容，重点学习《中小学德育工作指南》对5大德育内容的重点要求，细化了各个模式下的实施目标和具体策略，给全体教师提供了德育教育的行动纲领。

（1）课程、实践、活动三类培育。

我们提出"以课程育人提高道德认知"的目标，通过创新国家德育课程的内容和形式，注重各个学科的德育渗透，发挥《小未来养成记》校本德育课程在习惯培养上的养成教育价值，挖掘区域德育元素，有效落实地方德育专题教育等，发挥课堂主渠道作用，让国家课程、地方课程、校本课程形成合力，真正成为涵养学生德育的重要阵地。

我们提出"以实践育人丰富道德体验"的目标，围绕有益于学生身心发展的社会实践拓宽道德认知；开展人文类、科技类、历史类、地理类等研学旅行深化学生的道德思考；加强学生在参与家庭和学校的劳动实践中增进道德意识；开展走向社区和社会的各种志愿服务提高道德修养等，让实践活动与课程高度衔接，与生活密切对接，不断增强学生的社会责任感、创新精神和实践能力。

我们提出"以活动育人砥练道德行为"的目标，将德育活动落实在学生"九字诀"核心素养的培养上。第一学期注重学生的个性发展，正所谓"人之初，性本善"，个性发展从人的本性出发，关注"我的道德""我的梦想""我的才艺""我的意志""我的行为"的发展，9月至次年2月分别对应善、志、技、恒、律5大核心素养。第二学期注重学生的社会性发展，正所谓"以天下为己任"，社会性发展从人的道义出发，关注"社会责任""全领域知识""多方合作""众乐乐"的发展，3～6月分别对应责、识、合、悦4大核心素养。我始终认为，只有实现个性和社会性的协同发展，才是一个全人，既有对自我理想的追求，也有对社会责任的担当。

在活动育人方面，各班班主任召开多次研讨会，围绕活动架构对以往的主题活动进行了全方位提升，最终形成了"级级贯通、层层递进"的德育教育主题活动体系，涵盖78个德育活动。

德育教育主题活动体系

德育教育月	活动名称	德育教育月	活动名称
9月进德月（善）	一年级：学好价值观，不负新时代	10月铭志月（志）	一年级：DIY拼画——保卫祖国
	二年级：善待小动物，关爱小生命		二年级：多彩国庆节
	三年级：我爱你，老师		三年级：知感恩，惜幸福
	四年级：与人为善		四年级：敬老爱老度重阳
	五年级：国防知识早知道		五年级：为中华之崛起而读书
	六年级：老师，我想对你说		六年级：小小方寸，志在天下
	七年级：铭记历史，砥砺前行		七年级：传承家风家训，拥抱暖暖亲情
	八年级：告别战争，拥抱和平		八年级：读传记，铭宏志
	九年级：世界和平的使者		九年级：职面未来
11月术攻月（技）	一年级：小小纸飞机，承载科技梦	12月持恒月（恒）	一年级：21天=1个好习惯
	二年级：玩转科技，炫酷童年		二年级：家庭"毅力"小档案
	三年级：我是消防小标兵		三年级：与时间赛跑
	四年级：开启科技之门		四年级：温暖无声世界
	五年级：我的科技中国梦		五年级：一生专注一件事
	六年级：生活中的智慧		六年级：西行路漫漫，执着铸我心
	七年级：好记者讲好故事		七年级："遵纪守法，人人有责"法律知识展
	八年级：共话科技促成长		八年级：爱与自由
	九年级：探寻我自己的吉尼斯		九年级：缅怀"一二·九"，长跑练意志

续表

德育教育月	活动名称	德育教育月	活动名称
1、2月 律己月 (律)	一年级:生活自理我能行	3月 职守月 (责)	一年级:我是小小螺丝钉
	二年级:健康饮食助成长		二年级:我的绿色班级
	三年级:欢天喜地写春联		三年级:春夏秋冬年年至,一生耕耘安己责
	四年级:张灯结彩闹元宵		四年级:小蜜蜂,大能量
	五年级:健康运动强体魄		五年级:我爱大美森林
	六年级:家乡因我更骄傲		六年级:污水变清的秘密
	七年级:生生不息跨新年		七年级:真诚为人,诚信做事
	八年级:绿色消费我倡导		八年级:志愿服务,人人有责
	九年级:秀出新年新气象		九年级:超越自我,创造辉煌
4月 博雅月 (识)	一年级:小小希望播种记	5月 尚合月 (合)	一年级:争做小先锋——少先队队前教育
	二年级:书香润童年		二年级:小小玫瑰献妈妈
	三年级:诵诗品词,春和景明		三年级:我用歌谣唱北京
	四年级:知规则,懂文明		四年级:合力共建文明社会
	五年级:话苍穹,观航天		五年级:我用彩笔画北京
	六年级:认识地球,关爱家园		六年级:我用对联写北京
	七年级:重温历史,缅怀先烈		七年级:我用戏剧演北京
	八年级:朗读者		八年级:"青春绚丽,追梦砺行"——我们的14岁集体生日
6月 从心月 (悦)	一年级:多彩笑脸,欢乐童年	6月 从心月 (悦)	五年级:品位端午,传承非遗
	二年级:诚实守信,绽放快乐之花		六年级:更高、更快、更强
	三年级:小小"糖弹",快乐你我		七年级:"欢乐粽"漂流记
	四年级:美丽眼睛,愉快心灵		八年级:释放心灵,赢得健康

（2）文化、心理、管理三元化育。

我们提出"以文化育人陶冶道德情感"的目标,围绕中华优秀传统文化涵育中华美德与华夏文明;学校文化滋养校本价值观和学校精神;校园环境中革命领袖、科学家、英雄模范等名言警句引导和熏陶思想道德;校园绿色网络传播正能量等形式,注重软件和硬件的结合,在校园内营造积极向上、文明高雅的育人场域。

我们提出"以心理育人锤炼道德意志"的目标，发挥学校心理教育的师资优势和发展基础，基于现有心理健康课程做校本化创新，发挥积极心理滋养道德情感的作用，建设心理咨询室等阳光场所，在传递温暖中敦促学生道德的养成、开展心理健康活动促进学生身心发展，并从内心深处深化对道德的认识与感悟。

我们提出"以管理育人强化道德规范"的目标，从党支部和党员建设、干部和教师队伍建设、班级建设等多个方面着手，一方面发挥育人队伍的示范榜样作用；另一方面挖掘管理工作对于培养学生自我管理、自我约束、自我评价的意识和能力，在形成规矩中树立知法、懂法和守法的意识，在建立道德的基础上去提升、力行和彰显道德。

（3）家庭、社区、社会三方共育。

我们提出"以家庭共进机制营造道德氛围"的目标，积极推动家训、家风的建设，为孩子的成长提供和谐正向的环境，加强家校协同工作，完善家长委员会机制，促进家长在观念、方法上的改变，提高家教水平，共同促进孩子道德的养成，发挥家庭教育的作用。

我们提出"以社区共建机制弘扬道德风尚"的目标，让学生走进社区参加公益服务，参与社区活动，展示风采，践行道德；同时也让社区优质资源进校园，在感受老干部、老英模、老教师、老专家的事迹中受到鼓舞，并学到他们身上宝贵的道德品质。

我们提出"以社会共享机制创设道德生态"的目标，一方面加强与司法、民政、共青团、综治等部门和组织的联系，让学生认识社会并服务社会，净化道德；另一方面加强与北方工业大学的深度合作，让学生走进大学，体验科学实验，感受科技魅力，培养科学精神。

四、特色活动，让身心丰盈起来

学校"优势成长教育"的文化定位，其本质是为学生搭建广阔的平台，引导学生在各项活动中发现优势、发展优势、发挥优势，做自己，赢未来！正是基于这样的办学理念，学校在2016年加入了北京市"一校一品"体育教学改革项目，以体育教育为切入点，带动提升学校办学品质，师生精神面貌焕然一新。

（一）体育竞技，凝聚人心激活力

说实话，刚刚接手北方工大附校时，无论是从教师队伍、学生状况、学校管理体制等很多方面，均处于一种"涣散"的状态，人心不齐，精神不振，这也成为我推进工作的关键切入点。举一个小例子，学校在正式成立之初，小学部甚至组织不出一支运动队参加区里的运动会。如何在短时间内凝聚人心、整合队伍？怎么能让师生的精神面貌有一个大的变化，让学校气象焕然一新？基于我之前的治校经验，我想到了从体育工作来入手。

因此，新学期伊始，我召开的第1个教研组会就是学校体育工作会，通过与体育老师详细座谈，充分了解学校的体育工作现状、困难及可能的突破口。在之后的工作中，给予体育老师训练费用支持、保证训练时间、优先选拔学生……在我的大力支持下，短短几个月，北方工大附校就在2016年石景山区中小学生春季田径运动会上，取得了中学组第2名、小学组第6名的好成绩。用区教委领导的话来说，北方工大附校"打破了京源和九中在体育工作中两家争鸣的状态，开创了石景山区体育工作三足鼎立的时代"。这个振奋人心的好消息，让所有附校人倍感骄傲，我在与大家交谈时也能明显感觉出师生们向上的劲头被激发出来了。

（二）"一校一品"，稳扎稳打赢赞誉

如果说2016年区田径运动会为北方工大附校的体育工作开了一个好头，那么加入"一校一品"体育教学改革项目，则为学校带来了翻天覆地的变化。

"一校一品"体育教学改革项目是北京市教委联合全国学校体育联盟发起的，旨在推进北京市中小学体育工作的整体改革，开创体育教育的新局面。2016年3月，我们有幸邀请了"一校一品"项目指导专家毛振明教授来到北方工大附校，为全体师生带来了一场关于体育教育的视听盛宴。毛振明教授慷慨激昂的演讲，使现场一片沸腾，大家对体育的观念有了颠覆式的改变，第一次感到原来运动还可以这么有趣、这么有料、这么有意义！

于是，在全国学校体育联盟（教学改革）专家的指导下，我校确立了"一校一品"体育教学改革的整体方案。在项目启动之初，学校首先成立了体育综合改革工作领导小组和项目组，由我亲自担任领导小组组长，协调全校各个部门协同工作；项目组对接全国学校体育联盟的专家团队，落实各个具体项目的相关工作。其次，学校制定并完善了相关的体育管理制度，保证体育教学改革工作依法依规进行。再次，学校启动了体育教师培训工程。我多次带队参加实验校专项培训、校际交流和实验校的展示活动，学习先进的理念和经验，努力打造一支专业化能力较强的体育教师队伍。在这个过程中，学校逐步形成了体育工作的鲜明特色，将体育教育推向了高潮。

依托于"一校一品"体育教学改革项目，我们开展了一系列大型活动，包括安全教育嘉年华和全员运动会等。2017年5月，我们成功举办了"一校一品"全员运动会暨体育教学改革成果展示。这是一次特殊的运动会，运动员是学校一～九年级的每一个孩子；这是一次快乐的体育盛宴，滚大球、旋风跑、双人跳绳、蛙跳接力赛、100米弯道跑等16个比赛项目新颖奇特。在这次运动会上，学生们还进行了素质操、啦啦操等特色展示，孩子们姿态优美、整齐划一的动作赢得了到场嘉宾的阵阵掌声。同年9月份，学校再次成功举办了"一校一品"安全教育嘉年华活动，火灾逃生、洪水来袭、逃离震颤、荒野求生、紧急救助等安全项目的体验和展示，让学生们不仅掌握了安全知识和技能，更体会到了安全的重要性。

两次大型活动的成果展示充分显示了我校体育教学改革的创新发展，受到了与会领导来宾的一致好评：

石景山区教育工委郝显军书记这样评价："这所学校就换了一个校长，换了一个班子，就发生了这么大的变化！"石景山区体育局李劲挺局长也直言："全员运动会太震撼了！建议石景山区教育系统在王校长这儿开一个现场会，让中小学的所有校长、体育老师都来学习一下！"

家长们也给予了非常高的评价，他们说："今天的'一校一品'全员运动会，学校和孩子们给我们带来的何止是惊喜和震撼啊！整齐划一的手指操，各种有趣的体育比赛，让孩子们玩得尽兴，比得痛快。还有我们孩子们高难度的素质操表演，在家长们和领导们阵阵掌声中，一个接一个的高难度动作，给我们太多震撼了！我相信在校领导和老师们的带领下，我们的孩子会更加全面发展！作为北方工大附校的学生家长，我自豪！我骄傲！""特别感恩！感谢王校长及全体校领导和老师们！你们辛苦了！孩子托付给你们，我们岂止是放心，更是我们的莫大荣幸！"……

孩子们感触也非常深："学校举办的这次运动会，我很开心，能运动又能长知识，赢不赢都无所谓，开心就好！""在学校组织的'一校一品'活动中，我受益匪浅，团结就是力量！我们要拧成一股绳，在素质操的叠罗汉中，如果没有下面两个同学的合作，上面的同学是无法完成动作的。在起初练习的过程中，我们有过困难，例如，体力不支、柔韧性不好，但是，下课的时候，总有几个同学在一起练习，帮助别人，在比赛当中少了谁都不行！每个人都有失手的时候，不要去责备别人，我们学会了自我反省。我们相信胜利已经在眼前了！"

可以说，在"一校一品"项目的引领下，一个个活动的开展，一次次成绩的取得，让社会各界看到这所刚刚整合成立、尚处于爬坡阶段的新学校，在短时间内发生的巨大变化。在体育工作的引领下，北方工大附校正实现着从融合到优质，从优质到品牌的跨越发展。

媒体之音 〉

用真情做教育

——《北京晨报》

接手新学校，一切事务百废待兴，但是对于那些有益于学校、教师、学生发展的每一个小细节，王英校长也紧抓，一个都不放过。

工大附校成立前，3所学校在体育运动方面的表现都不太抢眼，在全区运动会上鲜少露面。了解这一情况后，王英校长紧抓这项工作不放，并在区教委的牵头下与北京师范大学体育学院院长毛振明携手，共同研究发展学校体育运动的对策。从2016年10月建立联系，到先后2次到广州、济南交流学习，王英校长亲自出马，带队出阵。随后，她又请毛振明教授为全校教师、家委会成员开展培训，动员全校师生、家长全民健身。时隔不到1年时间，今年5月、9月，学校先后举办2次全员运动会，第2次与安全演习相结合带来震撼效果，获得了广泛好评。在今年石景山区举办的运动会上，学校从过去的默默无闻分别摘得小学部第4名、中学部第2名的头衔，体育成绩的进步有目共睹。

在教师教学能力提升方面，王英校长更是从不掉以轻心。近期，临近学校教师参加石景山区教学展示大赛。作为校长的她，连续3天陪同教师备战大赛。她更挪出周日整天时间，从早到晚亲自聆听每位教师的教学展示，做他们的第一道"评委"。最终，教师们创下全区教学展示大赛成绩之最，中学组获五星第3名的好成绩。

其实，在每一次的学习、展示和交流中，留心的人总会注意到一旁不仅静静聆听，而且在认真记录的校长王英。一位教师曾在无意间看到了她的笔记，不仅工整、仔细地记录了每一个培训重点，更将思路和启发用红笔标注。校长笔记本不知触动了多少教师的心。她告诉北京晨报记者，其实记笔记是她一直以来养成的习惯，每学期至少记录2本。此外，她还有一本"校长工作管理记录本"，对于每天发现的问题予以记录，并标识处理结果以及自己是否满意。每天对自己进行自省和检查也是她多年的习惯之一，这位豪爽的大校长以这种一丝不苟的态度践行着自己对工作的执着。

五、激活管理，让内驱力生长起来

对于北方工大附校的管理工作，我秉持着"尊重、创新、专注"的核心价值观，坚持民主治校，尊重治理规则，尊重学生成长，尊重教师发展，努力探索出一条创新发展之路，创建出一套专业化的管理体系，更好地推动学校优质化、可持续发展。

(一)"尊重"管理章程，明确责任强化落实

"尊重"的治理理念，主要体现在学校章程中。我们秉持"尊重规则、尊

重学生、尊重教师"的原则来拟定学校章程。在章程中，我们明确了学校的治理结构和管理体制，规定了学校重大事项决策、监督的机制以及教师、学生参与决策的方式，对学校管理干部的管理行为起到了规范作用，并充分保证了学校师生参与民主管理的重要权利，让学校教育教学管理工作的开展变得有章可循、有制可依。

我们提出，学校将实行"三学段两中心"的管理格局，由校长室派出学段执行校长管理低学段、中学段、高学段3个学段的教育教学工作，并领导学校发展中心、校务管理中心，统筹、协调、保障3个学段各项工作的开展。

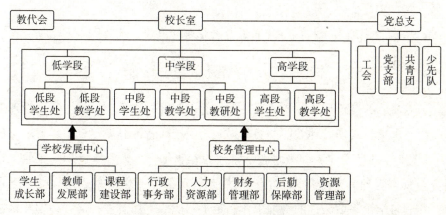

北工大附校"三学段两中心"组织结构图

学校发展中心主要负责九年一贯制学校整体发展事务的处理工作，由负责一贯制学生的培养、管理、发展工作的学生成长部；负责各学段师资调配使用、培养、评优工作的教师发展部；负责一贯制课程的开发、指导实施、评价工作的课程建设部共同构成，学校发展中心主任由校长兼任，校长选任副校级干部任下设3个部门的主任。

为了确保"4—3—2"学制的平稳有序推进，我将直管低、中、高3个学段的教育教学工作。3个学段分别下设学生处和教学处，为促进学段衔接，中年段设置联合教研处，以促进低、中、高3个学段教师整体专业化水平的提升。

此外，学校还设立了由行政事务部、人力资源部、财务管理部、后勤保障部、资源管理部共同构成的校务管理中心。中心主任由一副校长担任，各部门主由副校级干部任担任。5个部门的主要职责为：

- 行政事务部负责校长办公会、党政联席会的筹备工作以及3个学段相关的行政管理事务。
- 人力资源部负责3个学段教职工的选聘、培训、绩效考核，管理教职工的档案等。
- 财务管理部负责学校整体的财务预算、财务支出与资产管理，确保学校财务、资产安全，防范学校经济活动风险。
- 后勤保障部负责为3个学段的教育教学工作提供教学物品、设备、技术支持，保障学校安全，防范学校教育教学活动运行过程中各种风险事故的发生。
- 资源管理部负责校内外优质教育教学资源开发、合作与维护。

(二) "专注"管理制度，合作协同提高效能

"专注"的治理理念主要体现在学校管理制度的建设中。为了实现管理工作的精益求精，实现管理效能的稳步提升，我校在管理制度建设中，力求实现4项管理工作的专业化，即教育教学管理的专业化、人力资源管理的专业化、财务与资产管理的专业化以及行政与后勤管理的专业化。基于这样的管理目标，我们对学校各项关键的管理工作制定了明确的工作制度和流程，切实推进我校依法治校工作的开展。

1. 教育教学管理的专业化

对于教育教学管理专业化的目标，我们从学生成长管理，教师发展管理和课程建设管理3大领域着手制定相关制度。以上制度覆盖了日常教育教学及研修的各个方面，为全体教师在处理相关事务时提供了依据、标准和指导。

在学生成长领域，我们建立了大型学生活动管理制度、学生外出活动管理制度、学生社团管理制度、学生导师管理制度、学生考勤请假制度、学生&班集体评优制度和学生违纪处罚制度，为建立和维护正常的教育教学和生活秩序，确保了教育教学活动正常、安全、有序开展提供了保障。

在教师发展管理领域，我们建立了科研课题管理制度、教师培训学校管理制度、教师师徒结对管理制度、教师联合教研管理制度、教师职称荣誉评选制

度，为调动教师的积极性和创造性，提高对科研课题的高质量管理，推动科研工作的深入开展提供支持。

在课程建设管理领域，我们建立了课程开发与管理制度、集体备课管理制度、教师调课管理制度、活动课程管理制度、课程评价管理制度、教务管理制度，为扎实有效地开展学校课程开发工作，提升九年一贯制课程的实施质量，增强教师课程开发能力提供了保障。

2. 人力资源管理的专业化

对于人力资源管理专业化的目标，我们从各重要岗位职责、人事聘任管理和人事考核管理3方面着手建设相关制度。规范、严谨的制度设计，有效地防止了权责不清的问题，提高了内部竞争的活力和工作效率及工作质量。

在重要岗位职责方面，我们对校长、党总支书记、教代会主任、德育副校长、教学副校长、总务副校长、学段执行校长、学生成长部主任、教师发展部主任、课程建设部主任、行政事务部主任、人力资源部主任、财务管理部主任、后勤保障部主任、资源管理部主任等岗位的职责进行了明确。

在人事聘任管理方面，我们建立了中层干部聘任管理制度、教师招聘制度、教师转正定级管理制度和教师人事档案管理制度，把好入口关，优化学校教师队伍结构。

在人事考核管理方面，我们建立了教师绩效考核管理制度、教师加班管理制度、教师请假制度和教师奖惩制度，充分调动广大教师的工作积极性，培养教师对教育事业的责任心，进一步提高教育教学质量和办学效益。

3. 财务与资产管理的专业化

对于财务与资产管理的专业化的目标，我们从学校财务管理和学校资产管理两方面着手建设相关制度。通过制度的规范与引导，从提高管理者的责任意识、完善固定资产内部控制、资产定期盘点和提高管理人员专业素养等途径，对中小学阶段资产管理容易出现的问题给出了切实可行的解决策略。

在学校财务管理方面，我们建立了财务预算管理制度、财务收支管理制度和财务报销管理制度，规范学校的财务行为，提高资金的使用效率。

在学校资产管理方面，我们建立了固定资产购置及验收制度、固定资产使用与维修制度、固定资产清查与处置制度，为防止资产流失及损坏，确保学校财产安全提供了保障。

4.在行政与后勤管理的专业化

对于行政与后勤管理的专业化的目标，我们从学校行政管理、学校后勤管理和学校资源管理三方面着手建设相关制度。在以人为本的理念下，通过科学、系统、人性的行政后勤管理机制，激发教职员工的工作热情与活力，提高工作效率及质量。

在学校行政管理方面，我们建立了校长办公会会议制度、党政联席会会议制度、一般会议管理制度、学校合同管理制度、印章管理制度和来访接待管理制度，为提高上传下达等工作质量和效率，明确各类使用和保管行为提供了依据。

在学校后勤管理方面，我们建立了学校采购管理制度、校基本建设项目管理制度、学校设施设备检查与维修制度、学校车辆使用管理制度、学校公共场地管理制度、学校教室&办公室&专业教室管理制度、学校多媒体设备借用管理制度、学生突发事件应急管理制度和学校安全保卫管理制度，规范了学校各项后勤工作，使学校的后勤工作走上制度化、规范化轨道。

在学校资源管理方面，我们建立了学校宣传管理制度、学校教育教学资源开发制度和家校联系制度，为整合利用社会各界优质教育教学资源，为学校学生搭建开阔的学习平台，提升学校教育教学质量和水平提供支撑。

（三）"创新"管理理念，刚柔相济点燃动力

"创新"的价值观全面体现在学校整体的管理工作中。我提出，要以理念创新引领学校发展，充分尊重个性差异，促进学生全面发展与个性发展相统一，推动育人模式、课程建设等关键领域创新；要以思路创新厚植学校发展优势，创新教育方式，深化教育改革，提高教学水平，引领"课堂革命"；要以体制机制创新释放教育活力，创新管理制度，完善配套机制，让一切创新潜能和创造活力竞相迸发。

1. 从"整齐划一"转向"自助菜单"

为了给学生搭建丰富的平台，鼓励学生探索个性特长、发展优势领域、获得成功体验，学校在原成员学校德育活动课程和学生社团的基础上，进行系统的梳理和构建，形成了横向丰富多样、纵向层次明确的丰富多彩的课外活动课程体系。如今，北方工大附校开设了近70门课外活动课程。同时，学校还开设了"北方繁星"话剧社、"北方繁星"健美操队、田径运动队、合唱团、管乐团、广播站等学生社团，给学生提供充分的自我探索平台。

2. 从"单学科"小组教研转向"跨学段、跨学科"集体教研

我们在实际操作中积极践行各学段课程自主管理模式，探索建立并完善贯穿低、中、高3学段课程管理体系，以课程管理体系的运行推动学校整体管理体系的优化。在这个过程中，我们注意加强领导成员的课程领导力建设和各学段课程实施小组的建设，创新打破学段、打破学科组的集体教研和备课模式，形成跨学段、跨学科教研的工作机制，逐步完善课程实施小组内部工作流程。

3. 从"粗放式管理"转向"精细化管理"

我们在管理中积极学习企业管理做法，学习他们从粗放到精细化管理的经验。借助流程优化工具，对学校内部管理流程进行优化或再造，进一步完善现代学校管理制度；加强领导干部对现代管理知识的学习与应用，提升干部项目引领能力，通过制度建设确保管理流程高效地执行；完善3学段课程管理体系，流畅内部工作流程。

4. 从"个人管理能力"提升转向学校"系统领导力"建设

学校的建设成果赢在中层。因此，我们在工作中会有意识地把学校中层干部管理能力提升作为重点来抓，一改过去培训方案过于粗放，对教导主任、年级组长的培训太少等情况。在操作中，我们以文化建设带动中层干部领导力提升，通过专题培训、领导力训练营、团队建设等形式重点开展全体管理干部素

养的建立与提升工程，加强领导干部对现代管理知识的学习与应用，开阔干部视野，提升干部项目引领能力，并将此作为干部考核聘用的重要依据。

媒体之音 >> 　　　老师的"大姐大"，教育的大情怀

——《北京晨报》

　　"一位好校长真的能带出一所好学校吗？"这句话在王英身上找到了肯定的答案。在王英看来，一位好校长对一所学校的影响并不是在名气或是声望上，而是这位校长的领导、示范和引领作用。这位在工作中有"王者之'狮'"风范的名校长，以正能量带动学校发展；这位在生活中对教职工关怀备至的"大姐大"以真情实感激发校园凝聚力。

　　"工作有声有色，生活有滋有味，待人有情有义。"这是王英的处事哲学，也是她的真实写照。作为校长，王英被老师们比喻为"狮与虎"——对待学校发展，她有高起点、大格局，并要求学校不断上台阶。在这种强大气场的笼罩下，老师们人人争先恐后，拧成一股绳地齐心发展学校。工作之余，她又像老师们的"主心骨"和"大姐大"——给生病的老师发去中药调养配方，看望产后女教师，为新婚教师亲自送上祝福……去年，在王英的牵头下，学校与中部战区联合举行了一次联谊活动，现场十余对新人牵手。"很多老师只顾'有声有色'地工作，都忘了'有滋有味'地生活。我们学校就有好几个青年教师三十好几了还没对象。"这位并不"高冷"的校长，让"有困难找校长"成为学校老师的共识。"心齐了什么都能做到。"王英也是通过这种赤诚待人之心，赢得了老师们的齐心，赢得了学校的大踏步式发展。

第十四章

展望教育，新时代下的执着坚守

编者按 ≫

　　党的十九大胜利召开，翻开了中国特色社会主义进入新时代的崭新一页，确立了习近平新时代中国特色社会主义思想和习近平教育思想。总书记给教育的定位有4个关键词：一是途径。传承文明和知识、促进人类进步、创造美好生活。二是基石。提高人民素质、促进人的全面发展、推动民族振兴和社会进步。三是决定。从人类社会发展的角度讲，教育决定着人类的今天和未来；从国家发展的角度讲，教育是对中华民族伟大复兴具有决定性意义的事业。四是依靠。"两个一百年"目标的实现、中华民族伟大复兴中国梦的实现，从根本上讲靠人才、靠教育。习近平教育思想，对于建设中国特色的现代教育理论体系，指导我国教育事业的改革发展，具有重要的理论意义和实践意义。我有幸站在教育发展又一个新起点，将怀揣着新的目标与任务，承载着新的使命与担当，带领全体师生展现新作为，抒写新篇章。而实现这一梦想，需要我反躬自省，以习近平教育思想为根本遵循，去重新认识校长的新定位，去重新理解校长的新使命，唯有如此，才能成就师生，成就学校，成就教育。

一、十年磨剑，做一个追求卓越的教育者

人生有很多个十年，当我走上教师岗位的头一个十年，我不断在磨教材、磨教艺；当我走上中层岗位的头一个十年，我不断在磨心态、磨沟通；而到了校级岗位的头一个十年，我又在不断地磨规划、磨队伍。我还要在未来的十年里，永葆"磨剑成锋，破竹如虹"的顽强斗志，永远行进在追求卓越的征程上。

（一）思有高度，想有深度

一个校长应是一名有高度、有内涵的思想者。理念领先，思考深刻。卓越的校长并不需要做得很多，但必须比别人多想一招，多跨一步。陶行知先生说过，"校长是一个学校的灵魂，有胆量创造，有胆量开辟"，我的理解就是，校长要给学校带来并留下信仰、价值和精神，使全体师生能够不断地发展。

（二）教有精度，育有温度

一个校长应是一名有素养、有情怀的教育者。教育教学驾轻就熟，教育风格更接地气。优秀的校长不一定奢求伟大，有特级或正高的光环，而是把晋升机会留给一线教师，百分之百扑在学校发展和队伍建设上。苏霍姆林斯基指出，"提高每位教师和整个集体的教育素养，这是领导教育和教学工作的一个重要方面"，我的理解就是，校长要给教师们留下思维、智慧和爱，一起做最具专业、最有温暖的教育，学校办出特色，教师教出风格，学生亮出个性，人人活出精彩。

二、百折不回，做一个信仰坚定的教育者

人生路上会遇到许多艰难险阻，需要的是"三思方举步，百折不回头"的坚毅品格。当我需要住院做手术时，为了学校迎检我果断推迟治病；当我来到一所新校任职时，为了全身心投入工作我毅然把儿子丢在其他学校。"心中有信仰，脚下有力量"，信仰是一种强烈的信念，正是因为有了信仰，才会遇事

不慌，处事不惊，办事不乱。

（一）发展高位优质的义务教育

一个校长应是一名有信仰、有理想的教育者。时代越是向前，教育的地位和作用就愈发凸显，因此，校长要坚定教育的正确立场，充分认识到教育是对中华民族伟大复兴具有决定性意义的事业，明确中国发展教育一定要树立以人民为中心的发展思想，时刻把民族振兴、国家富强驻心间。义务教育是提高民族素质的奠基工程，更需要在优质、高位上下功夫，让中华民族的基石更加稳固和坚实。

（二）完成立德树人的根本任务

一个校长应是一名有目标、有原则的教育者。教育最根本的任务就是要完成好、履行好立德树人的职责，培养造就中国特色社会主义事业建设者和接班人。立德树人就是要培育和践行社会主义核心价值观，引导学生扣好人生的第一粒扣子，先育人、后育才，抓好学生的品性、情感和学习方法教育，最终让每一个适龄儿童都有人生出彩的机会，有实现抱负和梦想的机会。

三、千里之行，做一个步步为营的教育者

人生就是一个不断认识、不断实践、不断反思、不断超越的过程，在我从教的37年里，这种历程一次次循环往复，今天我对教育的理解，已经同37年前有巨大的差异。我特别信奉"合抱之木，生于毫末；九层之台，起于累土；千里之行，始于足下"的哲理，教育工作者最重要的品质就是要潜下心来教书，俯下身去育人；既要仰望星空，更要脚踏实地，真抓实干，步步为营。

（一）从理论到实践再到理论，在良性互动中不断升级

一个校长应是一名有理论、有实践的教育者。我们的党之所以能够历经考验磨难无往而不胜，永葆生机活力，关键就在于理论与实践相结合，不断推进实践基础上的理论创新，通过实践创新和理论创新实现良性互动。教育同样如

此，既要以知促行，也要以行促知，如朱熹所言，"知之愈明，则行之愈笃；行之愈笃，则知之益明"。只有聆听时代声音，回应时代呼唤，认真研究教育改革的重要和紧迫问题，才能真正把握未来趋势，找到发展规律，推动理论创新。理论是实践之后的"水到渠成"，而实践是理论形成的"源头活水"。

（二）一想二干三成功，一等二看三落空

一个校长应是一名有思考、有行动的教育者。1990年，时任福州市委书记的习近平率先提出"马上就办"的工作要求，总书记闻风而动、雷厉风行的精神深深触动了我，让我把"想是问题，做是答案；输在犹豫，赢在行动"的作风带到了教师队伍中。颜元有句名言，"心中醒，口中说，纸上作，不从身上习过，皆无用也"。开展教育教学和管理工作，需要的是三思之后的果敢行动，没有犹豫，没有观望，没有退缩，相信是成功的起点，坚持是成功的终点。

四、万壑争流，做一个承载使命的教育者

习近平教育思想深刻阐述了中国教育的理想，那就是"走自己的道路，发展具有中国特色、世界水平的现代教育"，这给我们全体教育工作者明确了新时代中国教育发展的方向和目标，就是要"做自己"的教育。除了教育要体现民族性外，习近平总书记还谈到了教育的时代性，他说："教育决定着人类的今天，也决定着人类的未来。人类社会需要通过教育来传授已知、更新旧知、开掘新知、探索未知，从而使人们能够更好地认识世界和改造世界，更好地创造人类的美好未来"。这就是要做"赢未来"的教育，让中华民族走向世界的中央。

（一）不忘初心"做自己"

正是基于"走自己的道路"这一鲜明的价值主张，身为一校之长，更需要以"做自己"的理念坚守自己的初心与梦想。我对学生的期望就是要成为"自信、自立、自主的现代公民"；我对教师的期盼就是要"以唤醒、引导、激励

的理念从教，以敬业、专业、乐业的情怀为师"，我对学校的期许就是要"做优质量、做强特色、做响品牌，打造奋北之师、引领一方教育"。对我自己的期冀，要做到的就是以苛求的眼光看待自己，以欣赏的眼光看待师生，"慧眼观人长处，正心慎我独时"，"以教人者教已，在劳力上劳心"，做师生成长的知心者和引路人，成为学校发展的灵魂与支柱，为实现"具有中国特色的现代教育"忠诚于党，恪尽职守，勤勉工作，赤诚奉献。

（二）牢记使命"赢未来"

蔡元培先生说："教育者，非为已往，非为现在，而专为将来。"今天在孩子身上所培养起来的，要在十几年，甚至几十年之后才会成为一个成熟人的公民性、道德和精神面貌的因素，因此必须立足时代、面向未来。我始终铭记习近平总书记的殷殷嘱托：一个民族拥有源源不断的好老师，这是民族发展的根本依靠、未来依托。人是要有点精神的，一种不甘平庸、不甘屈从、不甘得过且过的血性和品节。中国教育要达到世界水平，需要每个教育工作者拥有千岩竞秀、万壑争流的拼搏精神，而我坚信，我一定是其中的一块岩石、一条壑谷，在中国教育的浪潮中劈波斩浪，激流勇进。我将带领北方工业大学附属学校全体师生，加满油，把稳舵，鼓足劲，成为新时代中国义务教育的见证者、开创者和建设者，同承载着13亿多中国人民伟大梦想的中华巨轮一起，扬帆远航，胜利驶向充满希望的明天！

后 记

　　1981年，我第一次走上三尺讲台。到今天，不知不觉已是37年有余。回首过去，由师长到校长，由人治到文治，由感性到理性，变换的不仅是履职的地点，更是教育的视野和看问题的角度、高度与深度。但始终不变的，就是对教育事业怀抱的那一份赤子之心。

　　有人问我，为何会在这个年纪，选择在一所新学校"从零开始"？我想，原因无他，就是身为一名教育的开拓者，对教育本身的爱与眷恋，对教育事业最纯粹的追求与向往，无关名利，无关物质。"有山皆图画，无水不文章。"于我而言，教育正是如此。

　　著名的教育家冷冉先生曾说过，"教书育人，育人是目的，教书是手段。教书而不育人好比木雕泥塑，虽有人形而不能活动；育人而不育心，好比塑料玩具，虽可电动，而无生气；育人而不育德，好比断线风筝，随风而去，不知所终"。教育的最高和最终目的在于使人成为"人"，成为什么样的人。我希望我们的学校，除了教授孩子们基础知识和技能，更应教他们学养、胸襟、气度和抱负。

　　思及此，身为教育人，我们的工作似乎是简单的，无外乎"顺乎自然，合乎人性"。但在我看来，这份简单的工作却也是最为复杂的，因为教育需要激情，需要我们全身心的投入与无私的奉献；教育需要机智，需要我们把握每一个转瞬即逝的机遇；教育需要诗意，需要我们洋溢着浪漫主义的情怀；教育需要活力，需要我们以年轻的心去激昂工作、热血拼搏；教育需要恒心，需要我们毫不懈怠地矢志追求与上下求索。

如今，中国的义务教育正在进入质量崛起时代，我们躬逢盛世，更应该时刻以民族、国家、天下、苍生为念，办好人民满意的教育，为推进伟大事业、实现伟大梦想，扎扎实实地做好自己的本职工作；为新时代、新要求和新使命，努力拼搏、奋斗不息。这就需要我们教育者，怀着一种情怀、理想和追求，让教育从孩子出发，和未来对接；让教师在岗位上有幸福感、事业上有成就感、社会上有荣誉感。

"既然选择了远方，便只顾风雨兼程。"37年来，无数双眼睛见证了我在教育之路上奔跑的执着身影和收获的累累硕果。面向未来，我还要张开双臂，继续给孩子们——这一群我爱之炽热的"小未来"，以更多的温暖；继续给教育——这一份我爱之弥深的事业，以更深的拥抱；继续给国家——这一方我爱之疯狂的土地，以更多的奉献！